Das Buch

Sommer 1944: Noch einmal wird im Gutshaus ein großes Fest gefeiert – eine Hochzeit fast im alten Glanz pommerscher Gastlichkeit. Doch schon wachsen die Schatten, der Zusammenbruch deutscher Herrschaft zeichnet sich ab; eine dramatische Geschichte beginnt. Christian Graf von Krockow erzählt sie nach dem Bericht seiner Schwester Libussa Fritz-Krockow. »›Die Stunde der Frauen‹ ist eine interessante Lektüre, die neben dem ganz persönlichen Schicksal der Krockow-Schwester auch vielsagende Erkenntnisse vermittelt über das Verhalten von Menschen in Krisenzeiten. Es ist demnach nicht nur die Verknüpfung einer privaten Lebensgeschichte mit einem wesentlichen Stück deutscher Historie, die Libussas Erfahrungen so lesenswert macht.« (Rhein-Neckar-Zeitung)

Der Autor

Christian Graf von Krockow, am 26. Mai 1927 in Ostpommern geboren und dort aufgewachsen, studierte Soziologie, Philosophie und Staatsrecht. Er war Professor für Politikwissenschaft in Göttingen, Saarbrücken und Frankfurt am Main und ist seit 1969 freier Wissenschaftler und Publizist.

dtv großdruck

Christian Graf von Krockow:
Die Stunde der Frauen
Bericht aus Pommern 1944 bis 1947

Nach einer Erzählung von
Libussa Fritz-Krockow

Deutscher
Taschenbuch
Verlag

dtv

Dieses Buch liegt auch im Normaldruck als Band 30014
im Deutschen Taschenbuch Verlag vor.

Von Christian Graf von Krockow sind außerdem erschienen:
Politik und menschliche Natur (11151)
Die Reise nach Pommern (30046)
Heimat (30321)
Friedrich der Große (30342)
Fahrten durch die Mark Brandenburg (30381)

Im Text ungekürzte Ausgabe
Oktober 1992
2. Auflage Oktober 1993
Deutscher Taschenbuch Verlag GmbH & Co. KG,
München

ISBN 3-421-06396-6
Umschlaggestaltung: Celestino Piatti
Gesamtherstellung: C. H. Beck'sche Buchdruckerei,
Nördlingen
Printed in Germany · ISBN 3-423-25070-4

Inhalt

Vorwort

In diesem Buch wird eine dramatische Geschichte erzählt. Vielmehr, genauer: Meine Schwester Libussa Fritz-Krockow hat sie mir erzählt, Stück um Stück an langen Winterabenden. Es ist keine erfundene, sondern eine wahre Geschichte; sie berichtet von dem, was in dunkler Zeit geschah, in den Jahren zwischen 1944 und 1947. Der Bericht führt nach Osten, ins Gebiet jenseits der Oder, in das hintere Pommern.

Der Zusammenbruch deutscher Herrschaft, der Triumph und die Rache der Sieger, der Untergang eines Landes und einer Lebensordnung in Feuer und Blut: Von schrecklichen Dingen ist die Rede, von der Kehrseite des Menschlichen. Aber gerade dort geht es um uns: Indem wir erfahren, was wir einander antun können, entdecken wir zugleich, welche Kraft wir haben, um das Menschliche zu retten. Vor seinem düsteren Hintergrund erzählt dieses Buch vom Mitgefühl und vom Mut, von der Besonnenheit und der Energie zum Handeln, von der Stärke der Schwachen. Im übrigen liegen, wo der Schrecken regiert, das Groteske und sogar das Komische nur selten sehr fern.

Wie jede wahre Geschichte ist die hier erzählte ganz und gar einmalig. Niemand sonst hat sie so erlebt wie meine Schwester. Und wie so vieles, was uns geschieht, haben Millionen von Menschen sie miterlebt, in der einen oder der anderen Gestalt: Frauen und Männer, Alte und Kinder, Besiegte und Sieger, Deutsche, Russen und Polen. Unter Umständen reicht das Miterleben sogar noch abgründig weiter. Denn was geschah eigentlich beim Untergang Karthagos, Granadas, Konstantinopels, Alt-Mexikos oder des alten Südens in den Vereinigten Staaten? Was mag die Zukunft bergen, zum Beispiel für Südafrika? In der Spannung zwischen dem Einmaligen und dem Allgemeinen liegt indessen kein Widerspruch, sondern das Wesen aller Geschichte.

Natürlich stellt sich die Frage, wie zuverlässig nach über vierzig Jahren, nach bald schon einem halben Jahrhundert Erinnerungen sein können. Manchmal schweigt das Gedächtnis, wo es reden sollte, manchmal vertuscht es die eigenen Lücken durch nachträgliches Erfinden. Es ordnet und erklärt, was im Tumult des Geschehens so verworren wie zwielichtig blieb. Und oft gerät das Gedächtnis in den handfesten Irrtum, oft ergreift es Partei. Alles dies dürfte hier eher vorauszusetzen als auszuschließen sein.

Doch dies bezieht sich auf Einzelheiten, auf die Reihenfolge von Ereignissen oder ähnliches. Das Wesentliche bleibt gültig – dort zumal, wo das Bizarre, das an den Maßstäben unserer Normalität gemessen ganz und gar Unwahrscheinliche sich ereignet. Denn dafür bürgt nicht das Gedächtnis allein: Zu den Kapiteln ›Die Fahrt in den Westen‹ und ›Eine Reise nach Pommern‹ hat meine Schwester bereits 1947 Aufzeichnungen gemacht; zu anderem hat meine Mutter einen Bericht hinterlassen. Teilweise konnten Zeugen befragt oder ihre Protokolle genutzt werden. Anzumerken bleibt, daß in einigen Fällen Namen verändert wurden, weil es um Lebende oder um die Betroffenheit von Angehörigen geht. Zeitgeschichtliche Hintergründe und Hinweise auf die Ursachen des Unheils werden durch dokumentarische Einschübe, durch *kursiv* gekennzeichnete Texte deutlich gemacht; ein Anmerkungsteil gibt dazu die Quellen an.

Eine andere und wichtige Frage ist: Mischt sich der Autor nicht mit seinem Verständnis oder Mißverstehen, mit seiner Nähe oder Fremdheit, seiner Auffassung vom Wesentlichen und Unwesentlichen ein? Und mit seiner eigenen Sprache sogar oder erst recht dann, wenn er um der Anschaulichkeit willen beim »Ich« seiner Erzählerin bleibt? Ganz gewiß. Aber dies begründet keinen Einwand, sondern Verantwortung: Es ist die Aufgabe des Autors, die er niemandem abtreten kann, daß er – nach bestem Vermögen – dem Stoff jene Form gibt, die ihn zum Sprechen bringt. Erst damit entsteht das Buch als ein Zeugnis für das, was geschah.

Wer dieses Buch nun liest, wird wahrscheinlich feststellen, daß hinter seinem bewegten Bericht noch ein zweiter, am Ende kaum weniger dramatischer abläuft. Er hat, jedenfalls im üblichen Sinne, nur wenig mit den Besiegten und noch weniger mit den Siegern, mit Russen oder Polen zu tun, um so mehr dagegen mit Frauen und Männern.

Auf eine besondere Weise kommt dabei die deutsche Geschichte ins Spiel. Unsere Meinungen von dem, was sich gehört und nicht gehört, die Gefühle für Ordnung und Unordnung, unsere Tugenden und Untugenden sind über lange Zeiträume hin sehr, sehr einseitig und in der beherrschenden Linie sehr protestantisch, preußisch und soldatisch, sehr männlich geprägt worden, mitunter bis ins Extrem. Die Leistungsbereitschaft und der Kampf, das Selbstopfer fürs Ideale, der Dienst am Staate und die Amtshoheit, Befehl und Gehorsam, eine Pflichterfüllung, für die der Sinn des Lebens erst im Tod sich verklärt: Daraus sind unsere Möglichkeiten der Größe wie die Gefahren des Absturzes gewachsen. Und offenbar unausweichlich trieb die einseitige Prägung einem Entweder – Oder zu: Freund oder Feind, alles oder nichts, Sieg oder Untergang.

Im Untergang aber, wenn er unversehens denn eintritt, verliert das einseitig männliche Prinzip jeden Glanz. Auf einmal taugt es nicht mehr, niemand kann es noch brauchen, es zerbricht. Zum Überleben im Untergang wie zum Leben überhaupt ist anderes nötig. Darüber, was das ist, soll allerdings nicht vorab geredet werden. Davon erzählt dieses Buch in seiner zweiten, seiner in Wahrheit zentralen Geschichte.

Christian Graf von Krockow

Noch einmal ein großes Fest

Polterabend

»Jobst-Werner Adam Freiherr von Oldershausen, Hauptmann.« Die altmodische Feder kratzt, verhakt sich im Papier; es gibt einen kleinen Tintenspritzer. Von der Wand herab, einen Arm in die Hüfte gestemmt, schaut wohlgefällig DER FÜHRER zu; schließlich braucht er Soldaten. Im Familienstammbuch, schon vorab überreicht, ist in der Spalte für die Kinder Platz für zehn Eintragungen. Oder sind es zwölf? Es reicht jedenfalls. Unten auf der Seite ist ein Spruch eingedruckt:

»Auch die Ehe kann nicht Selbstzweck sein, sondern muß dem einen größeren Ziele, der Vermehrung und Erhaltung der Art und der Rasse, dienen. Nur das ist ihr Sinn und ihre Aufgabe. – Adolf Hitler.«

Höchst unpassend tropft es inzwischen, gleich neben dem Führer, in ein Waschbecken. Denn Herr Jürgens, der Standesbeamte von Glowitz, Kreis Stolp in Pommern, ist eigentlich der Fotograf unseres Kirchspiels, allgegenwärtig bei Taufen, Konfirmationen und Hochzeiten in den Dörfern ringsum. Gerade noch hat er auf einer Schnur Abzüge zum Trocknen aufgehängt.

Jetzt bin ich an der Reihe: »Eva-Margarete Libussa Freifrau von Oldershausen...« Wie weiter? Die amtliche Spalte ist voll und mehr Platz nicht vorgesehen; die Leute heißen hier bündig: Karl Peske, Emil Klick, Grete Musch. Auch Herr Jürgens scheint für einen Augenblick ratlos. Aber es muß ja weitergehen, kurzerhand wird die nächstfällige Eintragung um eine Seite verbannt. Also: »geborene von der Wickerau Gräfin von Krockow«.

Jetzt die Trauzeugen, der »alte Glowitzer« zunächst, Jahrgang 1859, Bruder der Großmutter, der »eisernen Gräfin«, die vor einem Jahr starb. Unüberhörbar knurrend wie stets hat er dem armen Herrn Jürgens gerade die amtlichen Segenssprüche verwirrt: »Gerhard Eugen Friedrich Lorenz Karl von Puttkamer«.

Dann Vater Jesko, wie wir alle ihn nennen, genau genommen mein Stiefvater, den Mutter nach dem Tod meines Vaters geheiratet hat: »Jesko Ludwig Günther Nikolaus Freiherr von Puttkamer«. Diese Barone sind zwar in der vielköpfigen hinterpommerschen Sippe der Puttkamers eigentlich Außenseiter; nicht ihnen gehören die Güter. Aber ob nun Barone oder nicht, beinahe alle heißen Jesko oder Jesco, allenfalls – bei einem Übermaß von Phantasie – Hans- oder Karl-Jesco. So gesehen ist hier Onkel Gerhard der Außenseiter.

Er knurrt schon wieder und noch lauter, denn inzwischen überreicht Herr Jürgens das Geschenk, das Buch des Führers: ›Mein Kampf‹. »Dem jungvermählten Paare mit den besten Wünschen für eine glückliche und gesegnete Ehe überreicht von der Gemeindeverwaltung«, steht vorne eingestempelt. Und handschriftlich nachgetragen das Datum: Freitag, 16. Juni 1944. Hut aufgestülpt, den Krückstock in die Hand – schon ist der alte Glowitzer fort. Grußlos.

»Das Schlitzohr! Nein, dieser Spitzbube! Hinterher!« ruft Vater Jesko. Denn am Haken hängt nicht mehr sein ausgesucht eleganter Sommerhut, sondern der beinahe unkenntlich zerknautschte, von der grünen Ursprungsfarbe längst ins Graue oder Bräunliche ausgewaschene, den Onkel Gerhard bestimmt schon ein halbes Jahrhundert durch Wind und Wetter trägt, auf dem Feld und im Pferdestall wie beim Kirchgang. »Man muß eben aufpassen«, lautet sein hintersinniger Kommentar, als wir ihn atemlos einholen.

Zurück zum Kutschwagen, der vor dem Standesamt wartet. Der Kutscher, Karl Pallas, braucht die Peitsche bloß als Symbol seiner Würde, ein leises Schnalzen und die kleine Bewegung mit den Zügeln genügen: Schon traben »Schwalbe« und »Abendröte«. Sie schnauben vor Eifer, dem heimischen Stall entgegen; auf der Chaussee über Neu-Klenzin nach Rumbske klopfen ihre Hufe den Takt. Was für ein schöner Tag! Im kaum noch spürbaren Wind segeln ein paar weiße Wolken unter der Sonne. Zur Rechten, den Hang hinauf, der so passend »Hochzeitsberg« heißt, reift das Korn der Ernte entgegen. Lerchen tirilieren. Von links her, aus den weitläufigen

Wiesen, duftet es vom frisch gemähten Heu. Störche schreiten gemessen dahin. Am Graben steht unbewegt ein Fischreiher. Und nur wenig weiter hinaus sieht man Rehe, schon Kitze dabei; zum Wiederkäuen haben sie sich niedergetan, ein Fuhrwerk stört ihre Ruhe nicht. Bilder des Friedens.

Die Schlacht in der Normandie steigert sich von Tag zu Tag in ihrer Heftigkeit. Nachdem es dem Feind in den ersten Tagen der Invasion darauf angekommen war, an der Küste festen Fuß zu fassen, versucht er nun, nach allen Seiten seinen Brückenkopf zu erweitern. Unter den Salven schwerster Schiffsgeschütze, laufenden Luftangriffen und unter dem Einsatz neu herangeführter Infanterie- und Panzerkräfte auf beiden Seiten strebt die Schlacht ihrem Höhepunkt zu. *

Polterabend. Einige Gäste sind schon eingetroffen, Verwandte von Jobst aus Hannover und Holstein, meine Freundinnen aus dem Umkreis von Berlin. Der Gemütlichkeit mehr als der Wärme wegen prasselt nach dem Essen ein Feuer im Kamin. Rahnini – eigentlich Fräulein Rahn, die Haushälterin – trägt in ihrem schlesischen Dialekt Gereimtes vor, Selbstgemachtes. Aber natürlich kommen Anspielungen aufs original Pommersche vor, auf die Sprü-

* Die Quellen der kursiv gesetzten Texte werden im Anhang ab S. 345 nachgewiesen.

che bei den Erntefesten der Vorkriegszeit zum Beispiel, in denen es hieß:

»Wir wünschen dem Gnädigen Fräulein einen
Rosengarten,
darin sie ihren Liebsten kann erwarten.«

Oder, in einem anderen Jahr:

»Wir wünschen Komtesse Libussa eine Laube
von Jasmin,
worin sie kann erwarten – ihn.«

Daran wird jetzt angefügt:

»Im grünen Laub das weiße Kleid –
es ward auch wirklich hohe Zeit.«

Liebe Rahnini, was weißt du schon. Wie habe ich vor vier Jahren »ihn« erwartet; unsere Verlobung war längst abgemacht. Aber eine dürre Mitteilung besagte, daß er »vom Feindflug nicht zurückgekehrt« sei.

Draußen regen sich die Poltergeister. Geschirr wird auf der Freitreppe so reichlich zerschlagen, als sei es im Überfluß vorhanden wie je. Der Brauch will es, daß das Brautpaar am nächsten Morgen die Scherben aufzukehren hat, wobei der Bräutigam den Besen und die Braut die Schaufel führen muß. Ginge es umgekehrt, bekäme die Braut den Besen in die Hand, so ergäbe das ein schlimmes Vorzeichen, schier gegen die Weltordnung: Die Frau würde in der Ehe regieren und ihr Mann unter den Pantoffel geraten.

Es wird gut und auch reichlich getrunken. Irgendwann nimmt Jobst seine Gitarre in die Hand und trägt Lieder vor, mehr laut als wohltönend: über Maruschka, das allerschönste Kind, das man in Polen findt. Und: »Im Ural, da bin ich geboren, bin eines Kosaken Sohn ...« Wenn das der Führer wüßte!

Ach, Jobst: Schon sieben Jahre, seit 1937 kenne ich dich, den Freund meines Bruders im Lehrgang der Fahnenjunker und immer mit ihm. Immer nannte ich dich »den großen Bruder«, weil du um einiges älter bist. Dein Freund fiel schon im September 1939 vor Warschau; der zweite Bruder folgte bald ihm nach. Fortgang ohne Wiederkehr, einer nach dem anderen. Du bist geblieben, sei es inzwischen mit der langen und tiefen Narbe den Schädel entlang. Standhaft hast du geworben; standhaft habe ich abgewehrt: Seinen Bruder heiratet man nicht. Oder galt diese Abwehr vielleicht der Konvention, weil sie andere Wege vorschreibt, als das Herz sie einmal wies? Sei es, wie es sei: Wahrscheinlich hat Rahnini mit der »wirklich hohen Zeit« doch recht. Länger und länger gerät uns die Reihe der Toten.

Preußische Präzision

Fordert das fünfte Kriegsjahr nicht die bittere Beschränkung – und darum die unauffällige, stille Hochzeit nur im kleinsten Kreis? Darf man denn ein Fest feiern, als herrsche der Frieden? Ist es überhaupt möglich?

»Aber selbstverständlich, jetzt erst recht!« Vater Jesko wischt meine Bedenken beiseite. »Es soll sein, wie es immer war, laß mich nur machen. Und wer weiß …« Ein Schatten, ein Zögern. »Ach was! Einmal noch ein großes Fest; wir wollen es ihnen zeigen, allen.« Es bleibt offen, wer gemeint ist: irgendwelche Neider, die Fanatiker in den braunen Uniformen, der Feind, Freunde und Nachbarn, wir selbst?

»Laß mich nur machen«: Zu Vaters Leidenschaften und Talenten gehört das Planen, Organisieren und Lenken im großen Stil. Der Kadett, der Page bei Hofe, der preußische Offizier, der er einmal war und immer geblieben ist, kommt ihm dabei zustatten: Präzision, Generalstabsarbeit ist alles. Und aus der eigenen Präzision wächst unversehens, mit dem besten Gewissen, ein Anspruch auf Herrschaft, aufs Befehlen. Weil die anderen mit ihrer Neigung zum Ungefähren, zu Trägheit und Schlamperei bloß Unheil stiften, muß man sie – zu ihrem Heil – kommandieren und kontrollieren.

Planung schon weit voraus: Vom Frankreichfeldzug 1940 hat Vater eine große Kiste mit dem besten

Champagner mitgebracht, sie im Keller verstaut und strenge Weisung erteilt: »Wehe, wehe, wenn einer daran rührt!« Noch viel länger lagert »Libussas Hochzeitswein«; bereits mein leiblicher Vater hat ihn vorsorglich eingekauft. Aus Paris stammt auch die rote Seide, die für mich zum Kleid verarbeitet wird, das ich am Polterabend trage, außerdem zum Futter des Mantels, zu dem meine Mutter den weißen Wollstoff gewebt hat. Im übrigen findet Vater heraus, daß der »Bursche« von Jobst aus dem Erzgebirge stammt, aus einer Familie, in der die Klöppelei zu Hause ist. Er wird auf Sonderurlaub geschickt, mit pommerschem Schinken und mit Würsten versehen; fürs Brautkleid aus weißen Spitzen samt Schleier bringt er die schönste Friedensware mit, die sich nur denken läßt.

So geht es weiter, Punkt um Punkt: Emil Klick, der Hofmeister in Rowen – einem unserer Gutsdörfer –, hat Verwandte in Klucken, dem Fischerdorf hinter dem großen Moor am Lebasee. Sie liefern den unvergleichlichen Zander. Drambusch, der Förster, schießt drei Rehböcke; die Delikatesse des gespickten Rehrückens soll den Kalbsbraten ergänzen. In den Tagen vor dem großen Ereignis steht bei Marie, unserer Mamsell, die Tür nicht mehr still. Die Bauersfrauen und die Gutsleute tragen herbei, was sie haben, Butter vor allem. Butter im Überfluß: Auch der Bäcker in Glowitz wird beliefert, weil er zum Kuchenbacken beitragen soll.

Mutter möchte die festliche Tafel weiß und rot mit

Rhododendronblüten schmücken. Aber natürlich dürfen die Büsche vor dem eigenen Haus jetzt nicht geplündert werden. Also wird bei Nachbarn herumtelefoniert, in Großendorf, Zemmin, Selesen; früh am Morgen treffen Waschkörbe voll Blüten ein. Und die livrierten Diener, die unserem alten Vietzke und Frieda, dem Stubenmädchen, zur Hand gehen. Inzwischen haben die Frauen aus dem Dorf für Tage in einer Scheune beisammengesessen und Girlanden geflochten.

Ja, und dann der Generalstabsplan für den Ablauf, schriftlich ausgearbeitet, in Durchschlägen an alle verteilt, die es angeht, samt finsteren Drohungen für den ungeheuerlichen Fall einer Verspätung bloß um Sekunden:

»Pallas und Peske mit den Wagen an der Bahn 8.25.
Ankunft Bahn 8.29.
Frieda: Gästeimbiß 9.00.
Alle Kutscher: Vorfahrt der Wagen 10.10.
Abfahrt zur Kirche 10.20.
Eintreffen 10.50.
Beginn Gottesdienst 11.00.
Ende Gottesdienst und Vorfahrt der Wagen 11.35.
Abfahrt 11.45.«

Und so weiter, bis zum nächsten Morgen: »Frühstück 5.00 – Vorfahrt der Wagen 5.50 – Abfahrt zur

Bahn 6.00 – Abgang Bahn 6.16.« Sogar Herr Sprondel, der Superintendent aus Stargard, der eigens geladen wurde, weil er als Pastor mich vor Jahren eingesegnet hat, erhält einen Durchschlag, damit er seine Predigt nur ja nicht überdehnt.

Trotzdem bleiben die Pannen nicht aus. Die Girlanden vor dem Haus sollen zusätzlich mit bunten Bändern in den Familienfarben geschmückt werden. Schwarz und golden leuchtet es bei den Krockows, rot und golden bei den Oldershausens. Als Vater das Ergebnis inspiziert, trifft ihn fast der Schlag: Schwarz-Rot-Gold, die Farben der Weimarer Republik, die er als Preuße und Monarchist, als Deutschnationaler und als ein Führer des »Stahlhelm« immer verabscheut und bekämpft hat! Schleunigst werden die landfremden Oldershausens geopfert und nur die Brautfarben bewahrt.

Weit schlimmer greift dann doch noch der Krieg ein. Vor zehn Tagen begann die Invasion, das große Landungsunternehmen der Alliierten in der Normandie, und seither ist für die gesamte Wehrmacht eine strikte Urlaubssperre verhängt worden. Reihenweise treffen die Absagen ein; nicht einmal mein kleiner Bruder darf kommen, obwohl er gerade siebzehn Jahre alt und noch gar kein richtiger Soldat, sondern Flakhelfer in Swinemünde ist. Das große Fest droht zu einem langweiligen Frauenklatsch zu mißraten; die lange beratene und schön gemalte Tischordnung wandert in den Papierkorb. Von Ehrengreisen wie dem »alten Glowitzer« darf man ohnehin nicht erwarten, daß sie die Nacht hindurch das Tanzbein schwingen – oder daß die jungen Mädchen sie als unterhaltsam erleben.

Aber Vater Jesko findet den Ausweg. In Stolp ist seit kurzem eine Ausbildungsabteilung der Lüneburger Reiter stationiert. Es heißt, daß der Feldmarschall von Mackensen das durchgesetzt habe; er ist der Ehrenkommandeur des Stolper Regiments, das leider von Pferden auf Fahrräder umsteigen mußte. Der alte Husar jedoch will Berittene sehen. Darum hielten nun die Lüneburger in Hinterpommern ihren Einzug.

Vater ruft den Kommandeur an: Ob er nicht mit Offizieren aushelfen könne? Die Kapelle von den anderen, den Radfahrern, sei doch ohnehin schon zugesagt. Ja, warum nicht? Die »Abkommandierung zur Hochzeit« auf vierundzwanzig Stunden läßt sich als eine besondere Art von Dienst einstufen und hat mit Urlaub nichts zu tun. Mit dem Zug um acht Uhr neunundzwanzig treffen pünktlich die benötigten Männer ein. Unversehens ist sogar ein Oldershausen darunter, ein Vetter von Jobst.

Wieder ein Sommertag, wie er sein soll. Ein leichter Luftzug nur von der nahen See, der die Hitze abwehrt; keine Wolke unter dem Himmel.

Pünktlich um zehn Uhr zehn sind die Wagen vorgefahren, mit Girlanden aufs schönste geschmückt: vorweg die beiden Kutschen fürs Brautpaar und die Brauteltern, danach zwei Leiterwagen für die Gäste. Wie im Winter zur Treibjagd hat man in diese Wagen seitlich Sitzbretter und hinten einen Tritt zum Aufsteigen eingehängt.

Was mich stört, ist der Stahlhelm, den Jobst aufsetzt. »Muß das Ding denn sein? Denk an deine Verwundung, du wirst bloß wieder Kopfschmerzen bekommen!«

»Es ist nicht ›das Ding‹, sondern mein Stahlhelm. Außerdem gehört er dazu, die Dienstvorschrift sagt es.«

»Dienstvorschrift, du lieber Himmel. Und warum tragen die anderen Offiziere bloß Mützen?«

»Die werden ja auch nicht getraut.«

»Aber ich verspreche dir: Das Nudelholz schwinge ich sowieso erst später, nicht schon vor dem Altar.«

Vater Jesko, der hinzugekommen ist – in seiner Majorsuniform, mit Mütze –, findet das nicht komisch. »Schluß jetzt, Libussa, zehn Uhr achtzehn! Helm auf und einsteigen!«

In Glowitz wimmelt es von Menschen. Hunderte sind aus den Dörfern ringsumher gekommen, Schaulustige sogar aus Stolp, nachdem die Zeitung das Ereignis angekündigt hat. Allenfalls die Hälfte findet in der Kirche Platz. Auch die Schulkinder haben sich Ausgang erbettelt, so wie einst, wenn wir an die Tafel schrieben:

»Der Himmel ist blau, das Wetter ist schön,
Herr Lehrer, wir wollen zum Jahrmarkt gehn.«

Und wohl nur zu gern haben die Herren Lehrer nachgegeben. Mit seinen Schützlingen aus Rumbske und Rowen hat Oberlehrer Kosbab ohnehin längst eingeübt, was sie nun singen:

»Was Gott zusammenfügt,
das soll der Mensch nicht scheiden;
drum gehen wir dahin
in Gottes Fried und Freuden.
Die Namen schreibet Gott
ins Buch des Segens ein.
Er selbst, Herr Zebaoth,
wird Schild und Lohn uns sein.«

Es ist, als wollten sie alle, Groß und Klein, die Alten und die Jungen, das miterleben, es sich bestätigen und einprägen: noch einmal ein großes Fest.

Zu den überlieferten Pflichten der Braut gehört das »Stutenschmeißen«. Eigens dazu wurde der Bäkker mit Butter und mit Zucker beliefert: Während in der Kirche die Trauung stattfindet, hat er einen Waschkorb in den Kutschwagen gereicht, der bis zum Rand mit den süßen Rundlingen gefüllt ist, die anderswo »Schnecken« heißen. Während der Abfahrt werfe ich diese Stuten dann unter die Kinder.

Aber der Weg durch die Menge ist kurz, und die Pferde wollen traben; ich schaffe es nicht, den ganzen Vorrat loszuwerden. Etwas später, bei der Rückkehr nach Rumbske, führt das zum ersten Krach in der Ehe, die noch kaum eine Stunde alt ist. Denn am Weg über den Gutshof, vor ihrem Quartier, haben sich die Franzosen zum Spalier aufgestellt. Sie winken und rufen: »Vive les mariés!« Ich winke zurück und werfe Stuten.

Ein Tritt an mein Schienbein und ein Zischen von Jobst: »Laß das, streng verboten, es sind Kriegsgefangene.«

Ach was: Es sind vor allem »unsere« Franzosen. Wie es sich gehört, bekommen sie zu Weihnachten ihren Hasenbraten, zu Ostern bemalte Eier. Seit vier Jahren sind sie nun schon hier; längst verstehen sie pommersches Platt, längst haben sie all die Vertrauensstellungen übernommen, aus denen der Krieg die deutschen Männer fortriß. Sie pflegen die Pferde und ziehen Fohlen auf; sie fahren die Trecker und den Dampfpflug. Aus dem Treibhaus und seiner Umgebung ist der »Garten-Pierre« gar nicht mehr fortzudenken. Und unmerklich, hinterrücks gleichsam ist bei diesen so lange und so bitter Verbannten ein

Stolz aufs Geleistete, eine Identifikation mit den Aufgaben entstanden. Erst kürzlich hat Vietzke, der die Funktion des Speichermeisters übernahm, erschrocken gemeldet: »Herr Baron, es wird dauernd Hafer gestohlen.« Die Untersuchung ergab, daß Franzosen die Übeltäter waren; ihr Quartier liegt sehr günstig gleich im Untergeschoß des Speichers. Nur eben: Sie stahlen nicht für sich, sondern als Gespannführer für »ihre« Pferde.

Kurz entschlossen packe ich den Korb und werfe ihn mit dem ganzen Restbestand an Stuten den Franzosen zu. Jobst blickt erstarrt geradeaus. Während wir durch das Parktor rollen, unter dem dichten Schirm uralter Linden aufs Gutshaus zu, entfaltet sich, in einem Anhauch von Wind, hoch über dem Dach die alte Wappenfahne der Krockows.

Ein großes Fest: Wie es sich für pommersche Hochzeiten gehört, wird für das leibliche Wohl mehr als üppig gesorgt – und jeder der Gäste wieder und wieder »genötigt«, nur ja auch zuzulangen. Einem Sektimbiß schließt sich die Kaffeetafel an. Später wird die durchtanzte Nacht vom Mitternachtsbüfett unterbrochen und mit einem herzhaften Frühstück abgeschlossen.

Aber den Mittelpunkt des Festes bildet natürlich das große Abendessen, das »Diner«, das sich von der Vorspeise und der Suppe bis zum Nachtisch und zum Kaffee über drei Stunden hinzieht. Birkengrün schmückt den Saal. Auf der Tafel mit den schweren Damastdecken schimmern die Rhododendronblüten im Schein von wohl hundert Kerzen. Stimmengewirr und Gelächter, indessen Vietzke, seit Jahrzehnten schon im Dienst der Familie, die Würde des Mundschenks verkörpert und mit Handbewegungen die Auftritte seines Geschirr- und Schüssel-Gefolges dirigiert.

Onkel Gerhard, als der Älteste auf einem Ehrenplatz den Brautleuten gegenüber, klopft ans Glas. Die knorrige Stimme gebietet Schweigen. Er mustert kritisch die Runde; er sagt, sehr laut: »Nach der Väter Sitte erheben wir uns und trinken das erste Glas auf unsern obersten Kriegsherrn.« Pause fürs Aufstehen, erst Stühlegerumpel, dann Stille. Und dann, noch etwas lauter: »Seine Majestät, der König von Preußen, er lebe – hoch, hoch, hoch!« Ein schneller Rundblick zu den verblüfften Offizieren, die den alten Glowitzer nicht kennen, die er nicht kennt; halblaut geknurrt folgt der Nachsatz: »Und Herr Hitler auch.«

Kaum hat sich die Überraschung ins erneuerte Stimmengewirr aufgelöst, ins Kichern und Lachen hier oder dort, folgt der Auftritt von Vater Jesko. Er verschwindet für einen Augenblick – und der Schrecken durchfährt mich, als er zurückkehrt. Denn der Pokal, den er sorgsam in beiden Händen hält und vorsichtig niedersetzt – das ist doch »das Glück von Edenhall«! So jedenfalls wird seit Uhlands Ballade das ehrwürdige Erbstück in der Familie genannt.

»Von Edenhall der junge Lord
läßt schmettern Festdrommetenschall;
er hebt sich an des Tisches Bord
und ruft in trunkner Gäste Schwall:
›Nun her mit dem Glücke von Edenhall!‹«

Reinhold von Krockow hieß der Ahnherr, der im 16. Jahrhundert den Pokal aus Frankreich heimtrug. Er bekam ihn als Geschenk des Prinzen von Navarra, der später als der gute König Heinrich IV. zu Ruhm gelangte. Der Ahnherr stand als Diplomat in vielen Diensten. Außerdem oder vor allem betätigte er sich im Osten wie im Westen als ein europäischer Kriegsunternehmer. Dem König von Polen half er bei einem »Feldzuge gegen die Moskowiter«, wie die Chronik sagt, danach den Hugenotten in Frankreich, an deren Spitze der Prinz von Navarra stand. Weil aber, nach der Rückkehr ihres Generals in seine ferne Heimat, während der »Pariser Bluthochzeit«, der Bartholomäusnacht von 1572, die Hugenotten niedergemetzelt wurden, weil überdies dem guten Heinrich die Krone Frankreichs eine Messe wert war und er die Konfession wechselte, darum bekamen Reinhold von Krockow und seine Nachfahren den Hauptteil der Summe von 315 296 Florins niemals zurück, die der Kriegsunternehmer einst investiert hatte. Was ihnen als Sinnbild eines zerbrechlichen Glücks blieb, war der Pokal.

Vater winkt jetzt Vietzke heran.

»Der Schenk vernimmt ungern den Spruch,
des Hauses ältester Vasall,
nimmt zögernd aus dem seidnen Tuch
das hohe Trinkglas aus Kristall;
sie nennen's das Glück von Edenhall.«

Ich kenne den Pokal nur vom Ansehen, aus der Distanz: Jagdszenen sind ins Kristall eingeschnitten, ein goldener Knauf ziert den Aufsatz. Die Kostbarkeit hat ihren Ehrenplatz in der Bibliothek, in dem eigens für sie gefertigten Glasschrein, von Goldleisten geziert und mit einem vergoldeten Schloß gesichert. Die Überlieferung sagt, daß der Pokal nur einmal in jeder Generation benutzt werden darf: vom Gutserben bei seiner Hochzeit. Zuletzt ist »das Glück von Edenhall« also im Ersten Weltkrieg erprobt worden, von meinem Vater und meiner Mutter.

»Darauf der Lord: ›Dem Glas zum Preis
schenk Roten ein aus Portugal!‹
Mit Händezittern gießt der Greis,
und purpurn Licht wird überall;
es strahlt aus dem Glücke von Edenhall.«

Vater läßt Vietzke Edleres einschenken als Champagner: eine Flasche aus dem »Hochzeitswein« meines Jahrgangs, die aus Burgund stammt. Vater spricht von der Überlieferung. Er sagt: »Libussa, deine Brüder Klaus-Wilhelm und Hans-Kaspar können ihr Erbe nicht mehr antreten. Sie sind fürs Vaterland gefallen. Aber du übernimmst einen Teil des Erbes. Und du, Jobst, du trittst nun mit in das Erbe ein. Vergeßt es nie, behaltet es! – Und jetzt: Trinkt!«

Das große Fest, wie zum Trotz gegen die Zeit, die doch niemand aufhalten kann. Eine lange, eine nur zu kurze Nacht noch, dem Tanzen gewidmet; schon dämmert der Morgen herauf. Und kein trunkener Überschwang vermag preußischer Präzision zu widerstehen:

»Frühstück 5.00.
Vorfahrt der Wagen 5.50.
Abfahrt zur Bahn 6.00.
Abgang Bahn 6.16.«

Das finster verriegelte Tor

Herbstliche Heimkehr

Am Leopoldkanal nordöstlich Brügge blieben mehrere kanadische Angriffe erfolglos. Infolge seiner Verluste und des Ausfalls von mehr als 300 Panzern und Panzerspähwagen, die unsere Truppen in der Zeit vom 29. September bis 6. Oktober abschossen, hat der Feind seine Angriffe an der belgisch-holländischen Grenze nur mit verringerter Stärke fortgesetzt. Im Raum nördlich Antwerpen hält er seinen Druck aufrecht. Feindliche Panzerspitzen, die nördlich Baarle-Nassau vorzudringen versuchten, wurden im Gegenstoß abgewiesen, zahlreiche Panzer vernichtet.

Die eigenen Angriffe gegen den feindlichen Brükkenkopf südöstlich Wageningen gewannen weiter Boden; englische Gegenangriffe scheiterten. Im Einbruchsraum südlich Geilenkirchen nahm die Wucht der feindlichen Angriffe zu. Gegen unseren hartnäkkigen Widerstand konnte der Gegner einige örtliche Einbrüche erzielen, verlor dabei jedoch 69 Panzer.

Unsere Schlachtflieger bekämpften in der vergangenen Nacht in rollenden Einsätzen feindliche Truppenziele im Raum von Aachen. Die Besatzung des Forts Driant an der Mosel schlug starke feindliche

Angriffe ab. Weitere Teile des Parroywaldes wurden vom Feind gesäubert. Beiderseits Remiremont haben die Nordamerikaner sich durch marokkanische und algerische Verbände verstärkt. Vor allem um die Talausgänge östlich Remiremont sind heftige Kämpfe im Gange.

Von den Festungen und Stützpunkten am Atlantik wurden erfolgreiche eigene Stoßtruppunternehmungen und Artilleriekampf gemeldet.

»V-1«-Feuer lag auch gestern wieder auf London.

In Mittelitalien haben die Kämpfe infolge der Verschlechterung des Wetters an Heftigkeit nachgelassen. Örtliche Angriffe des Feindes beiderseits der Straße Florenz – Bologna gegen unsere Bergstellungen blieben im zusammengefaßten Feuer aller Waffen liegen.

Auf dem Balkan gehen die Kämpfe gegen die Banden weiter. Sowjetische Panzerspitzen haben die Theißmündung erreicht, wurden aber im Raum östlich Belgrad abgewiesen. Hier und bei Zajecar stehen unsere Grenadiere und Gebirgsjäger in erbitterten Kämpfen gegen den weiter angreifenden Feind. Im ungarischen Grenzgebiet trat der Feind aus dem Raum nördlich Arad mit starken Kräften zum Großangriff an und erreichte nach heftigen Kämpfen mit Angriffsspitzen die Schnelle Kreisch. Die feindlichen Kolonnen wurden von unseren Schlachtfliegern wirksam bekämpft. Weitere Gegenmaßnahmen sind eingeleitet. Nordwestlich Thorenburg und an der Maros scheiterten zahlreiche Angriffe der Bolschewi-

sten. An den Pässen der Waldkarpaten lebte die Kampftätigkeit auf.

Am unteren Narew wurde der feindliche Brückenkopf nördlich Seroc durch unsere Angriffe weiter eingeengt. Südlich Rozan führte der Feind unter dem Eindruck seiner hohen Verluste nur einzelne vergebliche Angriffe. Zwischen der Memel und der oberen Windau ist eine heftige Abwehrschlacht entbrannt. Unsere Divisionen setzten dem mit starken Kräften und Schlachtfliegerunterstützung vordringenden Feind zähen Widerstand entgegen und schossen zahlreiche Panzer ab.

Nordamerikanische Terrorbomber führten unter Jagdschutz Terrorangriffe gegen die Reichshauptstadt, gegen Hamburg, Stralsund und Stettin, britische Verbände warfen Bomben auf rheinisch-westfälisches Gebiet und zerstörten bei Nachtangriffen Wohnviertel in Dortmund und Bremen. In der vergangenen Nacht unternahm ein schwächerer Verband britischer Flugzeuge einen weiteren Angriff auf Berlin. In heftigen Luftkämpfen und durch Flakartillerie wurden über dem Reichsgebiet und dem Westkampfraum 72 Flugzeuge, darunter 54 viermotorige Bomber, abgeschossen.

Vom hohen Sommer in den Herbst hinein: ein paar Monate nur. Aber sie haben die Kriegskarte gründlich verändert. Die Amerikaner kämpfen nicht mehr um den »Atlantikwall«, sondern um Aachen, und die Russen stehen nicht fernab am Dnjepr, sondern vor Ostpreußen und an der Weichsel.

»Kind, komm nach Hause!« schreibt darum Mutter in jedem Brief, von Mal zu Mal eindringlicher. Seit sie weiß, daß ich schwanger bin, bekommen ihre Worte Kraft, weil sie ans Pflichtgefühl appellieren: »Es ist nicht gut, wenn Du Nacht für Nacht im Luftschutzkeller hockst; Du darfst jetzt nicht bloß an Dich denken!«

Wir leben in Krampnitz, dicht hinter dem nördlichen Stadtrand von Potsdam und nahe bei Berlin. Jobst ist hier bei einer Ausbildungseinheit stationiert. Seine Verwundung macht ihm wieder zu schaffen, heftige Asthmaanfälle treten hinzu; er ist – gottlob – nicht frontdienstfähig. Indessen heulen die Sirenen nicht nur bei Nacht, sondern immer häufiger schon am Tage; die Luft vibriert von den Flugzeugmotoren, vom Feuer der Flak und vom Einschlag der Bomben.

Aber vielleicht kommt etwas ganz anderes noch hinzu: Zwischen Jobst und mir stauen sich Spannungen auf. Vor unserer Hochzeit hatte ich geglaubt, ihn genau zu kennen; doch das erweist sich als Irrtum. Ich habe nicht gewußt, wie sehr – um nicht zu sagen: wie einseitig, wie verbissen er Soldat ist. Es ist fast unmöglich, mit ihm über die Straße zu gehen, ohne daß es zu Szenen kommt, die mir peinlich sind. Immer trägt er Uniform, überall wimmelt es von Uniformierten, und die Vorschrift besagt, daß jeder Soldat jeden Offizier zu grüßen hat. Wenn einer es nicht oder nicht der Vorschrift gemäß, nicht schneidig genug tut, gerät der Herr Hauptmann in Wut und brüllt auf den Mann ein, so laut er nur kann. Manche Passanten bleiben stehen, alle sehen herüber; ich lasse mich zurückfallen, ich schlendere voraus, als gehe mich die Sache nichts an. Doch die Peinlichkeit läßt sich nicht abschütteln. Zu allem Übel handelt es sich um das Joch des Hitler-Grußes, unter das die Wehrmacht nach dem Attentat im Führerhauptquartier gezwungen wurde.

Wenn ich Jobst Vorhaltungen mache, weist er mich zurecht. Es regnet große Worte: die Moral der Truppe, die Wehrkraft.

»Aber was um Himmels willen hat denn das mit dem zackigen Grüßen zu tun?«

»Sehr viel! Zucht und Gehorsam, die Disziplin, die Ordnung: Da darf man nichts durchgehen lassen. Wenn die erst aus den Fugen sind, dann gute Nacht.«

Ja, und so haben wir nun den Schlamassel, ordnungsgemäß.

Nach einem neuen und besonders schweren Angriff auf die Reichshauptstadt ist auch Jobst überzeugt, daß ich abreisen sollte. Ich packe meine Koffer.

Eigentlich ist es erstaunlich, daß so vieles noch funktioniert. Die S-Bahn von Potsdam zum Stettiner Bahnhof verkehrt wie stets, an all den Ruinen vorüber, die das Berliner Stadtbild prägen. Der Fahrplan verspricht den Zug nach Pommern für acht Uhr fünf; pünktlich eine Viertelstunde vorweg wird er bereitgestellt. Genau in diesem Augenblick heulen die Sirenen. Lautsprecher quäken: »Achtung, Achtung, Bahnsteig räumen, Ruhe bewahren, begeben Sie sich in die vorgesehenen Schutzräume! Achtung, Achtung...« Die Menschen begeben sich nicht, sie hasten, stolpern, raffen sich hoch; sie rennen. Eine zweite Durchsage, während ich unter meiner Gepäcklast noch zögere: »Achtung, Achtung! Der Zug fährt sofort ab!« Ich werfe die Koffer in eine Waggontür und springe hinterher. Bloß raus hier!

Schon rollen die Räder – »für den Sieg«, wie Aufschriften überall verkünden; der Zug nimmt Fahrt auf, beschleunigt, gerät ins Tempo, ins Rasen; er schleudert über die Weichen, durch Kurven. Friedensgrenzen für die Höchstgeschwindigkeit, was gelten sie noch? Ein Zug auf der Flucht, so schnell er nur kann.

Nicht schnell genug: für die stählernen Habichte eine träge Blindschleiche nur und auf freier Strecke noch leichter zu entdecken als im Schienen- und Ruinengewirr der Großstadt. Zehn Minuten mögen seit der Abfahrt vergangen sein, eine Viertelstunde vielleicht. Plötzlich Krachen und Splittern: Jagdbomber im Angriff! Ich werfe mich auf den Boden, unter die Sitzbank, als biete sie Schutz. Die Bremsen kreischen und kreischen, hart kommt der Zug zum Stehen.

Hochrappeln, Blick aus dem Fenster. Ein Haus ist zu sehen – ein Haus, das sich bewegt. Kino, Stummfilm noch, aber Zeitlupentechnik bereits: Langsam, ganz langsam die Bewegung erst zur Seite, dann Innehalten, Umkehr, eine Verbeugung, tief, immer tiefer. Dann ein Wirbel von Staub.

Bloß raus hier: Bahnschotter und Böschung, Gesträuch, Bäume, ein rettender Wald. Schon fegen die Feuervögel wieder heran.

Als sicher scheint, daß die Gefahr vorüber ist, versammelt der Ruf des Schaffners etwa dreißig Passagiere. Glassplitter überall von geborstenen Scheiben; ein Wagen wurde meterweit aufgerissen, ein anderer durchsiebt. Aber weil der Zug fast leer geblieben war, kam niemand zu Schaden, von Prellungen, Abschürfungen, auf der Flucht zerrissenen Kleidern abgesehen. Und alle Räder können noch rollen. »Einsteigen!« Weiterfahrt, sehr langsam, behutsam diesmal bis Eberswalde. Da werden die beschädigten Waggons ausrangiert. Gleich darauf setzt der Zug seine Reise fort, als sei nichts geschehen. Kaum eine Stunde Verspätung in Stettin.

Die Oderbrücken, die Einfahrt nach Hinterpommern. Entspannung, Heimkehr in die Geborgenheit, die vertrauten Stationen: Stargard, Ruhnow und Labes, halb zärtlich, halb im Spott »Schlurr-Labs« genannt, weil hier die bei jung und alt beliebten, im Sommer wie im Winter getragenen »Schlurren«, die Holzpantinen, hergestellt werden. Dann Schivelbein, Belgard, Köslin, Schlawe. Bald werde ich am Ziel sein.

Aber ein Schrecken steht mir noch bevor, ein weit unheilvolleres Bild als von Häusern, die vor Tieffliegern einknicken. Irgendwo zwischen Schlawe und Stolp sieht man Massen von Menschen, Frauen vor allem, mit Spaten und Schaufeln bewaffnet. Über Kilometer, so weit der Blick reicht, heben sie einen tiefen Graben aus.

»Was um Himmels willen machen die denn da?« frage ich den Soldaten, der in Köslin zustieg.

»Einen Panzergraben; er soll den Iwan aufhalten.«

»Ihn aufhalten! Und wie bitte?«

»Sehr einfach: Stur rollen die Panzer geradeaus und hinein. Sie purzeln auf den Rücken wie die Maikäfer. Das jedenfalls, das ist die Idee.«

»Und das funktioniert?«

»Na ja, mag sein – unter einer Bedingung: daß der Iwan keine Granaten hat oder Pioniere mit Sprengladungen, um die Böschungen einzureißen.«

»Aber dieser ganze Aufwand ... Bedeutet das etwa, soll es heißen, daß wir, wenn wir östlicher wohnen – daß wir schon aufgegeben sind?«

Keine Antwort mehr. Nur ein langer Blick, eine Andeutung von Achselzucken. Schweigen.

Von Fluchtburgen und Schatzkisten

Beinahe ist es noch so, wie es immer war. Zum pommerschen Herbst gehört die Kartoffelernte, tausend Morgen allein für die Güterverwaltung von Rumbske, Rowen und Zedlin. Jeder muß da mithelfen, im Akkord wird gearbeitet. Ich marschiere neben dem schweren Wagen übers Feld, den vier Pferde ziehen. Seitlich ist in den Wagen eine Treppe eingehängt, über die hinauf zwei kräftige Franzosen die »Rummeln« wuchten – Holzkästen, die mit den Knollen gefüllt wohl reichlich anderthalb Zentner wiegen. Aus einer umgehängten Trommel – als eine Art Kartoffel-Schaffner – gebe ich für jede Rummel eine Marke aus; diese Marken werden später in Hefte geklebt und im Gutsbüro gegen Bargeld eingelöst. In den Arbeitspausen brennen Kartoffelfeuer; ihr Duft liegt über dem Land.

Auf dem Stoppelfeld nebenan tuten »Max« und »Moritz«, die mächtigen Dampfpflug-Zwillinge; an einem Stahlseil ziehen sie zwischen sich den vielscharigen Kipppflug hin und her. Das Tuten klingt fast wie ein Triumph, denn dem Kleingetier der Trecker, das die ehrwürdigen Dinosaurier schon verdrängen wollte, ist unvermutet der Lebenssaft ausgegangen. Aber Kohle für die Lokomobilen gibt es noch, wenn sie auch mit Eichenkloben gestreckt werden muß. Ähnlich wird die Brennerei beheizt; wie je produziert sie Spiritus, Kartoffelflocken und die Schlempe fürs Vieh. Wahrhaftig: Die Arbeit bleibt, wie sie immer war, selbst wenn sich beim Kartoffelsammeln zu den deutschen Frauen und Kindern in Rumbske Franzosen und Ukrainerinnen, in Zedlin die russischen und in Rowen amerikanische Kriegsgefangene gesellen.

Und beinahe erscheint Hinterpommern in diesem Herbst 1944 als eine Fluchtburg des Friedens. Vom

Schrecken unterm Sirenengeheul weiß man nur vom Hörensagen. Zwei Ströme – oder vorerst noch Rinnsale – von Menschen kreuzen sich hier und finden zur Ruhe. Aus dem östlichen Ostpreußen, aus dem Memelland, kommt eine lange Wagenkolonne an, mit Menschen ungewohnten Namens und mit sonderbar kleinen und struppigen, aber zähen Pferden bespannt. Sie wird auf die Dörfer verteilt; das alte, das neue Wort »Treck« macht seine Runde. Aus der Gegenrichtung stammen die Bombenflüchtlinge, die Frauen und Kinder aus dem Ruhrgebiet – mit bisher unbekannten Namen auch sie: »Du Wanne-Eickel, Wanne-Eickel!« rufen die Dorfkinder den fremden Altersgenossen hinterher, als hätten sie das treffende Schimpfwort entdeckt.

Im Gutshaus rückt man mit leisem Seufzen zusammen, wirklich beengt freilich noch lange nicht. Die Sommergäste haben sich in Dauerbewohner verwandelt: Onkel Biedermann und Tante Deten, ein altes Malerehepaar aus Berlin, Fräulein Trautmann aus Wuppertal, eine sanft verschrobene, spätjüngferliche Psychotherapeutin, die Mutter irgendwo einmal auflas. Auch anderes ist um der Zuflucht willen eingetroffen: Aus Schloß Sommerswalde bei Berlin brachte der unbeirrbar vornehme Herr Grothe – den als »Diener« einzustufen ihn abgründig beleidigt hätte – eine große Kiste. Sie enthält, sorgsam aus dem Rahmen gelöst und verpackt, Gemälde von unschätzbarem Wert: alte niederländische Meister.

Kisten von ganz anderer Art verursachen wenig

später Aufregung. Das Gutshaus in Klenzin, das seit zehn Jahren leerstand, soll ein Kinderheim aufnehmen. Also rücken zunächst die Handwerker an, und einer erscheint aufgeregt bei Vater Jesko: »Herr Baron, ich habe im Keller die Wände abgeklopft. An einer Stelle klang es ganz hohl. Eine Tür wahrscheinlich, zugemauert. Darum habe ich die Wand aufgestemmt, ein paar Ziegel bloß. Aber da, da geht es ja weiter! Noch ein Keller, vielleicht noch mehr. Und da in der Ecke, da stehen zwei Kisten, halb im Grundwasser und halb unterm Staub. Fast wie Särge – nein: wie Truhen sehen sie aus ...«

»Also doch!« Tante Deten, mit einer Neigung zum Übersinnlichen begabt oder geschlagen, weiß sich kaum zu fassen: »Habe ich es nicht immer gesagt? Aber alle haben mich ausgelacht.«

Allerdings: Damals, um 1930, als wir nach dem Tode meines Vaters für einige Jahre in Klenzin wohnten, damals ist Tante Deten im Traum »die weiße Frau« erschienen. In einer Zimmerecke – ungefähr dort, wo im Keller jetzt diese Truhen entdeckt wurden – hat das Gespenst auf den Boden gewiesen. »Da liegt ein Schatz!« behauptete Tante Deten.

Natürlich wollten meine Brüder und ich gleich den Fußboden aufreißen und nachgraben. Aber es wurde verboten: »So ein Unsinn.« Dabei zeigte »die weiße Frau« doch bloß den Ort an; vom vergrabenen Schatz war schon immer die Rede gewesen; bei den Bauern und Gutsleuten im Dorf hatte sich von Generation zu Generation über dreihundert Jahre hin seine Geschichte vererbt. Oder nährte sie sich vielleicht aus praktischer Erfahrung, aus der hartnäckigen Frage nämlich, ob es sich für solch ein Haus denn gehöre, nur zu einem winzigen Teil unterkellert zu sein?

Eine unheimliche Geschichte: Das Haus wurde im frühen 17. Jahrhundert erbaut, zu der Zeit, als der große Krieg begann. Der Dreißigjährige Krieg: wie böhmisch weit entfernt an seinem Anfang! Aber unaufhaltsam, Schritt um Schritt rückte er näher an Pommern heran. Auf einmal war er da. Was hat sich damals zugetragen? Geschah es vielleicht, daß die Besitzer des Hauses im zugemauerten Keller verbargen, was ihnen wertvoll war, daß sie fliehen mußten und, irgendwo von der Soldateska eingeholt und erschlagen, niemandem mehr mitteilen konnten, wo ihr Hab und Gut auf den Erben wartete?

Von den Schrecken des Krieges erzählen nicht bloß verstaubte Geschichten; man kann sie besichtigen, wenn man die Plätze kennt, abseits der Dörfer in den Wäldern versteckt: die »Schwedenschanzen«, wie sie beziehungsreich heißen. Eine gibt es im »Wossek« bei Rumbske, die zweite hinter Rowen neben dem Weg ins Lebamoor, die dritte zwischen Klenzin und Zedlin: tief in Anhöhen hineingegrabene Mulden, um die man ringsum die Erde zu Wällen auftürmte. Die Überlieferung verschweigt freilich, ob diese Schwedenschanzen eigentlich Rettung oder erst recht das Verderben brachten. Macht Beutegier nicht findig? Wurden Bluthunde auf die hastig verwischten Fährten gesetzt, brüllten Kühe zur Unzeit? Und was vermochten Äxte und Sensen wohl auszurichten, wenn dann die Würger im Harnisch heranstürmten? Fragen ohne Antwort. Erhalten blieb ein Abbild der Angst, in Verse gefaßt:

»Bet, Kindlein, bet!
Morgen kommt der Schwed'!
Morgen kommt der Oxenstern,
der wird die Kindlein beten lehrn.«

In den Schulbüchern steht das nicht, aber in der Tiefe des Erinnerns, aufbewahrt und weitergegeben an Kind und Kindeskinder. Inzwischen läßt Vater Jesko den Jagdwagen anspannen. Ich fahre mit, schließlich ist Klenzin mein Erbteil. Tatsächlich: Durchs Loch in der Mauer, im Schein einer Taschenlampe erkennt man ein weitläufiges Gewölbe – und übers Grundwasser ragend die zwei Kisten, die wie Schatztruhen aussehen.

Meine Neugier entbrennt: »Sollen wir sie nicht rausholen lassen, jetzt, sofort?«

»Nein«, entscheidet Vater Jesko, »laß sie ruhen. Man muß ja nicht jedes Geheimnis zerstören. Und überhaupt: Jetzt ist zum Schatzsuchen nicht die richtige Zeit.«

»Aber wann denn sonst? Vielleicht im Sommer, wenn das Wasser niedriger steht?«

»Vielleicht. Wir wollen es abwarten.«

»Aber...«

»Aber was?« Plötzlich ist Härte in Vaters Stimme: »Hast du eigentlich schon überlegt, wo wir in Rumbske das Silber einmauern sollen?«

Während das Loch in der Wand sorgfältig wieder verschlossen und mit Putz überdeckt wird, fahren wir stumm nach Hause.

Wie es sich gehört

Im Gutshaus von Rumbske liegt die Küche im Kellergeschoß. Von dort aus führt eine Treppe steil noch tiefer hinab und mündet in einen langen, fast vergessenen Gang. Dunkelheit und Modergeruch; nur aus einem Seitenraum, der früher zum Schlachten diente, dringt ein wenig Dämmerlicht herein. Am Ende des Ganges befindet sich das halb verfallene »Achteck«, ursprünglich eine Trinkstube, die schon lange nicht mehr benutzt wird. Die Sage erzählt, daß dort die Herren aus der Nachbarschaft sich zusammenfanden, wenn sie ungestört sein wollten. Falls in der Erntezeit die Sonne durchaus nicht scheinen mochte, verfiel man hier aufs »Regenwegsaufen«: Feuchtigkeit von innen sollte die äußere vertreiben. Um des Erfolges willen galt es hartnäckig zu sein, die Tage und die Nächte hindurch. Wohl bei solch einer Gelegenheit geschah es, daß jemand das Barometer, dessen Nadel noch immer in der Tiefe verharrte, wütend von der Wand riß, darauf herumtrampelte und schrie: »Ich werd' dich Aas steigen lehren!«

Nun steige ich die Treppe hinunter und leuchte mit meiner Taschenlampe den Gang, den Schlachtraum, das Achteck ab. Denn Vater Jeskos unerwartete Bemerkung wirkt wie ein Widerhaken, von dem nicht loszukommen ist: Ich überlege, wo das Silber vergraben werden müßte. Wahrscheinlich im Schlachtraum. Da ist der Boden nur locker aus Ziegeln gefügt; leicht könnte man ihn aufstemmen, darunter graben, ihn dann wieder verschließen und mit Sand abstreuen.

Ich hüte mich allerdings, jemandem von dieser Expedition zu berichten. Ohne Verabredung liegt über dem, was kommen mag, eine dichte Decke des Schweigens. Haltung bewahren, die Pflichten des Tages erfüllen, nicht den Ängsten Vorschub leisten: »Jetzt ist Ruhe die erste Bürgerpflicht; ich fordere die Einwohner Berlins dazu auf«, lautete einmal, im Jahre 1806 nach der verlorenen Schlacht von Jena und Auerstedt, eine vielzitierte preußische Proklamation. Reden hieße, heimliche Unruhe offenbar zu machen und sie als Last an andere weiterzugeben; das gehört sich nicht.

Zum späten Sieg der preußischen Erziehung tritt etwas anderes hinzu, vielleicht das Entscheidende: Man kann nichts tun. Jede Chance zum Handeln, sei sie noch so gering, beflügelt uns. Sie spornt unser Denken, die Phantasie, unsere Aktivität an. Aber die

Ohnmacht lähmt. Sie türmt die Zukunft zur unübersteigbaren Mauer, in die ein finster verriegeltes Tor eingelassen ist. Niemand weiß, was hinter der Mauer sich vorbereitet; keiner kann sagen, wie es sein wird, wenn das Tor einmal aufspringt.

Das Leben geht also weiter, wie es sich gehört, im Ablauf des ländlichen Jahres. Dezember inzwischen und Schnee in der Luft: Vater Jesko und Förster Drambusch planen für die Treibjagden. Gewiß, so groß und so glanzvoll wie in Friedenszeiten kann es sie nicht mehr geben. Es mangelt an Schützen. Aber gerade zur rechten Zeit trifft Jobst ein, inzwischen zum Major befördert; die Kopfschmerzen und das Asthma haben ihm – »bis auf weiteres« – Genesungsurlaub beschert. Diese Behinderungen tun indessen seinem Jagdeifer keinen Abbruch, und mir zuliebe verzichtet er sogar auf den Dienstrock. Von Uniformierten, denen man Disziplin beibringen müßte, wimmelt es in Rumbske ohnehin nicht. Im übrigen bleibt Vater Jesko erfinderisch wie eh und je: Mein Bruder ist jetzt als Rekrut in Stolp. Kann man ihn nicht für den einen oder den anderen Tag von der Truppe entfernen? Selbstverständlich, mit seinem Schwadronschef als willkommener Dreingabe. An Jagdgewehren, um auch diesen auszurüsten, mangelt es gottlob nicht.

Keine Geschäftigkeit kann freilich verhindern, daß der Wehrmachtbericht eine neue Bedeutung gewonnen hat. Wenn er nachmittags im Radio verlesen und – langsam, zum Mitschreiben – wiederholt wird, versammeln sich die Hausbewohner. Angespannt hören sie die Stimme des Schicksals und suchen zu ergründen, was sich hinter den Worten birgt.

Starke deutsche Kräfte sind am 16. Dezember um fünf Uhr dreißig in breiter Front aus dem Westwall nach einer kurzen, aber gewaltigen Feuervorbereitung zum Angriff angetreten und haben die vordersten amerikanischen Stellungen zwischen dem Hohen Venn und dem Nordteil Luxemburgs im ersten Ansturm überrannt. Die große Angriffsschlacht nimmt, von starken Jagdfliegerverbänden geschützt, ihren Fortgang. Einzelheiten werden, um dem völlig überraschten Gegner keine Anhaltspunkte zu bieten, erst später bekanntgegeben. Im Kampf mit der feindlichen Luftwaffe über dem Frontgebiet haben Geschwader unserer Jagdflieger nach bisher vorliegenden Meldungen 48 feindliche Bomber abgeschossen. Flakartillerie der Luftwaffe vernichtete außerdem 21 feindliche Flugzeuge. In der Nacht griffen starke Kampf- und Nachtschlachtverbände die feindlichen Bewegungen und Nachschubzentren mit guter Wirkung an. An der übrigen Westfront …

»Das ist das Wunder, endlich, die Wende!« jubelt die gläubige Tante Deten. »Unsere herrlichen neuen Waffen! Und der Führer…«

»Halten Sie den Mund.« Vater Jesko schneidet ihr das Wort ab, die Stimme nicht einmal laut, doch die Worte wie Messer, das Gesicht erstarrt – eine Maske, die ich noch nie gesehen habe. »Es bedeutet im Klartext: Der Herr Führer verheizt alles, was er noch hat, im Westen. Wenn dann die Russen zu ihrer großen Winteroffensive antreten...« Eine kurze Pause; die Erstarrung hat jetzt jeden im Raum ergriffen. »Und den Rest, Verehrteste, den lassen Sie sich gefälligst von Ihrer Bibel erzählen: Matthäusevangelium, Kapitel vierundzwanzig, Vers zwanzig.«

Niemand in der Hausrunde gibt es zu, doch alle schauen heimlich nach, was da geschrieben steht. Ich lese: »Bittet aber, daß eure Flucht nicht geschehe im Winter...« Ich lese auch den vorhergehenden Vers: »Wehe aber den Schwangeren und Säugenden zu jener Zeit!«

Ein Riß in der Mauer und das Pochen am Tor, für Augenblicke nur.

Düfte von Pfefferkuchen ziehen durchs Haus. Wie es sich gehört, wird in der Bibliothek der Weihnachtsbaum aufgebaut, davor die Krippe: Maria und Josef mit dem Kind, vor Ochs und Esel im Stall, »denn sie hatten sonst keinen Raum in der Herberge«. Über dem Stall an Zweigen des Weihnachtsbaums schwebt die Menge der himmlischen Heerscharen – Wachsengel, die so leicht schmelzen, wenn sie in den Bannkreis einer Kerze geraten. Aus der Ferne ziehen schon Kaspar, Melchior und Balthasar heran. Vor allem jedoch sind da die Hirten mit ihren Schafen; einer trägt ein Lamm auf der Schulter.

Als Kind habe ich über diese Hirten immer gestaunt. Zwar ist die Weihnachtslandschaft mit grünem Moos ausgelegt. Aber im pommerschen Klima braucht man wenig Phantasie, um sich die Felder weiß verschneit vorzustellen. Was haben dann dort noch die Herden zu suchen? »Das Schaf frißt Sand, aber keinen Schnee«, sagt unser Sprichwort. Es findet, soll das heißen, überall noch etwas, selbst auf den Stoppelfeldern, die uns als völlig kahl erscheinen, nachdem die »Hungerharke« jeden verlorenen Halm eingesammelt hat. Im Winter jedoch brauchen Schafe den Stall und die Fütterung. Und warum gar waren die Hirten »des Nachts« da draußen? Wollten sie etwa nicht gesehen und nicht erwischt werden, hüteten sie »auf dem Herrschaftlichen«? Das zumindest würde erklären, warum sie so sehr sich fürchteten, als die Klarheit des Herrn um sie zu leuchten begann.

Am Heiligen Abend fahren wir zur Christmette. Die Kirche in Glowitz ist wie immer dicht gefüllt. Wie immer sitzen ganz vorn die Konfirmanden und die Katechumenen, die das schwierige Amt haben, Sprüche aus den Weissagungen aufzusagen und dann die Lichter am Weihnachtsbaum zu entzünden. Über der Gemeinde thronen in ihrem Patronatsgestühl die Gutsherren mit ihren Familien. Onkel Gerhard, der alte Glowitzer, Frau von Bonin aus Schorin, die Kepplers aus Zemmin und alle die anderen: Wir nikken einander zu. Unten, im Kirchenschiff, hat es allerdings eine Neuerung gegeben. Nach der guten alten Art sollen Männer und Frauen durch den Mittelgang getrennt bleiben. Aber weil durch den Zustrom der Flüchtlinge die Frauen sich so stark vermehrt haben, während es an Männern mangelt, ist diese Ordnung aus dem Lot geraten; die Frauen besetzen, was eine Tradition ihnen verwehrte, die weiter reicht als jedes Erinnern.

»Und der Engel sprach zu ihnen: Fürchtet euch nicht! Denn siehe, ich verkündige euch große Freude...« Der Pastor, so scheint es, sagt das diesmal mit besonderer Betonung. Und die Gemeinde bekräftigt es:

»O du fröhliche,
o du selige,
gnadenbringende Weihnachtszeit!
Welt war verloren,
Christ ist geboren:
freue, freue dich,
o Christenheit!«

Zum Abschied bläst vom Turm der Chor der Posaunen. Sogar in ihm haben Frauen inzwischen die Oberhand gewonnen. Doch auch sie blasen so kräftig wie einst nur die Männer. Ach, aber warum fallen einem in solchen Momenten stets die alten Geschichten ein? Die Posaunen vor Jericho:

»Da machte das Volk ein Feldgeschrei, und man blies Posaunen. Denn als das Volk den Hall der Posaunen hörte, machte es ein großes Feldgeschrei. Und die Mauern fielen um, und das Volk erstieg die Stadt, ein jeglicher stracks vor sich. Also gewannen sie die Stadt – und verbannten alles, was in der Stadt war, mit der Schärfe des Schwertes: Mann und Weib, jung und alt, Ochsen, Schafe und Esel.«

Blitzkrieg, wenn es denn je einen gab

Infolge unserer Gegenschläge hat die Stärke der feindlichen Angriffe in den Ardennen nachgelassen. Nordöstlich Laroche wehrten unsere Truppen zum Teil in Nachtgefechten den örtlich vorgedrungenen Gegner ab. Im Kampfraum südöstlich Bastogne wurden die Amerikaner durch unsere Gegenangriffe zurückgedrängt; eine am Vortag entstandene Frontlükke wurde geschlossen.

Bei Hatten und Rittershofen im Elsaß wird die Säuberung des eroberten Festungsgebietes der Maginotlinie fortgesetzt. Die Amerikaner, die den ganzen Tag über zu vergeblichen Gegenangriffen ansetzten, erlitten in unserem zusammengefaßten Feuer hohe blutige Verluste.

Südlich Erstein haben unsere Truppen auch die zweite eingeschlossene feindliche Kampfgruppe aufgerieben. Neben 450 gezählten Toten verlor der Gegner nach den bisherigen Feststellungen 26 Offiziere und über 700 Mann an Gefangenen, außerdem erhebliches Kriegsmaterial.

Schlechtes Wetter schränkte die Kampftätigkeit an den mittelitalienischen Fronten ein. Die Briten führten nur einzelne ergebnislose Vorstöße an der adriatischen Küste.

In Ungarn kam es zwischen Plattensee und Donau gestern nur zu örtlichen Gefechten. Gegen den Südostteil von Budapest führte der Feind heftige Angriffe, die von der Besatzung in harten Kämpfen abgewiesen wurden. Nördlich der Donau brachten unsere Angriffe trotz verstärkter feindlicher Gegenwehr weitere Erfolge. Versuche der Sowjets, unsere Angriffsspitzen durch Flankenangriffe abzuschneiden, scheiterten. An der slowakischen Südgrenze wurden die Durchbruchsversuche mehrerer bolschewistischer Schützendivisionen zwischen Losoncz und dem Hernad vereitelt.

An der Weichselfront hat die lange erwartete Winteroffensive der Bolschewisten begonnen. Nach außergewöhnlich starker Artillerievorbereitung trat der Feind zunächst an der Westfront des Brückenkopfes von Baranow mit zahlreichen Schützendivisionen und Panzerverbänden an. Erbitterte Kämpfe sind entbrannt …

Der Anfang und der mittlere Teil des Wehrmachtberichts vom 13. Januar 1945: Beinahe beruhigend klingt noch, was da gesagt wird. Von allem möglichen ist zunächst die Rede, dann erst vom großen Angriff, der am Vortag an der Weichsel begann. Der wurde außerdem »lange erwartet«, also – so darf man folgern – seine Abwehr sorgsam vorbereitet.

Doch Tage genügen, um alles zu verändern. Nach Schneefällen im klirrenden Frost, im schneidenden Ostwind der Blitzkrieg, wenn es denn je einen gab; schon am 20. Januar wird nicht mehr von Gebieten weit in Polen gesprochen, sondern vom »Großkampf um den deutschen Ostraum«. Tief und immer tiefer bricht der Feind nach Ostpreußen und Schlesien ein; unvermittelt heißen die Städte, die jetzt genannt werden: Gumbinnen, Allenstein, Oppeln. Und nirgends ein Halt.

Auf der Chaussee nach Stolp zieht ein Treck vorüber, ein zweiter folgt, dann ein dritter. Bald reißt die graue Kolonne überhaupt nicht mehr ab, Frauen, Kinder und Greise auf ihrer Flucht in den Westen, der Oder entgegen. Ein Weg wer weiß wohin, fort in die Fremde, ins Ungewisse; nur die Rettung scheint wichtig vor der unheimlichen Flut, die vom Osten her anbrandet. Aber quälend langsam geht es voran, immer wieder gibt es Stockungen. Die Wagen wurden hastig und überbordend beladen, oft unzulänglich bespannt, Achsen oder Räder brechen. Die Pferde sind erschöpft; auf dem eisglatten Boden schlagen sie oft hin und müssen mühsam wieder auf die Beine gebracht werden. Manchmal sieht man auch Ochsen; von ihren längst wunden Hufen rinnt Blut in den Schnee.

Am Abend weisen Gendarmen alle Trecks von der Straße weg in die Dörfer hinein. Denn die Nacht bleibt einem militärischen Verkehr vorbehalten, den es kaum gibt. Vater Jesko – jetzt ständig in seiner

Majorsuniform, um sich Respekt zu verschaffen – trifft Anordnungen, um für Tiere und Menschen Quartier zu machen. Die Fohlen zum Beispiel verbannt er aufs abgelegene Rowener Vorwerk; ein ganzer Stall wird damit frei. Im Saal des Gutshauses, der so viele Feste sah, entsteht auf Stroh ein Massenlager für dreißig, vierzig oder noch mehr Menschen. Marie, die Mamsell, bekommt Heerscharen von Frauen zugeteilt; den ganzen Tag über schälen sie Kartoffeln und rühren in riesigen Bottichen, damit alle Ankömmlinge mit einer kräftigen Suppe versorgt werden können.

Dafür werden auch Schweine geschlachtet.

Als Konsequenz ergibt sich ein denkwürdiger Dialog, dessen zufällige Zeugin ich werde. Ein kurzbeiniger Dickwanst in der braunen Uniform stampft ins Haus, baut sich vor Vater Jesko auf, wichtigtuerisch die Arme in die Hüften gestemmt, und blickt zu dem Offizier empor, der ihn um mehr als Haupteslänge überragt: »Herr Baron, ich habe gehört, daß Sie schlachten lassen. Das geht nicht, es ist streng verboten – ich verbiete es! Sonst muß ich Sie wegen Schwarzschlachtung anzeigen.«

Vater blickt zurück und hinunter: »Sind Sie verrückt? Sollen wir diese Flüchtlinge etwa im Stich lassen? Sollen sie hungern? Sie brauchen Kraft auf den Weg.«

»Aber die Vorschriften, die Befehle! Gerade Sie als Offizier, als Major...«

»Also, jetzt hören Sie mal zu, Sie Verbieter...«

Was folgt, wird bedrohlich leise gesagt: »Ich will Ihnen eine Geschichte erzählen. In der Schlacht bei Königgrätz hatte ein Major etwas Unsinniges getan und hinterher gesagt: Es war doch befohlen. Darauf bekam er zu hören: ›Herr, dazu hat Sie der König von Preußen zum Stabsoffizier gemacht, daß Sie wissen, wann Sie einen Befehl nicht ausführen dürfen!‹ So, und jetzt« – plötzlicher Übergang vom leisen zum Kasernenhofton –, »jetzt machen Sie gefälligst, daß Sie aus dem Haus und vom Hof kommen! Auf der Stelle! Sonst schlachte ich Sie gleich selbst noch mit!« Der Dickwanst erbleicht, trollt sich und taucht nie wieder auf.

Wie wohltuend wirkt dagegen ein anderer Besucher. Spät in der Dunkelheit, als der tägliche Wirrwarr schon bewältigt scheint, klopft es an der Haustür, und ein Herr im Gehpelz tritt herein, ganz Ruhe und Würde, sehr höflich. Er stellt sich vor: »Dohna. Bitte verzeihen Sie die Störung. Darf ich vielleicht noch unterkommen?«

Eigentlich ist alles längst belegt. Aber die Höflichkeit steckt an; Mutter zögert keinen Augenblick: »Selbstverständlich, wir freuen uns. Jesko, du wirst heute nacht auf dein Ankleidezimmer verzichten müssen. – Frieda, begleiten Sie unseren Gast hinauf.«

Ein Lächeln, eine kleine Verbeugung: »Herzlichen Dank. Nur, bitte haben Sie Verständnis: Erst müssen meine Leute und vor allem die Pferde versorgt sein.« Nachdem auch das geregelt ist, beginnt ein beinahe heiterer Abend. Rotwein wird gereicht, das Kaminfeuer brennt; beim Anekdotenerzählen klingt Gelächter auf. Und von vielem wird gesprochen, nur nicht von den mißlichen Umständen des Tages.

Unser Herr Major

Die Männer müssen fort. Zuerst bekommt Jobst das bereits erwartete Telegramm: Zurück zur Truppe. Seine Kopfschmerzen und sein Asthma zählen nicht mehr. Ich begleite ihn bis Stolp, denn die Kreisbahn verkehrt noch wie gewohnt.

Oder doch etwas ungewohnt: An den Triebwagen hat man einen Waggon angehängt; in ihn werden die amerikanischen Kriegsgefangenen aus Rowen verladen. Sie jubeln und lachen, sie singen unentwegt. Wer will es ihnen verdenken? Daß dies die erste Etappe auf ihrem Weg zur Befreiung und zur Heimkehr ist, läßt sich mit Händen greifen. Übrigens werden kurz darauf auch die Russen aus Zedlin abgezogen; sie allerdings müssen zu Fuß marschieren.

Nur die Franzosen bleiben.

In Stolp übernachten wir im »Franziskaner«. Es ist nicht das erste Haus am Platze, aber sozusagen geadelt, weil hier ein alter Husar, der Feldmarschall von Mackensen, abzusteigen geruhte. Beim Abendessen ist mein Bruder dabei, der für ein paar Stunden

Ausgang erhalten hat. Die Schwadronen seiner Ausbildungsabteilung sind ebenfalls alarmiert worden; gleich in der nächsten Nacht sollen sie ausrücken. Ich versuche, Mutter anzurufen, um es ihr zu sagen, aber das Telefon bleibt hartnäckig blockiert. Erst am folgenden Nachmittag, als ich wieder in Rumbske bin, kann ich die schlimme Nachricht übermitteln. Mutter bricht sofort auf; sie will ihren jüngsten und letzten Sohn noch einmal sehen. Doch der Abendzug verspätet sich, und während Mutter mit der verdunkelten Straßenbahn durch die Stadt fährt, sind die Reiter schon in den Sattel gestiegen und abgerückt.

Die letzten, die Siebzehnjährigen. Als Friedrichs großer Krieg an sein Ende kam, 1763, haben die ersten Husaren hier Einzug gehalten, mit ihrem berühmten General Belling, der in der Marienkirche begraben liegt und als ein ebenso frommer wie finanziell bedrängter Mann zu beten pflegte: »Du siehst, Vater im Himmel, die betrübten Umstände Deines Knechtes Belling, beschere ihm daher bald einen gelinden Krieg, damit er sich verbessern möge und Deinen Namen weiterhin preise. Amen.«

Damals hat Gott das wohl gnädig überhört. Später dann der noch berühmtere Nachfolger, der als Denkmal auf dem Marktplatz Wache hält: Blücher, der »Marschall Vorwärts«, der Held der Befreiungskriege. Blücher und Wellington, Preußen und Briten bei Waterloo oder Belle-Alliance: Wie lange ist das her. Und nun also haben die Reiter Stolp verlassen, blutjung, viel zu jung fürs Sterben.

Wann allerdings mag man dafür wohl alt genug sein? Wird man es überhaupt einmal?

Ein klirrend kalter Wintertag – und einer von diesen Abschieden auf Bahnhöfen, bei denen der Wunsch, sie hinauszuschieben, von der Ungeduld durchkreuzt wird, sie endlich hinter sich zu bringen. Während wir auf den D-Zug warten, läuft ein Güterzug ein, die Waggons mit offener Ladefläche, vollgepackt mit Menschen. Wie sie aussehen! Zusammengekauerte Gestalten, unter der Kälte erstarrt, zum Aufstehen und Absteigen kaum mehr fähig, dürftige Kleidung, zerfetzt zum Teil, ein paar Decken über eingekrümmten Schultern, graue, zerfallene Gesichter. Verdammte, Verstummte allesamt; kaum ein Wort fällt. Dann werden von Helfern kleine stille Bündel eingesammelt und auf dem Bahnsteig abgelegt: erfrorene Kinder. In die Stille hinein das Schreien einer Mutter, die nicht hergeben will, was sie verlor.

Entsetzen, Panik ergreift, überwältigt mich: Noch nie habe ich solches Elend gesehen. Und hinter dem Anblick springt übermächtig die Vision auf: Das sind ja wir, das kommt auf uns zu, so also wird es sein, wenn das dunkle Tor zur Zukunft sich entriegelt.

Ich zittere am ganzen Leib, die Beine möchten versagen, ein Weinkrampf schüttelt mich. Jobst will mich beruhigen, zieht mich in seine Arme, vergeblich. Er brüllt: »Sei still, nimm dich zusammen!« Schließlich eine Ohrfeige – und die wenigstens hilft.

Dann wird der D-Zug bereitgestellt und fährt ab. Während ich ihm nachschaue, sagt der Mann mit der roten Mütze, der dicht neben mir steht, zu einem anderen Eisenbahner: »Unser letzter regulärer Zug. Es wird jetzt keinen mehr geben.«

Nach ein paar Tagen muß auch Vater Jesko fort. Der »Volkssturm« ist aufgeboten und er zum Kommandeur bestimmt worden, für fünftausend Männer aus der Stadt und dem Landkreis Stolp. Halbe Kinder und halbe Greise sollen Panzerarmeen aufhalten... Gottlob hat sich die allabendliche Aufnahme der Trecks halbwegs eingespielt. In Rowen übernimmt Oberinspektor Hesselbarth – Jahrgang 1877 –, in Rumbske Hofmeister Dargusch – Jahrgang 1874 – die Einweisung. Wir Frauen versorgen die Menschen, unsere Franzosen die Pferde.

Was aber soll man mit den langen Abenden anfangen, wenn die Arbeit getan ist? Wie soll man den Trübsinn bannen, wie sich ablenken? Skat und Bridge, Rommé und Majong, die altbewährten Spiele, erweisen sich als schwächliche Mittel, und niemand zeigt Lust zum Geschichtenerzählen. Sogar Onkel Biedermann, sonst stets voller Einfälle, versagt kläglich. Tante Deten allerdings, seine Frau, macht einen Vorschlag: »Wie wäre es mit einer Séance, einer spiritistischen Sitzung? Wir könnten einen Geist rufen und befragen. Vielleicht hat er uns etwas Wichtiges zu sagen.«

Mutter setzt gleich ihr abweisend strenges Gesicht auf, das keine Worte braucht, um zu reden: Das gehört sich nicht, ich verbiete es. Und auch ich spüre

Unbehagen: Ist das nicht der schiere Aberglauben, bloßer Hokuspokus? Oder falls es das nicht ist, wohin geraten wir dann?

Aber Mutter geht früher als sonst ins Bett, weil eine Magenverstimmung sie plagt. Sei es nun, weil wir Zurückbleibenden einer Schulklasse ohne Lehrer gleichen, die das Verbotene doppelt reizt, oder weil ohnehin keiner etwas Besseres weiß, sei es, weil Ohnmacht und Ängste nach jedem Strohhalm greifen lassen: Die Séance findet statt.

Wir setzen uns um den runden Tisch in der Bibliothek, legen die Hände auf die Platte, Daumen an Daumen und mit dem kleinen Finger den des Nachbarn berührend. Eine einzige Kerze, weit entfernt aufgestellt, spendet trübes Licht. Tante Deten murmelt erst Unverständliches und verfällt dann in jenen halblauten Heul- oder Klageton, den man bei Gespenstern voraussetzt: »Geist, du Geist, bist du da? Geist, du Geist, hörst du uns?«

Pause und Wiederholung, zweimal, dreimal. Nichts geschieht. Dann jedoch unversehens, tatsächlich: Der Tisch regt sich. Klopfzeichen. Wie ist das nur möglich? Es handelt sich um einen massiven, zentnerschweren Eichentisch. Selbst im Stehen braucht man Kraft, um ihn anzuheben.

»Geist, du Geist, zu wem willst du sprechen?« Klopfzeichen und angespanntes Abzählen der Buchstaben: J-O-B-S-T – Jobst! »Geist, du Geist, was willst du ihm sagen?« Wieder das Klopfen: »Helm – fester – binden.«

»Nein, nein, Schluß, weg damit!« Aberwitz, ein Wahn: Ich springe auf, ich schalte das Licht ein, um den Alptraum zu bannen. Aber so einfach ist das nicht. Das Unheimliche haftet, es vergiftet die Nacht und verstört den Schlaf: Was war das, wie kann man das deuten?

Es wird Jahre dauern, bis ich die gesicherte, amtlich beglaubigte Nachricht in Händen halte: Der Major Jobst-Werner Adam Freiherr von Oldershausen wurde zum Einsatz bei Küstrin befohlen. Ein paar Wochen nach unserer fatalen Sitzung, am 12. März 1945, ist er im alten Gemäuer der preußischen Festung gefallen.

Nach neun Tagen ist auf einmal Vater Jesko wieder da, tief erschöpft und noch tiefer deprimiert. Er zieht seine Uniform aus und nicht wieder an. Es ist nicht viel aus ihm herauszubekommen, auch später nicht, als er sich halbwegs erholt hat. Dafür drängen die Bauern und die Gutsleute, die dabei waren, um so mehr zum Erzählen. Sie müssen unbedingt loswerden, was sie erlebt haben. Wie immer bei Augenzeugen gibt es unterschiedliche Berichte, oft Widersprüche, aber ungefähr dies schält sich heraus:

Der ganze Volkssturm wurde in Stolp in einen riesig langen Zug verladen. Die Fahrt führte nach Süden, über Rummelsburg auf Schneidemühl zu. Lediglich »unser Herr Major« und ein paar andere Offiziere trugen Uniformen und ihre privaten Pistolen. Sonst gab es nur Armbinden. Seinen Rucksack allerdings hatte jeder prall mit Lebensmitteln gefüllt, und wie es sich für den pommerschen Winter gehört, waren alle warm angezogen und mit derben Stiefeln versehen – »außer die paar Städt'schen, die von nischt eine Ahnung haben«. Nur sehr langsam kam man vorwärts, weil Fluchtzüge die Strecke blockierten. »Oder, nee, die wußten ja jar nicht, wohin denn nu mit uns.« Irgendwo unterwegs stand auf dem Nebengleis ein eleganter Salonzug; der Befehlshaber der »Heeresgruppe Weichsel«, Heinrich Himmler, saß darin. Der Herr Major wurde hinübergeholt; es wurde ihm gesagt, und er gab weiter, daß die Waffen für den Volkssturm in Schneidemühl bereitlägen.

Doch ein gutes Stück vor dem Ziel war die Fahrt plötzlich zu Ende: Russische Panzer beschossen den Zug, zum Glück noch aus weiter Entfernung und ohne gleich zu treffen. Die Eisenbahner koppelten ihre Lokomotive ab und verschwanden, die Leute stürzten aus den Waggons auf und davon. In einer Mulde, von einem Waldstück gedeckt, sammelte der Herr Major seine Leute. Er befahl: Rückmarsch nach Stolp! Dieser Marsch führte meist querfeldein, durch knietiefen, manchmal hüfthohen Schnee, weil alle Straßen von den Trecks verstopft waren. Der Herr Major stellte Gruppen von kräftigen Männern zusammen, die vorweg eine Spur zu trampeln hatten, auf der die Kolonne der Fünftausend ohne Mühe folgen konnte; immer nach einer halben Stunde wurde die Spurgruppe durch eine andere abgelöst. So ging es ohne Zwischenfälle voran, mit Rastpausen stets nur für ein paar Stunden, in Waldstücken, in denen man rasch große Feuer entzündete.

Ankunft in Stolp: Außer dem einen Bauern, der ein Gewehr oder eine Pistole besaß und sich erschoß, hatte es keine Verluste gegeben. Der Herr Major ließ auf dem Stephansplatz vor dem Rathaus antreten, er hielt eine kurze Ansprache: »Wir werden unsere Heimat verteidigen – aber so nicht, sondern als richtige Soldaten, wenn die Wehrmacht uns ruft. Bis dahin: Geht nach Hause!« Und dann noch die Demonstration: ein militärischer Gruß, »wie sich das jehört als Soldat, nich wie beim Adolf«. So schnell kam der Major allerdings nicht davon; ein paar tausend Männer wollten ihm die Hand drükken.

Zuerst erschrecken mich diese Berichte: Befehlsverweigerung, Zersetzung der Wehrkraft oder wie die Schlagworte heißen – was kann man nicht alles daraus machen! Was melden die braunen Herren an den Gauleiter in Stettin, welche mörderischen Antworten und Weisungen treffen von dort ein? Doch wieder und wieder bekomme ich zu hören:

»Ach ne, Frau Baronin, da machen Se sich man keine Gedanken nich. Wenn die unserm Herrn Major etwas wollen, na denn jibt es den richt'chen Volkssturm auf Stolp. Und denn, wen haben die denn noch? Nämlich Verluste, und wie es die jab! Kein Durchhalten nich mit die NSDAP beim Marschier'n, all die Parteiabzeichen runter und weg in'n Schnee! Ne, nich eins mehr bis nach Stolp ...«

Wahrscheinlich war dies Vater Jeskos letzter Einsatz als Soldat – und womöglich sein bester.

Einmal, als wir allein sind, frage ich ihn: »Warum bist du nicht stolz darauf? Und warum trägst du die Uniform nicht mehr?«

Ein trauriger Blick, eine ungewohnt leise Stimme, Preußens Abgesang: »Die Uniform? Ach, Libussa, unter diesen Hitlers und Himmlers bringt sie keine Ehre mehr.«

Eine letzte Gelegenheit

An der unteren Oder blieb die Kampftätigkeit auf beiderseitige Aufklärung beschränkt. Nördlich Arnswalde drangen die Bolschewisten aus ihren am Vortag gewonnenen Ihna-Brückenköpfen in unser Hauptkampffeld ein.

An den Flanken des feindlichen Einbruchsraumes in Ostpommern verhinderten eigene Panzerkräfte auch gestern in heftigen Kämpfen eine größere Ausweitung. 72 sowjetische Panzer wurden hierbei vernichtet. Südlich Rummelsburg gewannen wir im Gegenangriff verlorenes Gelände zurück. Feindliche Panzerspitzen drangen auf schmalem Raum weiter nach Nordwesten vor und erreichten die Straße Köslin–Schlawe.

Niemand hört, was der Wehrmachtbericht sonst noch zu sagen hat, nur dies: Die Straße von Köslin nach Schlawe! Sie führt schon dicht unter der Ostsee entlang. Vater Jesko zirkelt auf der Karte nach: kaum fünfzehn Kilometer. Noch weniger bis zum Buckower und zum Jamunder See, und dahinter gibt es keine leistungsfähige Chaussee mehr. Außerdem weiß man, daß die amtlichen Meldungen der Wirklichkeit hinterherhinken. Das heißt, so nüchtern wie schicksalsschwer: Der rettende Weg in den Westen ist versperrt.

Die Trecks verwirren sich. Viele fahren noch immer nach Westen. Wer auf der Straße liegt, empfängt kaum Nachrichten oder vermag sie nicht zu deuten, weil es an Ortskenntnissen und Karten fehlt. Die Dienststellen der Partei oder die sonstigen Behörden sind ebenfalls oder erst recht in Verwirrung geraten, wenn nicht gar schon in Auflösung begriffen. Niemand möchte Entscheidungen treffen und Befehle erteilen, die einem Eingeständnis der Katastrophe gleichkämen. Die Angst, als Panikmacher gebrandmarkt, als Defätist erschossen oder gehenkt zu werden, läßt die Verantwortlichen – oder vielmehr wohl Unverantwortlichen – noch weiter hinter die Wirklichkeit zurückfallen als die Wehrmachtberichte.

Daß der schnöde Feind nun nicht etwa aus dem Osten, sondern von der Gegenrichtung her anrückt, daß damit alle die mühsam geschaufelten Abwehrstellungen nichts mehr wert sind, das paßt ohnehin in keinen der Pläne, die wohl irgendwo in den Panzerschränken lagern.

Während also ein Teil der Trecks weiterhin nach Westen zieht, drehen andere nach Norden ab, auf die Küste zu, nach Stolpmünde oder Leba, in der Hoffnung, dort von Schiffen aufgenommen zu werden. Wieder andere und von Stunde zu Stunde mehr wenden nach Osten. Ihre Fluchtziele heißen jetzt: Danzig und Gotenhafen.

Und wir, was sollen wir tun? Oberinspektor Hesselbarth sagt bei einer Besprechung: »Die Leute wollen nicht weg. Sie meinen, es hat doch keinen Zweck mehr. Sie wollen zu Hause bleiben. Hier wissen sie Bescheid, hier können sie sich noch am besten helfen. Ich glaube, sie haben recht. Und meine Frau und ich, wir bleiben auch. Aber, Frau Baronin, Herr Baron, meine lieben, verehrten Herrschaften! Durch drei Generationen habe ich hier gedient, wie es sich gehört nach unserm pommerschen Wahlspruch: In Treue fest! Und darum ist es mein Rat, meine Bitte von Herzen: Sie dürfen nicht bleiben, Sie müssen fort, um jeden Preis! Denn Sie sind die Gutsherren, die Schloßbesitzer, nicht kleine Leute wie wir. Und wenn die Russen nun einmarschieren, dann, dann... Ich meine, Sie wissen...« Weiter kommt der alte Mann nicht, weil Tränen ihm die Stimme ersticken.

Den großen Gutstreck wird es also nicht geben, weder nach Westen noch sonstwohin; Vater Jeskos Generalstabsarbeiten wandern in den Papierkorb:

Wegeskizzen mit den möglichen Etappenzielen, Verzeichnisse der Besitzungen von Verwandten, Freunden, Bekannten, auf denen man rasten und Atem schöpfen könnte. Es bleibt nur der Auszug der »Höf'schen«, wie die Dorfleute sagen – oder drastischer, genauer: ein Versuch der rettenden Flucht mit den beiden Kutschen und einem Leiterwagen für das Gepäck. Diesem Wagen zimmert der Stellmacher ein Dachgerüst, über das der Teppich aus der Bibliothek gespannt wird. Außerdem wird dort eine Matratze deponiert, auf der ich liegen soll, weil ich nun schon im neunten Monat schwanger bin.

Vor dem Bild Friedrichs des Großen, unter Geweihen und Gehörnen versammeln sich die Kandidaten der Flucht im Herrenzimmer. Neben Vater Jesko, Mutter und mir sind es Fräulein Rahn, die Haushälterin, Onkel Biedermann und Tante Deten aus Berlin, Fräulein Trautmann aus Wuppertal, Frieda, das Stubenmädchen, und Marie, die Mamsell, die zum Hause gehört, solange sich nur denken läßt. Neun Personen insgesamt. Vater zeigt den Ausweg nach Osten, die Nebenstraßen dicht unter der Küste entlang. Er macht uns Mut, er sagt: »Es sind nur fünfzig Kilometer Luftlinie bis zum Engpaß zwischen der Ostsee und dem Zarnowitzer See. Da – wenn überhaupt – wird ganz bestimmt eine Verteidigung für die Danziger Bucht aufgebaut werden. Es ist die einzig mögliche Linie. Das schafft uns Zeit, die Zeit, zu den Schiffen zu kommen, es sei nach Gotenhafen oder nach Hela. Und ein paar Kilometer hinter dem Zarnowitzer See liegt Krockow. Bei den Verwandten dort können wir eine Rast einlegen.«

Anweisungen folgen, der Soldat ist noch einmal in seinem Element: »Niemand darf mehr mitnehmen, als er tragen kann: ein Koffer für jede Hand, den Rucksack auf den Rücken! Denn mehr wird kein Schiff aufnehmen. Das Wichtigste gehört in den Rucksack: Schmuck, Wertsachen, Papiere, eine Garnitur Wäsche zum Wechseln. Koffer kann man nicht weit schleppen, vielleicht muß man sie stehenlassen. Aber mit dem Rucksack läßt sich marschieren. – Noch Fragen?«

Marie meldet sich: »Herr Baron, was sollen wir zum Essen mitnehmen? Ich habe ein Faß mit Pökelfleisch. Und Mehl, damit wir backen können. Und einen Sack mit Zucker. Und noch einen mit Kaffeebohnen. Und ...«

»Nein, nein, das geht nicht, es ist überflüssig. Alles Unnötige erschwert nur die Fahrt. Marschverpflegung genügt. Und entweder schaffen wir es in zwei, drei Tagen bis Krockow, wo wir uns neu versorgen können, oder... Also, so oder so, wir brauchen das nicht.«

Die Mamsell läßt sich nicht erschüttern; es ist ihre Berufung, für des Leibes Notdurft und Nahrung zu sorgen: »Herr Baron, der Mensch muß essen.«

»Nein, nein, ich verbiete es.«

Eine Regung von Gelächter selbst in diesem Augenblick.

»Ich meine: Brot natürlich und ein paar Würste.

Einen Schinken meinetwegen. Und die Thermosflaschen. Aber nicht diese Kisten und Kasten, die Tonnen und die Säcke, auf keinen Fall. Die Wege sind wahrscheinlich aufgeweicht, die Pferde müssen bei Kräften bleiben, und die Hafersäcke wiegen schon schwer genug.«

Marie schweigt – und wie sich später herausstellt, siegt sie auf ihre Weise über den männlichen Unverstand: Heimlich schafft sie die Vorräte auf den Wagen, der in der Scheune wartet, und birgt sie unterm Stroh.

Doch wer eigentlich soll die Wagen lenken? Den Männern im Dorf kann man nicht zumuten, sich von ihren Familien zu trennen. Karl Pallas allerdings, grauhaarig und trinkfest, erklärt standhaft: »Das ist um die Ehr'! Immer hab' ich die Herrschaften jefahren und soll sie nu im Stich lassen? Ich bin der Kutscher, und ich bleib' der Kutscher, nee, da soll mich man keiner nich was nachsagen!«

So großartig das ist, es macht erst einen Mann für drei Fahrzeuge. Natürlich kann Vater Jesko ein Paar Zügel übernehmen, obwohl es besser wäre, wenn er beweglich bliebe. Aber dann fehlt noch immer der dritte. Vater beschließt, mit Pierre zu reden. Das ist einer von den französischen Kriegsgefangenen; seit Jahren schon arbeitet er im Fohlenstall und als zweiter Kutscher. Daher heißt er der »Pferde-Pierre«, im Unterschied zum »Garten-Pierre«. Vater bittet mich mitzukommen, weil ich besser Französisch spreche und bei dieser heiklen Mission die Alltagsverständigung im pommerschen Platt vielleicht doch nicht ausreicht.

Die Unterredung dauert nur kurz. Pierre ist sofort bereit, uns ins Ungewisse zu begleiten, obwohl wir betonen: »Es ist nur freiwillig, nur unsere Bitte! Wenn Sie lieber bei Ihren Kameraden bleiben wollen...« Mit einem Lächeln, mit einer kleinen Verbeugung wendet sich Pierre mir zu: »Je ne fais que mon devoir, Madame«: Ich tue bloß meine Pflicht.

Selbstverständlich spricht sich die Sache sofort herum, und sie führt zu unerwarteten Folgen. Karl Peske und Walter Kreft erscheinen: Sie wollen sich nicht beschämen lassen und nun ebenfalls mitfahren. Auf einmal haben wir vier statt der benötigten drei Fahrer. Sollen wir Pierre wieder ausladen? »Nein«, entscheidet Vater Jesko, »jeder Mann zusätzlich wird eine Hilfe sein.«

Jetzt könnten wir also abfahren. Aber wir dürfen es nicht, wir müssen auf den Befehl oder wenigstens die Erlaubnis zum Treck warten, die ein bestempeltes Papier ausweist. Was nicht ausdrücklich erlaubt ist, bleibt strikt verboten. Wenn überhaupt noch etwas funktioniert, dann dieser unerbittliche Kontrollapparat: Ohne das Papier würden wir schon an der nächsten Wegekreuzung an den Gendarmen, den Feldjägern der Wehrmacht, den SS-Kommandos scheitern, die sich in dem Maße zu vermehren scheinen, in dem es an Kampftruppen mangelt. Nicht der Feind läßt sich mehr aufhalten, bloß noch die eigene Bevölkerung.

Warten: die Tage und die Nächte hindurch, indessen die Zeit verrinnt, die zur Rettung nötig wäre.

In dieses Warten hinein, während wir gerade beim Mittagessen sitzen, rattert ein Motorrad vors Haus.

Nein, nicht der Bote mit dem Treckbefehl, sondern völlig unerwartet ein Mann in blauer Uniform, ein Marineoffizier, Viktor Howaldt: Freund aus besseren Berliner Tagen, sommerliches Segeln auf dem Wannsee... Wir fallen uns in die Arme.

»Vicky, was machst du denn hier?«

»Ich komme aus Leba, ich komme dich abholen.«

Er befehligt eine Gruppe von Schnellbooten, die gerade in den kleinen, uns so nahen Ostseehafen eingelaufen ist. Und in der Abenddämmerung sollen die Boote wieder auslaufen – nach Westen.

»Natürlich: Ohne Risiko ist das nicht. Es gibt Minen, und es gibt russische U-Boote, vielleicht Tiefflieger. Aber die Chancen sind gut, viel besser als mit jedem anderen Schiff. Wir sind schnell und wendig, wir können ausweichen oder uns wehren. Also, Libussa, zieh dir etwas Warmes an, steig auf! In einer Stunde sind wir in Leba und an Bord.«

Mutter entsetzt sich: »Lieber Herr Howaldt, sehen Sie meine Tochter an! Nur drei Wochen noch, dann soll sie ihr Kind bekommen. Hinten drauf auf diesem Motorrad, über Stock und Stein, durch die Schlaglöcher hindurch: Um alles in der Welt, das geht einfach nicht.«

»Dann lassen Sie anspannen, mit den schnellsten Pferden, die Sie haben. Wenn die laufen, was sie können, schaffen wir es auch noch. Ich fahre Geleitschutz durch die Sperren hindurch. Bitte, gnädige Frau, bedenken Sie: eine letzte Gelegenheit.«

Das ist es, das spüre ich: die Möglichkeit, einfach wegzufahren, ein Wink wer weiß woher, eine letzte Gelegenheit. Und doch sträubt sich etwas in mir. Ich spüre zugleich: Wenn ich jetzt die Eltern verlasse, sehe ich sie nicht wieder. Allein werden sie nicht durchkommen; sie werden mich brauchen, sei es auch nur, um für mich zu überleben. Wer vermag zu enträtseln, was in solchen Augenblicken uns leitet? Mut ist es in meinem Falle gewiß nicht, sondern weit eher die Angst – Angst vor den Selbstvorwürfen, die mich einmal einholen könnten. Ich höre mich sagen: »Lieber Viktor, das werde ich dir niemals vergessen. Aber, bitte, versteh mich: Ich kann nicht fort. Ich bleibe.«

Umarmung und Abschied. Ein Motorrad rattert davon.

Einmal Zackenzin und zurück

»Comment allez vous, Madame, wo geiht dat?«

Heftiges Klopfen zerreißt einen unruhigen Schlaf. Rufe werden laut: »Treckbefehl! Aufstehen, rasch, Abfahrt so bald wie möglich, Treckbefehl...« Es ist die Nacht zum 8. März 1945, noch tief in der Dunkelheit. Während ich mich hastig anziehe, erscheint schon Frieda, um meine Koffer zu holen.

Bald sind alle versammelt; in der Halle türmt sich das Gepäck, als seien wir in einem Bahnhof. Dann wird das Frühstück serviert. »Eßt gefälligst!« kommandiert Vater Jesko, »ein Mittagessen wird es nicht geben.« Aber kaum jemand bringt einen Bissen hinunter; bloß der Kaffee findet Zuspruch. Keiner mag reden.

Inzwischen schleppt Marie ihre Vorräte herbei: einen Waschkorb mit belegten Broten und den Thermosflaschen, den zweiten mit Brot, den dritten mit Schinken, Würsten, Weckgläsern, immer noch mehr... Vater schaut sie mißbilligend an. Er nimmt ein Weckglas, reißt es auf, schüttelt die Sülze heraus, auf den Teppich hinab. Ein Winken, ein Fingerzeig für »Faust«, den Jagdhund, der freudig zu fressen beginnt.

Eine stumme Szene, aber gewiß nicht nur mir versetzt sie Stiche ins Herz: Dieser Teppich ist ein Prunkstück, der Stolz des Hauses. »Wehe, wehe!« hieß es immer, falls jemand es wagen sollte, ihn anders als mit tadellos sauberen Schuhen zu betreten. Und wohl niemand hat es je getan. Doch nun ein Freßplatz für den Hund. Kein Wort hätte so schneidend das sagen, so hart das einbrennen können: Es ist vorbei, für immer vorbei.

Die Haustür steht schon offen, Geräusche dringen von draußen herein, Räderrollen und Hufschlag; die Wagen fahren vor. Ein paar Minuten wird es dauern, bis das Gepäck verladen ist. Ich gehe in mein Zimmer hinauf, schließe die Tür, lehne mich an die Wand: einmal noch hier atmen und mich umblicken zum Abschied.

Die Tür schiebt sich auf. Zwei Frauen schleichen herein, sehr leise, auf Zehenspitzen, zwei von den Bombenflüchtlingen, die im Haus untergebracht sind. »Da, der Schrank!« flüstert eine.

»Warten Sie gefälligst, bis wir weg sind! Zum Plündern bleibt noch Zeit genug.«

Die Frauen fahren herum, starren mich an. Habgier steht in den Gesichtern – und die Wut der Ertappten. Dann verschwinden sie so leise, wie sie gekommen sind.

Aufbruch in eine erste Ahnung des Morgenlichtes hinein. Ich liege auf der Matratze, mit Kopfkissen und Pelzdecke versorgt, unterm Teppichdach des Leiterwagens. »Meine Matratzengruft«, geht es mir durch den Kopf. War es nicht ein deutscher Dichter, der sein letztes Lager in der Fremde so beschrieben hat? Marie und Frieda sitzen bei mir. Pierre, unser Wagenlenker, schaut sich immer wieder um und lächelt mir aufmunternd zu: »Comment allez vous?« Oder auch, in der wundersam schönen Mischung seiner Muttersprache mit dem in fünf Rumbsker Jahren angelernten pommerschen Platt: »Madame, wo geiht dat?« Und noch einer scheint sehr besorgt zu sein: Faust. Wann immer der Zug stockt und es zu langweilig wird, ihn zu umkreisen, springt er in den Wagen herein, legt sich neben mich, leckt meine Hände, sieht mir in die Augen: »Wo geiht dat?«

Wir fahren über Rowen nach Glowitz, dann nach Norden ins große Moor hinein, über Zemmin nach Giesebitz an den Lebasee heran. Hier wenden wir nach Osten. Doch nur langsam, viel zu langsam geht es vorwärts. Die Wege befinden sich in einem jämmerlichen Zustand. Tauwetter hat seit einiger Zeit die Winterkälte abgelöst: Frostaufbrüche, tiefe Schlaglöcher, Spurrinnen überall, vom Eiswasser gefüllt. Zwar sind unsere Pferde kräftig und ausgeruht, und Vater Jeskos Vorsorge, uns nicht mit Überflüssigem zu belasten, könnte sich jetzt bewähren. Aber viele, allzu viele sind mit uns unterwegs; von einer vergessenen Nebenstraße kann längst nicht mehr die Rede sein. Viele, allzu viele haben ihre Wagen noch immer hoffnungslos überladen. Manche irren schon seit Wochen umher, ihre Gespanne sind müde und lahm. Ein Überholen ist unmöglich. Als die Dämmerung einbricht, tun die Gendarmen ihren Dienst wie gewohnt. Sie räumen die Straßen für Wehrmachttransporte, von denen freilich nirgendwo etwas zu sehen ist. Wir werden zu einem kleinen Gut gewiesen.

»Wie weit sind wir gekommen?« frage ich Vater, als wir steifbeinig absteigen.

Er schaut sich erst um, ob jemand zuhört. Nein, niemand. »Nicht weit genug«, heißt die halblaute Antwort.

Die Menge der Flüchtlinge wird auf dem Gutshof versorgt, wie es nur möglich ist. Alle verfügbaren Räume haben sich in Massenquartiere mit Strohlagern verwandelt, doch Mutter und ich bekommen sogar ein kleines Zimmer mit zwei Betten zugewiesen. In der Küche herrscht zwischen brodelnden Kesseln Hochbetrieb; jeder kann sich satt essen. Für die Überraschung des Abends sorgt indessen Pierre: Er bringt mir eine Tasse mit heißer Schokolade. So etwas hat es bei uns schon lange nicht mehr gegeben; der Kakao stammt wohl aus Rot-Kreuz-Paketen für die Kriegsgefangenen.

Ein Hauch von Geborgenheit – beinahe. In die Stille des Schlafzimmers allerdings klirrt leise das Fenster. Ich öffne es und höre den Donner wie von einem aus der Ferne herandrängenden Sommergewitter; auch ein Widerschein der Blitze läßt sich erkennen. Doch wir sind nicht im Sommer, und das Unwetter stammt von Menschenhand.

Am nächsten Morgen brechen wir so früh wie

möglich auf, noch vor dem Dämmern des Tages. Ach, alle tun das; jeder möchte jedem zuvorkommen, und keiner gewinnt einen Vorteil. Mit dem Vortag verglichen geht es sogar noch mühsamer, noch stockender voran. Denn wir kreuzen die Chaussee von Lauenburg nach Leba und damit den Strom der Trecks, die an die Küste drängen und sich dort Rettung erhoffen. Aber Leba ist längst überfüllt und darum gesperrt; der Zug nach Norden wird auf unseren Weg nach Osten abgedrängt.

An diesem Abend erreichen wir Zackenzin, noch einen Tagesmarsch von der vielleicht rettenden Seenenge entfernt. Und diesmal braucht niemand mehr auf die Stille der Nacht zu warten, um das Gewittergrollen zu hören. Panzer gegen Pferde: Die Sieger sind schneller als die Besiegten. Viel zu schnell; zum Zusammenzucken laut dröhnen die Abschüsse und Einschläge ihrer Kanonen. Vom Westen her mischen sich ins letzte Tageslicht schon die Fackeln der Nacht: Gehöfte oder ganze Dörfer, die im Feuersturm versinken.

Wieder werden wir im Gutshaus einquartiert; wieder bekommen Mutter und ich Betten und alle anderen ihr Lager auf Stroh.

Wieder bringt mir Pierre seine Tasse mit der köstlich duftenden Schokolade. Aber die Stimmung ist umgeschlagen. Gestern noch herrschte die Geschäftigkeit, die sich aus der Hoffnung nährt: Mit etwas Glück können wir es schaffen. Überall gab es kräftiges Stimmengewirr und manchmal sogar ein Gelächter. Jetzt wird bloß noch geflüstert. Die Furcht vor dem Unheil regiert: Was erwartet uns morgen?

Uralte, eigentlich längst vergessene Kinderängste vor der Dunkelheit und dem Einschlafen. Erinnerungen an die Kinderzeiten: ein Versteck suchen, sich verkriechen. Erinnern an den alten Singsang der Kinder:

»Maikäfer, flieg!
Dein Vater ist im Krieg.
Deine Mutter ist in Pommernland,
Pommernland ist abgebrannt.«

Doch dann das Versinken in der schieren Erschöpfung.

Am Wendepunkt

»Libussa, wach auf!« Jemand faßt mich an der Schulter.

Ich blinzle ins Licht einer Taschenlampe: »Was denn, was soll ich? Ist es schon Zeit?«

»Leise bitte. Ja, es ist Zeit, es ist nun soweit. Bitte steh auf, wir wollen in den Park gehen.«

Eine Kerze wird entzündet. Ich höre den Stundenschlag einer Wanduhr, ich sehe meine Mutter auf ihrem Bett sitzen, ich erkenne Vater Jesko. Er trägt seine Uniform mit all den Orden und Ehrenzeichen aus zwei Weltkriegen. Träume ich noch?

Nein, durchaus nicht. Und auf einmal bin ich hellwach, ich weiß genau, worum es geht: Wenn kein Entkommen mehr möglich ist, werden wir uns umbringen, uns erschießen. Wir besitzen Pistolen, sie werden uns den letzten Dienst erweisen. Wir haben das niemals verabredet, es ist nie unzweideutig gesagt und wahrscheinlich nicht einmal klar gedacht worden. Aber das ist jetzt gemeint.

Oder haben wir es doch besprochen? Ja, einmal wenigstens, allerdings vor Monaten schon, im Herbst, als schreckliche Berichte und Bilder von der ostpreußischen Grenze die Runde machten und ein Name, die Stätte des Grauens, in aller Munde war: Nemmersdorf. Damals ist es gesagt worden: Da muß man vorbeugen, das darf man sich nicht antun lassen. Inzwischen, in den letzten Wochen zumal, haben Erzählungen der Flüchtlinge die Andeutungen von Soldaten wieder und wieder bestätigt, daß die Schrekkensberichte nicht der Phantasie oder der Propaganda entstammen, sondern der Wirklichkeit.

Vater wiederholt: »Es ist nun soweit. In ein, zwei Stunden sind die Russen da.«

»Und wenn wir sofort aufbrechen und losfahren?« wende ich ein.

»Ausgeschlossen. Wir schaffen es nicht, sie sind viel schneller. Und unterwegs überrollt zu werden, das wäre das Schlimmste.«

Da muß man vorbeugen, das darf man sich nicht antun lassen: In solch einem Augenblick ist alles sehr klar. Es gibt keine Mißverständnisse, es bedarf erst gar keiner Worte und keiner Überredung. Was geschehen soll, folgt aus der Situation. Es ist der einzige Weg aus der Ausweglosigkeit, der uns noch bleibt. Damals schon, im Herbst, haben wir ihn betreten. Nun fassen wir uns bei den Händen, um ihn bis an sein Ende zu gehen.

Aber an der Türschwelle klinkt plötzlich eine Sperre ein, unüberwindbar: Es ist nicht mehr die Situation wie vor einem halben Jahr.

»Mutti, warte bitte, ich kann es nicht.«

»Kind, hab keine Angst, es geht ganz schnell und ohne Schmerz. Denk doch, erinnere dich, was auf unserem Kreuz geschrieben steht: Fürchte dich nicht, glaube nur.«

»Nein, nein, das ist es nicht. Ich hab' keine Angst, ich will ja mitgehen, aber ich kann nicht. Ich trage doch das Kind in mir, mein Kind. Es strampelt so kräftig. Es will leben. Ich darf es nicht umbringen.«

Ein tiefes Seufzen: »Und du bist dir ganz sicher?«

»Ja, Mutti.«

Ein Druck ihrer Hände: »Dann soll es so sein. Und ich bleibe bei dir, mag kommen was will.« Sie schließt mich sehr fest in die Arme.

Vater steht verloren und fassungslos da, er ringt um Worte: »Aber, Emmy, Mutti, wir beide ...«

»Nein, Jesko, nein. Du hörst doch: Es geht nicht. Wer sonst soll Libussa in ihrer Stunde denn beistehen? Einen Arzt oder eine Hebamme wird es wahrscheinlich nicht geben.«

»Und ich, was soll ich denn nur tun?«

Das allerdings weiß ich inzwischen genau. Ich fahre ihn an: »Zieh vor allem dieses verdammte Zeug aus, schmeiß es in den Teich, die Pistolen dazu! Wehe, wenn die Russen etwas davon finden!«

Er stammelt: »Zeug? Dieses Zeug? Aber Libussa...«

»Also die Uniform. Um Himmels willen, nun mach schon.«

Die Sieger

Dazu kommt noch all das Unglaubliche, was dort am Rande passiert und wo wir mit verschränkten Armen zusehen müssen! Die blühendste Phantasie einer Greuelpropaganda ist arm gegen die Dinge, die eine organisierte Mörder-, Räuber- und Plündererbande unter angeblich höchster Duldung dort verbricht... Diese Ausrottung ganzer Geschlechter mit Frauen und Kindern ist nur von einem Untermenschentum möglich, das den Namen Deutsch nicht mehr verdient.

Ich schäme mich, ein Deutscher zu sein! Diese Minderheit, die durch Morden, Plündern und Sengen den deutschen Namen besudelt, wird das Unglück des ganzen deutschen Volkes werden, wenn wir ihnen nicht bald das Handwerk legen.

Die kleine Treckgemeinschaft, dreizehn Personen insgesamt, hat sich vollzählig in ihrem Zimmer auf dem Strohlager versammelt. Vater Jesko verbrennt im Kachelofen unsere Ausweise; sie sollen uns nicht gleich als »Herrschaften« verraten. Sonst bleibt es merkwürdig still. Keine Geschäftigkeit im Haus oder auf dem Hof. Aber auch keine Kanonenschläge, kein Klirren von Panzerketten. Was ist das? Ich schleiche hinaus, um es zu erkunden; das bloße Warten scheint unerträglich.

Beiderseits der Straße, die uns nach Zackenzin geführt hat, erkennt man im Morgenlicht jungen Wald, eine Fichtenschonung wahrscheinlich. Nichts bewegt sich. Doch dann steigen vom Rande der Schonung her zwei, drei Leuchtkugeln in den Himmel, und im Nu ist alles verändert: Motoren springen an, heulen auf, der Wald bewegt sich, bricht nieder; wie Ungetüme aus der Urzeit schieben sich aus ihm die Panzer hervor. Rasch zurück ins Haus: Sie kommen!

Jetzt geht es sehr schnell: Minuten nur, bis die Ungetüme über die Dorfstraße rollen und auf den Hof rasseln. Dröhnender Widerhall vom Feuer der Panzerkanonen – nicht gegen den Feind, sondern zum Einschüchtern der Bevölkerung oder als Siegessignal –, Schießen aus Maschinenpistolen erst recht, rauhe Rufe, Geschrei, dann Stiefelgepolter zum

Haus herein und die Treppe empor, die Tür bricht auf, Soldaten stürmen ins Zimmer, eine Geschoßgarbe fegt dicht über unsere Köpfe hinweg. Kalk spritzt herab.

Merkwürdige, unheimliche Gestalten sind das: ziemlich klein durchweg, geduckt noch dazu, säbelbeinig und schlitzäugig – Tataren offenbar. Aber abgerissen vor allem, zerlumpt beinahe; beileibe nicht jeder hat richtige Stiefel an. Ich sehe, daß den Waffen die Lederriemen zum Tragen fehlen; sie werden durch Bindfäden oder Stricke ersetzt.

Seltsam: Sieger hat man sich eigentlich anders vorgestellt, hoch aufgerichtet stets und groß, stolz herausgeputzt, samt Orden und Eichenlaub. Durch Generationen Eingeübtes kommt da offenbar ins Spiel, Erinnerungsfetzen laufen sekundenschnell vorüber, Aufnahmen der Wochenschauen vielleicht von den Siegesparaden: Warschau, Paris. Oder die patriotisch-preußische Verklärung aus Schulzeiten schon, die Bilder und das Gereimte aus dem Kinderbuch vom Alten Fritz.

»Der Schrecken fegt die Bahnen,
Wo sie im Heerschritt naht,
Der Sieg rauscht in die Fahnen
Der stürmenden Wachtparad'.«

Diese Sieger freilich sind keineswegs auf Paraden, sondern erst einmal aufs Plündern erpicht. Der Begrüßungssalve folgt sofort das Gebrüll: »Uri, Uri!«

Und natürlich halten die, die als erste auftreten, besonders reiche Ernte. Einer schiebt seinen Ärmel hoch, um die Beute umzuschnallen, und ich sehe, daß er das Dutzend Uhren beinahe voll hat. Übrigens verliert auch Pierre, was er am Arm trägt, obwohl er »Franzose, Franzose!« ruft; als er protestieren will, trifft ihn ein harter Kolbenstoß in den Leib. Dann geht es um das Gepäck. Blitzschnell werden die Koffer aufgebrochen und begierig durchwühlt. Gottlob haben wir die Finger- und Ohrringe vorsorglich abgenommen, damit beim Wegreißen keine Verletzungen entstehen; diese Wertsachen stecken irgendwo zwischen Wäschestücken, in Seifendosen oder zusammengerollten Socken. Doch die Beutemacher haben schon Übung, sie finden sehr rasch, was sie suchen. Einer greift in meinen Rucksack und zieht zielsicher das Kästchen aus rotem Leder hervor, in dem mein Schmuck steckt. Unter anderem gehört dazu ein goldenes Kreuz an goldener Kette, mit Steinen aus hellblauem Türkis besetzt. Im Jahre 1888 hat die Frau des Reichsgründers, Johanna von Bismarck, es Mutter als ihrem Patenkind geschenkt, und irgendwann hat Mutter es mir weitergegeben; auf einem frühen Kinderbild ist zu sehen, daß ich das Kreuz trage. Ein schneller Messerschnitt durch die Lederhülle, ein Abtasten des Schmucks – und der rasche, scheue Rundblick zu den Kumpanen hinüber, ob sie etwas bemerkt haben. Dann verschwindet das Etui samt Inhalt unter der Uniformbluse.

Alles in allem nur Minuten dauert diese erste Bekanntschaft mit den Siegern. Kommandorufe schallen vom Hausflur her, die Rotte stürzt fort im Aufdröhnen der Panzermotoren, die das Haus erbeben lassen. Schon rasseln die Ungetüme wieder vom Hof, durchs Dorf hinweg auf die Straße nach Osten, die wir am selben Tag hatten fahren wollen.

Seltsam noch einmal, wie man registriert, was geschieht. Unser Bewußtsein, das Ich spaltet sich auf. Das eine klammert sich an, es krallt sich fest; schließlich verkriecht es sich tief in den Körper, in die Magengrube hinein oder unter das hämmernde Herz, um von dorther fast automatisch, im genauen und direkten Sinne leibhaftig zu reagieren. Das andere Ich nimmt indessen Abstand, um nicht zu sagen Reißaus. Aus der Distanz schaut es bloß zu. Es hält sich ganz still, man bemerkt es kaum – und je dramatischer das Geschehen abläuft, desto weniger.

Später dann, wenn die Situation sich entspannt, wenn wir, noch zitternd, zum ersten Mal durchatmen, kehrt dieses zweite Ich zu seinem leiblichen Bruder zurück, beschwichtigend fast, so als wollte es fragen: Warum regst du dich auf? In Wahrheit allerdings war der Ausreißer fieberhaft tätig. Er fing Bilder ein und fixierte sie. Gleich wird er sie vorzeigen. Und verstockt hartnäckig, wieder und wieder wird er sie hervorkramen, sei es im Wachen oder im Traum. Diese geduckten, abgerissenen Sieger zum Beispiel mit ihren Waffen an Stricken, dieser scheue Rundblick des Schmuckräubers: Das sind Fotos, so gestochen scharf, als habe ein kaltblütiger Reporter sie aufgenommen. Inzwischen sind Jahrzehnte vergangen, doch unversehens blättern sie auf, im schaudernden Einverständnis betrachte ich sie: So war das, so sah es aus – eben noch, gestern gerade.

Nur eine kurze Pause bleibt zum Atemholen, dann brandet die nächste Woge heran. Kein Motorengeheul, kein Kettenrasseln diesmal, sondern vielhundertfaches Hufegetrappel: eine Kavallerieabteilung, Männer zu Pferde. Sie haben oder sie lassen sich weit mehr Zeit als ihre Vorgänger. Zwar sind auch sie aufs Beutemachen begierig, doch auf andere, schlimmere Art. Die Männer, die nun ins Zimmer drängen, schauen kurz in die Runde. Dann weist einer auf Marie: »Frau, komm!« Sie kreischt auf, schlägt die Hände vors Gesicht. Vergebens. Schon wird sie hochgerissen, schon hinausgezerrt. Und gewiß nicht nur Marie ist betroffen. Das Schreien von Frauen gellt vielstimmig durchs Haus.

Wie lange wohl? Irgendwann wird dieses Schreien schwächer, dann stumm. Irgendwann taumelt Marie ins Zimmer zurück; die Kleider hängen ihr in Fetzen vom Leib. Ich ziehe sie an mich. Sie will sich losreißen, aber ich halte sie fest. Da bricht das Schluchzen hervor. Ach, weine nur, weine, vielleicht hilft es.

Bald danach taucht ein Mann mit breiten Schulterstücken auf, ein Offizier offensichtlich. Er fuchtelt mit seiner Pistole herum, hinter ihm halten zwei Soldaten ihre Waffen im Anschlag. Er brüllt: »Ihr reden, schnell! Sonst erschießen! Wo der Herr? Wo der Besitzer?« Doch wie denn sollen wir darauf antworten? Später wird es heißen, daß der Besitzer von Zackenzin, ein Veterinär, zusammen mit seinem Sohn im letzten Augenblick aus dem Fenster gesprungen und durch den Park entkommen sei. Man wird auch erzählen, daß er vor dem Einmarsch der Russen alle Vorräte der Spiritusbrennerei habe auslaufen lassen und daß dies die Wut, die Rache der Sieger besonders herausforderte. Aber wer weiß das wirklich? Wer will ausschließen, daß gerade der Mangel an Alkohol, die Anweisung also des Tierdoktors, uns allen das Leben gerettet hat?

Der Offizier durchstreift das Haus, dann hat er zielsicher und durchaus angemessen seine Wahl getroffen. Er kehrt zurück, er baut sich vor Vater Jesko auf, hält ihm die Pistole vor die Brust, mit einem einzigen Wort: »Du!«

Vater erhebt sich, sehr groß, sehr schlank und sehr straff; im Stehen wird der »Herr« erst recht kenntlich. Ein Wink zum Mitkommen.

Verzweifelt blickt Mutter zu mir herüber. Eigentlich ohne einen Entschluß zu fassen, in fast mechanischer Reaktion raffe ich mich auf und schleiche hinter den Männern her, die Treppe hinunter zur Haustür. Vater steht bei einem Nebengebäude mit dem Rücken zur Wand. Er sieht mich nicht, er blickt starr geradeaus. Vor ihm der Offizier ruft Befehle über den Hof und winkt ein paar seiner Leute heran, wohl als das Erschießungskommando.

So schnell ich nur kann, laufe ich hinüber und stelle mich vor Vater Jesko. Ich deute auf meinen

Bauch, den Bauch einer Schwangeren im neunten Monat. Ich winde mich schmerzverzerrt, so als hätten die Wehen schon eingesetzt. Ich rufe, ich wiederhole immerfort: »Arzt! Doktor, Doktor!« und zeige abwechselnd auf meinen Bauch und den Todeskandidaten hinter mir. Der Offizier starrt mich an. Überzeuge ich ihn? Er schüttelt den Kopf – und winkt, zweifach: seinen Soldaten, daß sie nicht mehr gebraucht werden, und uns, rasch zu verschwinden. Doch Vater Jesko reagiert nicht, wie versteinert steht er da und schaut nach nirgendwo. Ich fasse ihn an der Hand und ziehe ihn fort.

»Stoi!« Der Offizier kommt uns nach, er weist auf Vaters Stiefel: »Ausziehen!«

Und das immerhin ergibt einen Sinn: So elegante und wohlerhaltene Reitstiefel besitzt keiner dieser Kavalleristen. Auf Socken, sonst aber unversehrt bringe ich Vater zurück. Glücklich genug hat er zum Ersatz noch die Schnürschuhe, die ihn etwas weniger auffällig machen.

Auf der Galgenallee

Zwei Tage und zwei Nächte vergehen. Immer neue Wellen von siegestrunkenen Soldaten branden heran; das Plündern, das Vergewaltigen nimmt seinen Fortgang. Manchmal treten unverhofft Pausen ein, übrigens am Tage noch eher als in der Nacht. Aber keiner kann sagen, wie lange sie dauern. Manchmal, für Minuten oder halbe Stunden, schläft man übermüdet und abgestumpft mitten im Toben ein, um jäh wieder hochzufahren: Was ist, was kommt jetzt?

Irgendwann ist Pierre nicht mehr da. Was wurde aus ihm? Niemand weiß es. Offenbar haben seine Verbündeten und Befreier ihn höchst unsanft fortgerissen, denn wenn nur ein wenig Zeit geblieben wäre, hätte er sich bestimmt verabschiedet: »Au revoir, Madame...« Als Andenken bleibt bloß die halbgefüllte Büchse mit Kakao zurück.

Und noch jemand fehlt: Faust, unser Jagdhund. Noch ehe die Russen eintrafen, hat Vater Jesko ihn in einen Zwinger neben dem Gutshaus gesperrt und dazu bemerkt: »Es ist besser so. Wenn er bei uns bleibt, wird er versuchen, uns zu verteidigen, und dann schießen sie ihn nieder.« Diese Vorsorge hat nicht geholfen. Als es einmal ruhig zu sein scheint, mache ich mich auf, um nach Faust zu sehen. Jemand hat die Zwingertür geöffnet. Zaghaftes Rufen, das ohne Antwort bleibt. Schließlich entdecke ich das Tier. Es liegt auf dem Misthaufen, von Geschossen zerfetzt. Ich erzähle, was ich sah, aber niemand bringt noch die Energie auf, sich um die tote Kreatur zu kümmern.

Am dritten Tag machen wir Bekanntschaft mit einer neuen Einrichtung: mit der »Kommandantura«. Am Scheunentor auf dem Gutshof wird ein Zettel angeschlagen, und wir werden sämtlich zum Lesen kommandiert. Säuberlich in deutschen Druckbuchstaben steht geschrieben: »Befehl! Jede Person soll zurück, wohin sie gehört! Wer nach drei Tagen noch fremd ist, wird bestraft! Die Kommandantura.« Dann, ordnungsgemäß, eine kyrillische Unterschrift und sogar schon ein Stempel.

Im Prinzip ist das gewiß eine vernünftige Anordnung. Das Treibgut der Trecks strandete sehr ungleichmäßig, wie der Sturmwind der Umstände gerade wehte; manche Orte dürften inzwischen fast leer sein, während andere von Menschen überquellen. Im Dorf oder in der Stadt ihrer Herkunft sind alle am besten aufgehoben – und, versteht sich, für die neuen Herren am genauesten zu überblicken und zu kontrollieren.

Das Prinzip in die Praxis umzusetzen erweist sich indessen als schwierig. Zunächst einmal stellen wir fest, daß unsere Pferde verschwunden sind. Wahrscheinlich hat schon die Kavallerieabteilung sie beschlagnahmt, die auf die ersten Panzer folgte. Auch einer der beiden Kutschwagen ist verschwunden. Was um Himmels willen – oder in des Teufels Namen – fängt wohl eine moderne Armee damit an? Pallas, Gedienter aus dem Ersten Weltkrieg, weiß Auskunft:

»Nu denn, der Herr General, der wird man was lahm sein. Uns olle Mackensen, als der man so das Reißen hätt', den Düwel ook, nu denn is' er auch vons Pferd runter und rüber in die Kutsch'.«

Die zweite Kalesche gibt es noch, allerdings in kläglichem Zustand: Die Sitzpolster wurden kreuz und quer aufgeschnitten. Doch wir wollen ja keine Spazierfahrt unternehmen, und weit wichtiger ist, daß auch unser Gepäckwagen noch an seinem Platz steht. Zwar fehlt der Teppich, der das Dach bildete, aber Maries Vorräte fehlen nicht. Die Tonne mit Fleisch und die Säcke mit Mehl, Kaffee und Zucker sind vollständig und unbeschädigt vorhanden, erstaunlich genug. Wir könnten also anspannen und unseren Rückmarsch beginnen, falls nur zwei Pferde sich auftreiben ließen. Oder eines zumindest.

Nach längerem Suchen treiben Pallas und Peske tatsächlich einen herrenlosen Gaul auf. Gräßlich abgemagert ist er allerdings – und lahm außerdem, so daß er gleich seinen Namen weg hat: Hinkebein. Viel Zugkraft läßt sich da schwerlich erwarten, aber wenig ist besser als nichts. Weil der Tag schon fortgeschritten ist, verschieben wir unsere Abfahrt auf den nächsten Morgen. Hinkebein wird inzwischen hinter einem Strohschober versteckt und erhält soviel Hafer, wie wohl seit Wochen nicht mehr.

Aufbruch in Zackenzin zum Rückmarsch nach Westen. Wieder werde ich auf mein Matratzenlager gebettet, inzwischen allerdings mit freiem Ausblick in den Himmel hinein, über den ein kalter Märzwind die Wolken hetzt. Aber ich bleibe warm verpackt, gemütlich beinahe. Keine Pelzdecke und keiner unserer Pelzmäntel kam abhanden, denn dafür interessierten sich die Russen nicht; Pelze sind für sie offenbar reine Gebrauchsgegenstände, über die sie selbst reichlich verfügen. Hinkebein wird an der einen Deichselseite angeschirrt und tut seine Pflicht nach besten Kräften. Doch weil diese Kräfte begrenzt sind, muß außer mir die auf zwölf Personen geschrumpfte Treckgemeinschaft zu Fuß gehen und an Steigungen in die Speichen greifen. Nur Tante Deten – fast so lahm wie Hinkebein, dafür dreimal so dick – darf ab und zu aufsitzen.

Die Straße liegt verödet vor uns, und wir kommen zügiger voran als vor Tagen in der Gegenrichtung mit unseren ausgeruhten und kräftigen Pferden, denen eine endlose Wagenkolonne den Weg versperrte. Geäst zieht an meinen Augen vorüber, teils von den angrenzenden Wäldern, teils von ehrwürdig alten Alleebäumen über die Chaussee gewölbt. Im Mahlen der Räder, im Rütteln und Schaukeln des Wagens döse ich ein.

Rufe, ein Schrei vielleicht, das Hochfahren: Was ist, welcher Schrecken kommt nun? Genau in meinem Blickfeld, näher und näher heranrückend, fast über mir schon baumelt eine Gestalt, ein Gehenkter am Ast des Chausseebaumes; deutsche Wehrmachtsuniform, nur die Stiefel fehlen. Ein Hin und ein Her, das Pendeln, die halbe Drehung im Wind. Der Kopf schief herab, ein Hauch von Verwesung bereits, zwei Krähen, krächzend und träge auffliegend. Aber sehr gut noch lesbar das Schild vor der Brust: »Ich hänge hier, weil ich nicht an den Führer glaubte.«

Vorüber, doch nicht für lange. Die nächste Gestalt, ein anderer Spruch: »Verräter sterben, so wie dieser starb.«

Oder, zum dritten: »Wer den Tod der Ehre scheut, stirbt den Tod der Schande.«

Und, viertens: »Ich war zu feige, für Frauen und Kinder zu kämpfen.« Aber wer eigentlich hat den Krieg einst entfesselt, wer ist verantwortlich für das, was jetzt über die Frauen und Kinder hereinbricht?

Etwas weiter, bei einer Straßenkreuzung, gleich zwei Gehenkte nebeneinander. Diesmal sind es Gendarmen, und ihnen fehlen nicht nur die Stiefel, sondern auch die Spruchtafeln. Wahrscheinlich – nein, nur zu offensichtlich waren in ihrem Falle nicht deutsche Standgerichte, sondern die Russen am Werk.

Das reißt nicht ab, im Wechsel geht es so weiter, bald ist das Dutzend voll und nur zu bald überschritten: eine Galgenallee, eine Paradestraße des Blutrauschs, des Männerwahns, einer Wollust zum Töten hier wie dort, die fatale Gemeinsamkeit von Besiegten und Siegern. Die einen wollten in ihren Abgrund mitreißen, wer sich ihnen entzog, die anderen Rache üben. Aber warum gerade die Rache an biederen Gendarmen, die doch bloß den Verkehr regelten, die nur taten, was ihnen befohlen war?

Gleichzeitig wurde mündlich bekanntgegeben, daß sämtliche Juden Kiews umgesiedelt würden. – In Zusammenarbeit mit dem Gruppenstabe und 2 Kommandos des Polizeiregiments Süd hat das Sonder-

kommando 4a am 29. und 30. 9. 33771 Juden exekutiert. Geld, Wertsachen, Wäsche und Kleidungsstücke wurden sichergestellt und zum Teil der NSV zur Ausrüstung der Volksdeutschen, zum Teil der kommissarischen Stadtverwaltung zur Überlassung an bedürftige Bevölkerung übergeben. Die Aktion selbst ist reibungslos verlaufen. Irgendwelche Zwischenfälle haben sich nicht ergeben. Die gegen die Juden durchgeführte ›Umsiedlungsmaßnahme‹ hat durchaus die Zustimmung der Bevölkerung gefunden. Daß die Juden tatsächlich liquidiert wurden, ist bisher kaum bekanntgeworden, würde auch nach den bisherigen Erfahrungen kaum auf Ablehnung stoßen. Von der Wehrmacht wurden die durchgeführten Maßnahmen ebenfalls gutgeheißen. Die noch nicht erfaßten, bzw. nach und nach in die Stadt zurückkehrenden geflüchteten Juden werden von Fall zu Fall entsprechend behandelt. – Gleichzeitig konnte eine Reihe NKWD-Beamter, politischer Kommissare und Partisanenführer erfaßt und erledigt werden.

Hinkebein streikt und verlangt eine Pause. Ich schließe mich an; ich will nicht mehr liegen und in einen Himmel starren, aus dem mir immerfort Gehenkte entgegenschwanken. Während wir also eine Rast einlegen und Hinkebein – als einziger – mit Appetit seine Mahlzeit verzehrt, wird mein Matratzenlager umgebaut, so daß ich sitzen kann, mit dem Rücken gegen die Seitenwand des Wagens gelehnt.

Aber als wir weiterziehen, bin ich bald nicht mehr

sicher, ob ich richtig gewählt habe oder vom Regen in die Traufe gerate. Wir passieren ein Dorf. Ist es Labenz? Ich weiß es nicht, ich habe aufs Ortsschild nicht geachtet. Auf jeden Fall ist es ein gespenstischer Ort, die meisten Wohnhäuser, Ställe und Scheunen sind zerschossen oder niedergebrannt; aus den Trümmern, aus verkohltem Gebälk ragen nur noch die Schornsteine auf. Über allem lastet unheimliche Stille: kein Hundegebell, kein Blöken vom Vieh, kein Hähnekrähen und kein Gänse- oder Entengeschnatter. Keine Menschen. Nichts, gar nichts. Oder doch, wie um das Unheimliche, das Gottverlassene noch zu unterstreichen: irgendwo das Klappen sei es einer Haustür, sei's eines Fensterladens im Wind.

Schon im Dorf beginnt eine neue Art von Todesallee, die sich kilometerweit dehnt. Trümmer von Wagen, hastig beiseite geräumt, in den Chausseegraben geschoben, Pferdekadaver, die Bäuche gedunsen und die Beine emporgereckt, Reste des beim Plündern durchwühlten Gepäcks: Bettlaken und Kleider, zerschlagenes Geschirr, Kochtöpfe, Truhen und Kisten. Und Spielzeug: ein Teddybär, eine kopflose Puppe. Hier wurde eine Treckkolonne eingeholt, zusammengeschossen, niedergewalzt. Nur die Toten sieht man nicht. Sie wenigstens hat man fortgeschafft und verscharrt.

Am Ende der Todesallee hocken zerlumpte Gestalten im Straßengraben: eine Frau mit drei kleinen Kindern. Die Kinder wimmern, die Frau bleibt stumm. Aus der Thermosflasche flößt Mutter jedem eine Tasse mit heißem Kakao ein.

Jetzt endlich bringt die Frau ein paar Worte hervor: »Dürfen wir mitfahren? Bitte, die Kinder...«

»Natürlich«, sagt Mutter, »steigen Sie auf.«

»Stoi!« Aus dem Wald, den wir inzwischen durchfahren, tritt ein russischer Soldat auf die Straße, von einem Halbwüchsigen begleitet, die Maschinenpistole im Anschlag. Ein Unteroffizier oder ein Feldwebel mag das sein, ein stämmiger, untersetzter Mann jedenfalls, mit breiter Brust. Und die braucht er auch, denn diese Brust ist mit Orden förmlich gepflastert. Unter dem Angstgeschrei der Kinder klettert der Mann auf den Wagen; auf seinen Wink hin folgt der Halbwüchsige und beginnt damit, das Gepäck zu durchwühlen.

Irgendwann sind die Kinder für einen Augenblick still, und genau in diese Stille hinein hört man Vater Jesko halblaut, aber deutlich vernehmbar sagen: »Sehen Sie nur, Pallas, das muß aber wirklich ein tapferer Soldat gewesen sein. Die vielen Orden...«

Seltsam, der Mann versteht. Er stutzt, er richtet sich auf, er verpaßt seinem Begleiter eine Ohrfeige, springt vom Wagen, baut sich vor Vater Jesko auf und salutiert militärisch stramm, als trete er vor seinen General. Unwillkürlich grüßen Pallas und Vater auf die gleiche Weise zurück. Soldaten unter sich...

Noch ein Gruß in die Runde, eine knappe Handbewegung zum Abschied: Wir dürfen weiterfahren.

Hinkebein deutet an, daß mit ihm kaum noch zu

rechnen ist, wenigstens an diesem Tag nicht mehr. Aufs Geratewohl biegen wir darum in einen Nebenweg ein. Mutter führt das Pferd, die Männer und auch die Frauen, die noch halbwegs bei Kräften sind, schieben den Wagen. Es ist ein mühsames Unterfangen, denn das Tauwetter hat den Weg bis in die Tiefe aufgeweicht. Doch schließlich erreichen wir ein Gehöft und bitten um Unterkunft.

Der Bauer ist ein alter Mann mit schönem weißen Vollbart. Ruhig und freundlich begrüßt er uns. Er sagt: »Eigentlich ist alles schon voll. Aber solange noch irgendwie Platz zu schaffen ist, wollen wir teilen. Willkommen.« Dann gibt er jedem von uns reihum die Hand. Als wir danken wollen, wehrt er ab, und es klingt bei diesem Mann so schlicht wie selbstverständlich: »Im Evangelium heißt es: Wer euch aufnimmt, der nimmt mich auf.«

Zwischenstation beim Patriarchen

Wahrlich, es ist kaum noch Raum in der Herberge, es wimmelt von Menschen. Weit über dreißig mögen es nach unserer Ankunft sein, Frauen und Kinder vor allem. Die meisten müssen im Stall, auf dem Heuboden über den Pferden und Kühen schlafen. Doch warum nicht? Ins Heu kann man sich weich und warm vergraben; wenigstens die Kinder erleben das als eine besondere Form des Abenteuers. Mein Matratzenlager wird in einer winzigen Kammer aufgeschlagen, die ich mit Mutter teile. Die Bäuerin bringt uns sogar Federbetten. Und sei es wegen der Übermüdung, sei es, weil ich mich im Hause des freundlichen Weißbarts beinahe geborgen fühle: Ich schlafe tief und fest bis weit in den nächsten Morgen hinein.

An diesem Morgen herrscht längst schon rege Geschäftigkeit. Während einige Frauen in der Küche noch Frühstücksbrote schneiden und bestreichen, beginnen andere bereits mit dem Kartoffelschälen fürs Mittagessen. Wieder andere haben die Kühe gemolken; die Kinder dürfen so viel Milch trinken, wie sie mögen. Ich sehe, wie eines der armen, verschreckten Wesen, die wir am Vortage auflasen, ohne abzusetzen einen ganzen Krug leert, dann befriedigt durchatmet, zweimal rülpst – und lächelt. Die Männer sind inzwischen damit beschäftigt, am Dungplatz hinter dem Stall ein zweites »Plumpsklosett« zu zimmern, weil das eine, das es bisher gab, längst nicht mehr ausreicht.

Etwas später öffnet Marie ihren Mehlsack, knetet Teig und macht sich ans Brotbacken. Mit dem hintersinnigen Stolz darauf, es als Mamsell schon immer besser gewußt und den männlichen Unverstand mißachtet zu haben, zeigt sie Vater Jesko das fertige Produkt, das verführerisch duftet: »Herr Baron, der Mensch muß essen.«

Mutter nimmt diesen Vorfall zum Anlaß für eine Sprachregelung. Sie sagt: »Bitte, Marie, mit dem ›Herrn Baron‹ und der ›Frau Baronin‹ wollen wir aufhören. Wenn einmal die Russen da sind und wenn sie das hören, dann kommen wir in die größte Gefahr. Bitte, denk daran.«

Marie verliert beinahe die Fassung: »Aber – Frau Baronin – was denn sonst?«

»Also, kurz und ein für allemal: Vater Jesko. Oder noch kürzer: Vater. Und Mutter. Und das ›Du‹ statt des ›Sie‹.«

Tiefes Seufzen: »Frau Baronin, wenn Sie denn meinen ...«

Gewohnheiten zu verändern, die uns nicht bloß von Kindesbeinen an geprägt haben, sondern in denen eine uralte Ordnung ihren Ausdruck fand – wie mühsam ist das! Frieda, Pallas und allen anderen fällt die Umstellung ebenso schwer wie Marie; immer wieder geraten sie aufs falsche Gleis oder unversehens ins Stocken.

Aber Mutter, eigentlich mehr denn je die Frau Baronin, besteht unerbittlich auf ihrer Anordnung. Nie läßt sie einen Rückfall ohne Korrektur und strenge Ermahnung durchgehen, und ganz allmählich gewinnen diese neuen Anreden die Oberhand.

Einmal im Zuge, trifft Mutter gleich noch eine wichtige Anordnung. Vater möchte seine Bartstoppeln abrasieren, die seit einer Woche üppig gewachsen sind, doch Mutter entscheidet: »Der Bart bleibt.«

»Aber wieso denn, was soll das? Ich hatte noch nie einen Bart, und er steht mir überhaupt nicht.«

»Unsinn, Jesko. Erstens steht er dir sehr gut. Sieh nur unsern Bauern, wie schön so ein Bart sein kann! Zweitens verändert er dich, drittens macht er älter. Genau das brauchen wir jetzt.« Wie zur Bestätigung wächst nach dem Vorbild unseres Gastgebers im Laufe der Zeit ein schlohweißer Vollbart heran, obwohl es in Vater Jeskos dunklem Kopfhaar noch kaum eine graue Strähne gibt.

Der Bauer ist nicht nur ein freundlicher, sondern auch ein frommer Mann. Als ein wahrer Patriarch versammelt er am Abend seine Hausbewohner und Gäste in der Diele, schlägt die Bibel auf und liest, zum Beispiel aus dem Römerbrief:

»Seid fröhlich in Hoffnung, geduldig in Trübsal, haltet an am Gebet. – Nehmt euch der Nöte der Heiligen an. Herberget gerne. – Segnet, die euch verfolgen; segnet, und fluchet nicht. – Freuet euch mit den Fröhlichen und weinet mit den Weinenden. – Habt einerlei Sinn untereinander. Trachtet nicht nach hohen Dingen, sondern haltet euch herunter zu den geringen. Haltet euch nicht selbst für klug. – Vergeltet niemand Böses mit Bösem. Befleißiget euch der Ehrbarkeit gegen jedermann. – Ist es möglich, soviel an euch ist, so habt mit allen Menschen Frieden.«

Den Abschluß bilden das gemeinsame Singen und das Vaterunser.

Illusionen sind freilich nicht erlaubt; keine Arche

Noah schützt uns vor der Sintflut anno 1945. Zwar liegt das Gehöft abseits des Straßenverkehrs und ist von der Chaussee her nicht zu erkennen, aber Sicherheit bietet dieser Umstand kaum. Womöglich ist sogar das Gegenteil richtig: Anders als in größeren Ortschaften sieht niemand, was hier geschieht, und wenn es einmal zum Schlimmsten käme, würde es keine Zeugen geben. So gut er es vermag, hat der Bauer darum Vorkehrungen getroffen.

Zunächst einmal schickt er in jeder Nacht zwei Männer an die Abzweigung des Weges von der Chaussee. Dort sollen sie die Fuß- und Hufspuren beseitigen, damit der Anschein entsteht, als gäbe es kein Anwesen als Ziel, sondern bloß eine Verbindung mit dem Torfmoor, das in dieser Jahreszeit niemand betritt. Falls wir auf diese Weise nur von einem Teil der Heimsuchungen bewahrt werden, hätte die Kriegslist sich schon gelohnt.

Zweitens wird am Waldstück vor der Chaussee ein Horchposten eingerichtet. Er soll Zeichen geben – am Tage durch sein Winken und in der Nacht durch das Blinken mit einer Taschenlampe –, sobald ein Trupp Russen sich nähert und auf den Nebenweg einbiegt. Am Hof hat wiederum ein Beobachter auf die Signale zu achten und Alarm zu schlagen. Dann rennen fast alle Frauen ins Moor hinaus, um sich irgendwo im Buschwerk zu verstecken.

Sogar Fräulein Trautmann schließt sich an – und Tante Deten, höchst unerwartet behende. Eigentlich sollte man denken, daß die beiden nichts zu befürchten haben. Fräulein Trautmann ist gewiß eine herzensgute Seele, doch, mit Verlaub, als späte und knöcherne Jungfer spukhäßlich. Tante Deten hingegen dürfte dank ihres Alters gefeit bleiben.

Daß wir allerdings in diesen Tagen und Nächten glimpflich davonkommen, das verdanken wir in erster Linie dem Bauern selbst. Wenn wieder einmal eine Rotte herangaloppiert, meist mit wildem Geschrei, als handle es sich um die Nachfahren Attilas oder Dschingis Khans, dann tritt er ihr gelassen entgegen. Er begrüßt die rauhen Krieger beinahe so freundlich, wie er uns begrüßt hat – und er begrüßt sie auf russisch. Im August 1914 war er nämlich als Landwehrmann in Gefangenschaft geraten, und in seinen sibirischen Jahren hat er dann die Sprache gelernt und vieles behalten. Die Ankömmlinge sind meist so verblüfft, daß sie ihre schlimmen Vorsätze vergessen, mitunter sogar sich in herumalbernde große Kinder verwandeln.

Natürlich requirieren sie; die Bestände an Gänsen, Enten und Hühnern zum Beispiel nehmen bedenklich ab. Darum muß neben den Frauen bald auch das Federvieh im Moor versteckt werden; eilig wird dort ein Gehege gebaut. Nur leider erweist es sich nicht als solide genug, denn in einer der folgenden Nächte bricht dort ein Fuchs ein.

Doch wie soll es eigentlich weitergehen? Diese Frage bedrängt uns je länger, je mehr. Der Bauer ist auf seinem kärglichen Moorboden alles andere als ein wohlhabender Mann. Dennoch versichert er uns eindringlich immer wieder, daß wir bleiben können, solange wir wollen.

Und der Befehl der Kommandantura, daß jeder bestraft wird, der »fremd« ist und nicht nach Hause zurückgekehrt? »Davon habe ich noch nie was gehört. Sehen Sie hier irgendwo einen Anschlag? Außerdem sind Sie nicht fremd. Sie sind meine Freunde.«

Aber wir dürfen unserem Gastgeber nicht auf die Dauer zur Last fallen. Aufbruchstimmung liegt ohnehin in der Luft. Eine Familie aus Giesebitz ist bereits abgezogen. Walter Kreft und Karl Peske folgen. Als Fahrer werden sie nicht mehr gebraucht; sie wollen, verständlich genug, zu ihren Familien zurückkehren, und zu Fuß, auf Schleichwegen durch das Leba-Moor hindurch, rechnen sie sich bessere Chancen aus als mit Pferd und Wagen auf der Chaussee.

Den Ausschlag gibt schließlich mein Zustand. Mutter hat von der Bäuerin erfahren, daß in der Nähe eine »weise Frau« wohnt, nicht gerade eine amtlich bestätigte Hebamme, aber kräuter- und heilkundig, mit großer praktischer Erfahrung als Helferin bei Geburten und, wie man vermuten muß, bei Abtreibungen. Sie wird heimlich herbeigeholt, sie untersucht mich und stellt fest: »Die Wehen werden wahrscheinlich bald einsetzen. Wenn Sie vorher noch nach Hause wollen, dann müssen Sie sich beeilen.«

Das Gepäck, mein Matratzenlager und Maries Vorräte werden also wieder verladen. Hinkebein, in einer Woche der Ruhe vortrefflich erholt, schnaubt schon vor Eifer, sich ins Geschirr zu legen. Für uns Menschen ist es weniger einfach. »Es ward aber viel Weinen unter ihnen allen, und sie fielen Paulus um den Hals und küßten ihn.« Sogar Pallas schnieft und wischt sich verstohlen die Augen, bevor er die Zügel aufnimmt und »Hü!« ruft.

Der Bauer verabschiedet uns unter dem Kreuzeszeichen: ein alter Mann mit weißem Haar und weißem Bart, das Urbild eines Patriarchen.

Ein Kind wird geboren

Diese verdammten Rückenschmerzen! Sie kündigen sich unversehens an, kaum daß wir unsere Fahrt begonnen haben, sie werden stärker und stärker. Jede Unebenheit der Straße, jeder Stoß des Wagens setzt sich wie ein Messerstich fort.

Mutter erklärt mir nicht, was diese Schmerzen bedeuten, aber ihre Sorge ist offenkundig. Sie übernimmt das Kommando, sie treibt zur Eile an. »Nein, jetzt keine Pause«, höre ich sie sagen, »das Pferd schafft es schon noch. Oder sonst schiebt gefälligst!« Wenn doch eine Pause unvermeidbar wird, mahnt sie nach wenigen Minuten zum Aufbruch: »Wir müssen weiter.« Als wir einmal unter die Russen geraten, redet sie unbeirrt von allem Tumult auf den Führer des Trupps ein. »Tochter – Geburt – Kind«: Solche Worte kehren ständig wieder. Tatsächlich setzt Mutter sich durch; der Wagen bleibt für dieses Mal ungeplündert, und nach kurzer Zeit dürfen wir weiterfahren. Irgendwann geht die Besorgnis dann in den Zuspruch, ins aufmunternde Lächeln über: »Kind, halte durch. Gleich haben wir es geschafft; gleich sind wir in Rowen.«

Rowen: Nach dem Weg durch das große Leba-Moor, an der Straße, die über Giesebitz, Zemmin und Glowitz heimwärts leitet, ist es das erste unserer Dörfer. Als wir ankommen, trifft Mutter einmal mehr die Entscheidung: »Sofort hier beim ersten Haus rechts hinein! Wir haben keine Zeit, noch lange herumzusuchen, ob wir irgendwo ein passendes Quartier finden.« Dieses erste Haus am Anfang oder Ende des Dorfes ist Teil eines schon immer ärmlichen und seit langem ziemlich heruntergewirtschafteten Bauernhofes. Er gehört einer Witwe, Frau Musch. Aber weil der Name Musch in Rowen häufig ist und dieser Hof die Dorfecke bildet, wird sie knapp und anschaulich nur die »Ecksch« genannt.

Fabelwesen von einem anderen Stern hätten die Ecksch kaum mehr in Staunen versetzen und bestimmt nicht mit größerem Schrecken erfüllen können als unser plötzliches Auftauchen. Das läßt sich nachfühlen: Wir sind nun einmal die alten »Herrschaften«, und wie werden die neuen Herren wohl reagieren, wenn sie von unserer Rückkehr hören?

Womöglich mit Brand und mit Mord? Und wenn sie heranstürmen: Werden sie dann die Geduld aufbringen, um zwischen unschuldig einfachen Leuten und eben den »Herrschaften« zu unterscheiden? Doch es bleibt der Ecksch gar keine Zeit, ihre Ängste in Worte zu fassen; sie wird von Mutters Entschlossenheit förmlich überrannt: »Frau Musch, sehen Sie meine Tochter an. Ihre Niederkunft steht bevor, die Wehen haben schon begonnen. Wir brauchen das Obdach, hier und sofort.«

Später stellt sich übrigens heraus, daß es eine andere Möglichkeit praktisch gar nicht gegeben hätte. Flüchtlinge und gestrandete Trecks füllten das Dorf bis zum Bersten; nur aus diesem letzten Haus am Ortsausgang waren am Vortag zwei Familien abgezogen. Da sie uns also nicht abzuweisen vermag, bleibt der Ecksch nur, die »Herrschaften« möglichst weitab auf den Dachboden zu verbannen. Während Marie, Frieda, die Biedermanns und die anderen im Erdgeschoß oder im ersten Stockwerk Platz finden, werde ich mühsam erst die Treppe, dann eine Stiege hinaufgezogen und -geschoben. Da gibt es zwei Kammern, genauer gesagt zwei Verschläge. Im einen wird mein Lager ausgebreitet, den anderen beziehen Mutter und Vater Jesko.

Es ist der Abend des 21. März. In der Tradition von Pierre bringt mir Marie eine Tasse mit Kakao und ermahnt mich, »mit Geschmack« zu trinken. »Weil, unser französischer Vorrat, mit dem ist es vorbei. Kein' Krümel gibt es mehr, rein gar nischt.«

Aber ich kann den rechten Geschmack jetzt nicht aufbringen.

In der Nacht beginnt dann die Zeit, in der die Geburt stattfinden soll. Rasch werden die Wehen stärker, und ihre Häufigkeit nimmt zu. Neben Mutter harrt Frieda bei mir aus. Denn Marie ist viel zu ängstlich und in dieser Situation nicht zu gebrauchen. Sie bringt nur ab und zu etwas zu trinken oder erneuert das heiße Wasser, das stets rasch erkaltet. Besonnen dagegen, mit Ruhe und mit Kraft tut Frieda ihren Dienst. Sie hebt mich auf die Beine, weil ich mich bewegen soll, sobald die Wehen eine Pause einlegen. Sie führt mich auf und ab. Sie hält mich fest, wenn mich mitten in der Bewegung eine neue Wehe überwältigt.

Die Wogen branden heran, fluten fort, kehren zurück. Sonst allerdings rührt sich im Wortsinne nichts, während Stunde um Stunde vergeht. Wie es Frieda für Marie erklärt, als die kurz einmal auftaucht: »Der Wagen, der steckt mitten im Modder drin, bis über die Achsen. Unser Pferd, das schafft es einfach nicht.« Leider ein sehr treffendes Bild. Nur daß ein Pferd wohl längst schon aufgegeben hätte, während wir weitaus komplizierteren Menschenkinder zum Ausharren bestimmt sind.

Der Tag ist angebrochen, die Sonne zieht herauf und heizt das Dach, unter dem ich liege. So zumindest kommt es mir vor; ich glühe, ich vergieße Ströme von Schweiß, ich kann gar nicht genug trinken. Jemandem fällt dabei ein, daß man die Wehen mit

Spritzen von Kochsalzlösungen unterstützen sollte. Eine Spritze haben wir nicht, also wird mir lauwarmes Salzwasser eingeflößt. Das ist buchstäblich zum Kotzen.

Zwischendurch behauptet jemand, daß es irgendwo im Dorf eine junge Flüchtlingsfrau gibt, die von der Hebammenkunst etwas versteht, weil sie beim Roten Kreuz einen Lehrgang absolviert hat. Die Frau wird gesucht, wahrhaftig gefunden und herbeigeholt. Sie erscheint – mit einem Buch unter dem Arm: »Die Geburtshilfe in Theorie und Praxis.« Leider bleibt es bei der Theorie, von praktischer Erfahrung kann keine Rede sein. Die Frau schlägt ihr Buch auf und liest vor, was sie findet. Alle möglichen Ausdrücke fallen: Gebärmutterhalskanal, Kindslage, Eröffnungs- und Austreibungsperiode ... Und düster genug dreht sich alles um das Kapitel »Komplikationen«. Als nach einer Pause die Wehen erneut einsetzen, verliere ich die Nerven: »Um Himmels willen, schafft mir bloß diese Person vom Hals!«

Die Zeit rinnt dahin, der Tag schleicht sich fort, und die Nacht zieht herauf – die zweite nun schon. Nichts geht voran: »Unser Pferd schafft es einfach nicht.« Ich werde schwächer und schwächer. Längst nehme ich die Wehen bloß noch passiv hin; sie mit Bauchatmung und Pressen zu unterstützen, wie es eigentlich sein sollte, ist ganz unmöglich.

In der Nacht hält Mutter mit Frieda und Fräulein Trautmann Rat und faßt einen Entschluß: In Glowitz gab es bisher doch eine richtige Hebamme;

wahrscheinlich gibt es sie noch. Die muß herbeigeschafft werden, koste es, was es wolle. Frieda übernimmt es, sie zu holen, mit einer harten Mettwurst als Anreiz ausgestattet. Noch vor der Dämmerung macht sie sich auf den Weg, und an meinem Lager tritt einstweilen Fräulein Trautmann an ihre Stelle.

Nach etwa drei Stunden, bei vollem Tageslicht inzwischen, kehrt Frieda zurück, voller Wut, ihre Wurst in der Hand. Sie berichtet, drastisch wie stets: »Das Aas hat Schiß.« Wie, was? Ja, also die Hebamme gibt es zwar, aber sie hat Angst zu kommen. Von Dorf zu Dorf zu wandern ist gefährlich – und außerdem verboten. Jeder soll dort bleiben, wo er zu Hause ist. Eine Ausnahme wäre nur mit Genehmigung der Kommandantura möglich, mit einer schriftlichen Bescheinigung, die das Verbot aufhebt und unterwegs vorgezeigt werden kann ...

Mutter blickt in die Runde, sie strafft sich trotz ihrer Übermüdung, sie sagt: »Dann gehe ich hin und besorge das Papier. Wo steckt eigentlich diese Kommandantura?«

»Beim Gutshof, im Försterhaus von Drambusch.«

»Nun denn.«

Ein kleiner Tumult entsteht, Vater Jesko gerät in Panik, er versucht, Mutter dieses Vorhaben auszureden und sie aufzuhalten: »Was soll bloß werden, wenn du, wenn sie dich ... Ach, du weißt schon.« Doch sie hört gar nicht erst hin, sie ist schon unterwegs. Auch mich erfaßt jetzt die Panik, freilich ohne daß ich sie zeigen kann. Denn solange Mutter bei mir war, fühlte ich mich in den Schmerzen und in der Schwäche, in all meinen Ängsten immer noch geborgen. Aber nach einer bangen Stunde ist Mutter zurück, das benötigte Papier in der Hand – und sofort bricht Frieda wieder nach Glowitz auf.

Ohnmächtiges Warten, indessen die Zeit sich dehnt und meine Schwäche weiterhin zunimmt. Wie lange wohl? Uhren besitzen wir ja nicht mehr. Dann ist auf einmal die Hebamme da. Sie untersucht mich, sie seufzt: »Versuchen wir es mit einem kräftigen Kaffee. Haben Sie welchen?« Gottlob, daran fehlt es dank Maries Vorsorge nicht. Tatsächlich fühle ich mich ein wenig belebt, gerade genug, um eine dramatische Szene wahrzunehmen.

Die Hebamme sagt: »Eigentlich wäre jetzt eine Spritze nötig. Allerdings, ich habe nur noch eine, das ist meine letzte, und die brauche ich noch, als Reserve, für eine Freundin in Glowitz, die in ein paar Tagen entbinden soll.«

Daraufhin stellt Mutter sich im Türrahmen auf, grimmig entschlossen: »Das werde ich nicht dulden, auf gar keinen Fall. Sie sehen doch: Es geht um Leben und Tod. Und es ist Ihre Pflicht, ohne Ansehen der Person zu helfen, wo es am dringendsten ist. Auf Leben und Tod: Sie kommen hier nicht raus, wenn Sie nicht spritzen.«

Die Hebamme öffnet den Mund zur Antwort, besinnt sich und gibt mir die Spritze. Bald beginnen neue und deutlich verstärkte Wehen. »Jetzt, pressen, pressen!«

Ein Kind wird geboren. Siebenunddreißig oder achtunddreißig Stunden, über Nacht und Tag und wiederum Nacht und Tag, bis zum 23. März 1945 gegen drei oder vier Uhr nachmittags dauerte der Kampf um seinen Eintritt in diese Welt. Ich bin erledigt und dem Tode vermutlich näher als dem Leben. Daß die Hebamme noch eine heftige Nachblutung stillen muß, nehme ich schon gar nicht mehr wahr. Allein nur die Augen zu öffnen würde viel zuviel Energie fordern. Aber ich höre, wenn auch aus einer weiten Entfernung. Ich höre jemanden sagen: »Also, wenigstens das Kind haben wir gerettet.« Und ich höre den Schrei meines Kindes.

Ein Frühling, wie es kaum einen gab

Kaffeeklatsch und andere Gelage

Zeitiger als sonst hält in diesem Jahr der Frühling seinen Einzug in Pommern. Schon jetzt, Ende März, strömt die Luft milde und würzig durch unsere geöffnete Dachluke, und Tag um Tag strahlt die Sonne aus einem Himmel ohne Wolken.

Vielleicht weil das Wetter so schön ist oder weil Mutters Entschlossenheit ihr imponiert hat, jedenfalls ganz aus eigenem Antrieb ist die Hebamme aus Glowitz zurückgekehrt, um nach dem Kind und nach mir zu sehen. Sie wiegt »ihr« Produkt auf einer Sackwaage, die sie bei der Ecksch ausgeborgt hat. Es mag sich nicht gerade um ein Präzisionsinstrument handeln, aber der tiefen Befriedigung tut das keinen Abbruch: »Glatte vier Kilo, ein richtiger Prachtbrocken! Aber die Mutter so zierlich und das Mädchen so groß: Kein Wunder, daß es uns solche Schwierigkeiten gemacht hat.«

Der Besuch der Hebamme gibt Anlaß zu einem Kaffeeklatsch. Mutter und Vater Jesko, Frieda und Marie, Fräulein Trautmann, Fräulein Rahn und Tante Deten versammeln sich um mein Lager. Eine wichtige Frage taucht auf: Wie soll der Prachtbrokken eigentlich heißen?

»Claudia natürlich«, sagt Mutter.

Darauf wäre ich nie gekommen: »Wieso Claudia – und wieso natürlich?«

»Weil es uns an Klaus erinnern soll, an deinen gefallenen Bruder.«

Von Klaus zu Claudia: Ein reichlich gewagter Brückenschlag dürfte das sein. Doch wie immer in diesen Tagen ist mit Mutters Meinung die Entscheidung bereits gefallen. Gerade noch kann ich »Christina« anfügen, nach meinem jüngsten Bruder Christian, von dem wir nicht wissen, was aus ihm geworden ist und ob er noch lebt. »Und Emmy bitte!« Das ist Mutters Rufname, den sie selbst abscheulich findet, weil man sie als Kind damit geärgert hat: »So heißen die Dienstboten.« Aber jetzt stimmt sie gerührt zu.

Inzwischen will Frieda etwas vorbringen, aber sie druckst und druckst, bis sie nach einem kräftigen Schluck Kaffee sehr verlegen bekennt: »Frau Baronin – ich meine: Mutter, ich möcht' mich verändern.«

»Wie bitte? Frieda, bist du denn noch bei Trost? Um alles in der Welt – unter solchen Umständen? Und mit wem überhaupt?« Nach altbewährtem pommerschem Sprachgebrauch heißt nämlich »sich verändern«: seine Absicht aufs Heiraten kundtun.

»Nein, nein, das mein' ich nicht, wo denken Sie hin! Aber die Anna, die ist doch ganz allein mit den Kindern, und sie grault sich so.«

Anna ist Friedas Schwester und die Frau des Gärtners von Rumbske, den – wie fast alle Männer – der Krieg fortriß. Die Wohnungen des Gärtners und des Chauffeurs liegen in einem Haus etwas abseits vom Dorf, dicht neben dem Gutshaus. Frieda, durch ihre Märsche nach Glowitz ermutigt, hat in der Dämmerung die Schwester heimlich besucht. Zu der möchte sie nun also übersiedeln und ihr beistehen. Nur plagen sie die Befürchtungen: Wie werden wir das wohl aufnehmen? Könnten die Herrschaften etwa denken, daß ihr Stubenmädchen sie im Stich läßt?

»Unsinn, Frieda. Das ist natürlich ganz etwas anderes, und es ist vollkommen vernünftig. Mit dem Stubenmädchen ist es sowieso vorbei. Hier in unserer Enge bekommen wir etwas mehr Platz, und ein Esser weniger, wem soll das schaden? Außerdem: Was du für uns in diesen Tagen getan hast, das war schon mehr als genug. Das werde ich dir nicht vergessen, nein, niemals.« Dieser Ansprache läßt Mutter eine Umarmung folgen – was Friedas Erleichterung gleich wieder zur Verlegenheit wandelt.

Leider gibt es noch mehr zu berichten: »Unser liebes Schloß, das steht nun nicht mehr...« Die Russen brannten es nieder, nicht sofort nach ihrem Einmarsch, sondern ein paar Tage später. Am Abend wälzten sie Benzin- oder Spiritusfässer ins Haus, gossen sie aus und legten Feuer.

»Auf dem Vorplatz, im Rondell haben sie dann gefeiert. Und gesungen und getanzt. Und getrunken natürlich, gesoffen haben sie – die Brennerei ist ja voll von Sprit. Dazu haben sie die Frauen aus dem

Dorf geholt, sie ›eingeladen‹, wie sie sagten. Anna hat sich mit den Kindern im Gebüsch versteckt, beim Eiskeller, und alles gesehen. Es war – also, gar nicht zu glauben war das.«

Eine Pause entsteht, in der wohl jeder sich ausmalt, wie es da zugegangen sein mag. Aber das Allzumenschliche, die Wißbegier läßt sich nicht zähmen, die Frage bedrängt: Warum haben die Russen das Schloß überhaupt niedergebrannt? Sie sind doch die Sieger, sie konnten es nutzen und sich darin weit bequemer einrichten als irgendwo sonst im Dorf. Frieda berichtet, was sie gehört hat, in den verschiedenen Fassungen, die im Umlauf sind.

Die erste und absurdeste besagt, es habe – angeblich – Plünderungen gegeben, sei es von Deutschen oder von Russen. Daher habe der Herr Kommandant, auf Zucht und Ordnung bedacht, dem ein für allemal einen Riegel vorschieben wollen.

Inzwischen erfuhren wir, daß die Zerstörungen in Warschau weitergingen, daß die alten Kulturdenkmäler in die Luft gesprengt wurden. Es waren besonders vier Objekte, bei denen es uns schwer ums Herz wurde, um die wir weinten, deren Zerstörung uns persönlich berührte: unsere Kathedrale, die Johannes-Kathedrale in der Altstadt, sowie der Christus in der Krakauer Vorstadt mit dem Kreuz, der absichtlich abgeschossen wurde. Und was ich besonders grotesk finde: das Palais Brühl, eines der schönsten Denkmäler der deutschen Baukunst in Warschau.

Die Nazis sagten immer, Warschau sei eine deutsche Stadt. Aber warum haben sie dann das Palais Brühl in die Luft gesprengt? Sinnlos... Dann staunten die Deutschen, daß die Russen in einer Stadt ein paar Häuser verbrennen, wenn sie selbst die wertvollsten Schätze ihrer Kultur brutal und sinnlos zerstören... Und schließlich wurde auch das Grab des unbekannten Soldaten bis auf die Grundmauern zerstört. Das sind keine Menschen, sagten wir, das sind Barbaren.

Die zweite Fassung klingt wenigstens um Grade einleuchtender: »In der Halle, über dem Kamin, da hing doch das große Bild vom verstorbenen Herrn Grafen, so schön und so bunt in seiner Uniform als Husar...«

»Als Rittmeister, bei den Leibgardehusaren in Potsdam!« korrigiert Vater Jesko.

»Jawohl, Herr Baron. Also dieses Bild, das haben die Russen gesehen und gesagt: Das ist der Besitzer. Ein sehr, sehr hohes Tier muß das sein, ein Parteiführer ganz oben, gleich hinter Hermann – dem Göring. Denn so eine Uniform, die trägt nicht einmal ein deutscher General. Und diesen hohen Herrn, den muß man bestrafen.«

Am wahrscheinlichsten dürfte freilich sein, daß Rachegelüste gegenüber dem vermeintlichen Besitzer sich mit der Siegestrunkenheit zu einem explosiven Gemisch verbanden. Der geringste Anlaß, ein Funke nur reichte dann aus, um das Gemisch zu entzünden.

Beim Gedanken an das große Russengelage fällt

mir auf einmal die Flasche Sekt ein, die mit mir das Lager teilt. Vor unserem Aufbruch zum Treck habe ich eine Naht meiner Matratze aufgetrennt und sie hinter der Flasche mit ein paar Stichen wieder verschlossen. »Bitte, Frieda, hol die doch raus, gleich hier am Kopfende steckt sie. Heute oder nie ist die Gelegenheit für ein Glas Sekt.«

Vater fühlt sich befremdet: »Libussa, ich bitte dich, das ist doch wirklich nicht die Zeit...«

»Zum Teufel, wann denn sonst? Sollen wir warten, bis die Russen die Flasche finden? Genau jetzt ist die Zeit, jetzt müssen wir feiern, für Frieda zum Abschied und für Claudia zur Ankunft.«

Unsere Kaffeetassen und Blechbecher klingen beim Anstoßen nicht gerade wie Kelche, und natürlich ist der Sekt viel zu warm. Doch seltsam: Der kleine Schluck, den jeder bekommt, hilft uns zur Aufheiterung.

»Ich hab' müssen bekennen«

Ein Frühling, wie es kaum einen gab: Von den Zügen der Flüchtlinge oder der Sieger herangetragen, von den bitteren Umständen und vielleicht auch von der vorzeitigen Wärme begünstigt, überschwemmen Seuchen das Land. Die Ruhr, der Typhus und das

Fleckfieber gehen bei den Menschen um; im Kuhstall herrscht die Maul- und Klauenseuche, bei den Schweinen der Rotlauf und bei den Pferden der Rotz.

Mich überfällt die Ruhr nur wenige Tage nach der Geburt. Und weil ich noch so schwach bin, hat die Krankheit doppelte Kraft. Ans Aufstehen ist nicht einmal zu denken; schon die Hand oder den Kopf zu heben fordert schweißtreibende Anstrengung. Eine der Folgen ist, daß ich das Kind nicht mehr nähren kann. Woher noch die Milch nehmen – oder stehlen? Diese bange Frage, eine Sorge auf Leben und Tod, wird mich fortan wie ein Schatten begleiten.

Gewiß: Vorerst herrscht kein Mangel. Überall gibt es noch Kühe, jedoch keine Lieferungen mehr an die Molkerei von Glowitz. Im übrigen herrschte in der kurzen Zeitspanne zwischen dem Zerfall der deutschen Gewalt und dem Einzug der Sieger im ganzen Dorf eine fieberhafte Geschäftigkeit. Die Tage und die Nächte hindurch wurde überall geschlachtet, wurden Kälber, Schweine und Schafe, Enten, Gänse und Hühner der Angst vor der Zukunft geopfert, und fieberhaft erst recht wurden Pökelware und Weckgläser überall versteckt und vergraben. Von diesen verborgenen Schätzen bekommen auch wir etwas ab. Besonders unsere Gutsleute, aber auch manche Bauern sind um uns bemüht, als wollten sie gegen die neuen Machthaber demonstrieren: Wir halten zu unseren Herrschaften, jetzt erst recht. Heimlichkeit bleibt freilich geboten: Nur wenn es dunkelt oder noch vor der Morgendämmerung klopfen die Besucher an und überreichen ihre Gaben: einen Topf mit Honig oder mit Fleisch, Brot und Milch. Aber wie lange kann dieser Zustand wohl dauern?

Mitten in meine Schwäche hinein explodiert das Entsetzen, ein Befehl des Kommandanten: Weil – angeblich – ein Russe angeschossen oder erschossen wurde, soll zur Strafe das ganze Dorf von seinen Bewohnern geräumt werden. Sofort, binnen einer Stunde! Und niemand darf etwas mitnehmen, weder Koffer noch Rucksack. Weil ich unfähig bin, mich zu bewegen, werde ich mit Stricken auf meiner Matratze festgebunden und mühsam über Stiege und Treppe bis ins Erdgeschoß hinunterbugsiert. Dort beginnt das bange Warten. Eine Stunde vergeht, eine zweite, ein halber Tag. Dann wird der Räumungsbefehl so unversehens widerrufen, wie er ergangen war.

Was hinter der Angelegenheit tatsächlich steckt, enträtseln wenig später Berichte aus Rumbske. Auch dort erging der Räumungsbefehl – wegen »Partisanentätigkeit«, von der kein Deutscher je etwas gehört hatte –, dort aber gab es den Widerruf nicht. Männer und Frauen, die Alten und die Kinder mußten das Dorf verlassen und lange warten, bis sie zurückkehren durften. Sie fanden ihre Häuser gründlich ausgeraubt und verwüstet vor. Denn es ging ums Plündern und nichts außerdem.

In Rowen hat sich wahrscheinlich nur die Einsicht durchgesetzt, daß man dazu nicht erst so viele Umstände machen muß. Die Beutegier wütet fort und fort, bei Tag und bei Nacht. Kein Haus, kein Keller und kein Dachboden bleibt verschont. Die Ställe und die Scheunen werden abgesucht, Holzschober umgeworfen, das Heu und das Stroh, die Misthaufen durchstochen: Da könnte ja etwas verborgen sein. Und fast alles scheint des Mitnehmens wert, von der altertümlichen Standuhr bis zu Büstenhaltern und Unterröcken. Manchmal versuche ich mir vorzustellen, wie eine Armee wohl aussehen mag, die mit derlei Dingen über und über beladen eines Tages in ihre Heimat zurückmarschiert.

Zum Schrecken gesellt sich das Sonderbare. Ein Befehl ergeht, samt Androhung strengster Strafen, als handle es sich um Mordinstrumente: Sämtliche »Musikgeräte« sind abzuliefern, gleich ob Blockflöte, Geige, Trompete, Trommel, Ziehharmonika, Klavier. Was sich einfindet, wird zum Bahnhof von Neu-Klenzin bei Glowitz geschafft und dort gelagert, das heißt dem Wind und dem Wetter preisgegeben. Irgendwann einmal, um Wochen später, werden Kinder sich über den vergessenen Schrott hermachen und nach Hause tragen, was ihnen noch brauchbar erscheint.

Es gibt beim Plündern eine einzige Schranke, und sie allerdings wird zuverlässig eingehalten: Kein russischer Soldat hat meinen Wäschekorb mit Windeln und Babybekleidung jemals angerührt; keiner hat ihn auch nur nach Konterbande der Erwachsenen durchwühlt.

Nicht anders als beim Plündern ist es beim Vergewaltigen. In diesem unvergleichlichen Frühling toben sich die Sieger ohne Hemmung aus. Die Frauen suchen sich zu schützen, wie sie es vermögen. Die Gesichter mit Asche altersgrau bemalt oder mit den Anzeichen des Fleckfiebers betupft, unterm tief in die Stirn vorgebundenen schwarzen Tuch, als gichtverkrümmte Greisinnen schleichen sie dahin. Manchmal hilft es, meistens nicht. Aber am Lager der Wöchnerin mit dem Kind im Arm halten Erzengel Wache. Die Gier verstummt, die finsteren Gestalten kehren ins Menschliche heim. Sie streicheln das Kind, sie nicken und lächeln seiner Mutter zu. Sie durchwühlen die eigenen Taschen, ob sich etwas darin findet, das zum Schenken taugt – oder auch nicht taugt: ein Stück Zucker zum Beispiel oder gekrümelter Tabak.

»Ja, kinderlieb sind die Russen.« Immerfort, überall bekomme ich diesen Satz zu hören. Er liefert freilich nur die Beschreibung und keine Erklärung. Noch weit schwieriger, im Grunde aussichtslos ist es, die zweite Sonderrolle zu deuten, in die ich hineingerate, nicht gegenüber den Tätern, sondern gegenüber den Opfern. Ein junges Mädchen taucht an meinem Lager auf, um sich bei mir auszuweinen und Trost zu suchen. Andere Frauen folgen, und bald reißt der Zustrom kaum mehr ab. Für Mutter und Vater Jesko wird er zunehmend lästig, denn jedesmal müssen sie den Dachboden verlassen. Nur wenn sie mit mir allein sind, lösen sich die Frauen aus ihren

Hemmungen. Ohnehin dauert es meist lange genug, bis aufs Seufzen und Schluchzen auch zusammenhängende Sätze folgen. Wenn allerdings nach den Tränen die Worte erst fließen, dann überstürzen sie sich. Und fast immer steht an ihrem Anfang die sonderbare Formel, die umschreiben soll, was geschah: »Ich hab' müssen bekennen.«

Woher stammt das? Wer hat die Formel erfunden, wie weit reicht sie durch die betroffenen Gebiete? Ich weiß auf solche Fragen so wenig Antwort, wie ich meine Rolle als die Beichtmutter mit dem Kind zu erklären vermag. Diese Rolle beschränkt sich in ihrer Regel ohnehin darauf mitzuweinen, jemanden in die Arme zu schließen, einer Geschundenen und Verstörten übers Haar zu streichen und zuzuhören.

»Ich hab' müssen bekennen«: Sonderbar ist freilich auch, daß es offensichtlich aufs Nachzählen ankommt: »Sechsmal hab' ich müssen bekennen.« Mitunter ist es schwierig, die Fassung zu wahren und nicht aus der Rolle zu fallen, so bei einer vierschrötigen Frau schon fortgeschrittenen Alters: »Zwölfmal – ach nee, was sag' ich denn: Dreizehnmal hab' ich müssen bekennen. Ach Gott, also, Libussa, was meinen Se nu bloß?« Ja, was nur? Kaum noch verhüllt mischt sich da in den Schauder ein Stolz aufs Geleistete ein.

Aber nistet nicht hart neben dem Schrecken stets das Groteske, das Komische gar? Weinen und Lachen sind ein menschliches Privileg. Wir wohnen im alltäglich Vernünftigen, in unserm Gehäuse der Normalität. Wenn allerdings das Vernünftige plötzlich zerfällt, wenn das Gewohnte aus den Fugen springt und jeder Sinn sich zum Widersinn verkehrt, dann eben reagieren wir mit Weinen – oder mit Lachen. Und nicht selten schlägt das eine ins andere um.

Darum fahre ich erschrocken hoch, als Vater Jesko in die Dachkammer stürmt und ein Lachkrampf, ein Entsetzensgelächter ihn schüttelt. Irgend etwas ist passiert – aber was? Es dauert Minuten, bis Vater es herausbringen kann, im immer neuen Gelächter, unter den Tränen, die sein Lachen ihm abpreßt: »Gerade hat... Nein, nein, es ist wirklich nicht zu glauben... Grad' hat die Trautmann müssen bekennen!«

Vater hält erst verstört inne, als auch mir unvermittelt die Tränen kommen. Denn schwer fällt mir ins Gewissen, daß ich nun eigentlich Abbitte leisten muß. Damals, als das knöcherne Fräulein mit den anderen Frauen vor der herangaloppierenden Gefahr vom Hof des Patriarchen ins Moor flüchtete – damals habe ich überlegen den Kopf geschüttelt: Hat die das wohl nötig?

Maries Erbstück

Volle vier Wochen dauert mein Matratzenlager, und bei den ersten Versuchen, aufzustehen und ein paar Schritte zu tun, brauche ich hilfreiche Hände. Denn sofort wird mir schwindlig. Aber es ist höchste Zeit, den aufrechten Gang neu zu erlernen; kaum bin ich halbwegs wieder auf den Beinen, bekommt Mutter die Ruhr – und dazu noch die Maul- und Klauenseuche, die beim Menschen zwar selten gefährlich, aber höchst schmerzhaft verläuft. An den Mundschleimhäuten bilden sich Geschwüre, so daß die Patientin allenfalls trinken, aber nichts essen kann.

Im übrigen wird es höchste Zeit, nach einem neuen Quartier Ausschau zu halten. Schon jetzt, Ende April bereits, brütet unter unserem Teerdach die Nachmittagshitze, gewiß nur als ein Vorgeschmack auf die Höllenglut, die uns im Sommer erwartet. Vor allem jedoch ist es mit der »Ecksch« kaum mehr auszuhalten. Den ganzen Tag über hört man sie keifen, nichts und niemand kann es ihr recht machen. Mit Marie und mit Mutter zankt sie ebenso wie mit mir, als ich nun auftauche und auf dem Hof nach einem Trog suche, um die Windeln zu waschen. Etwas Böses ist in dem Weib, eine Art von Rachegelüst aus lange gestautem Neid, wie er sonst nirgendwo spürbar wird: Jetzt endlich kann man es denen heimzahlen, die einmal »die Herrschaften« waren.

Aber läßt sich ein neues Quartier überhaupt finden? Unsere Aussichten stehen schlecht; noch immer ist das Dorf ums Doppelte überbelegt. Darum elektrisiert es mich, als ich von einer Wohnung höre, die leerstehen soll. Ich eile hin: Tatsächlich, es gibt diese Wohnung. Doch wie sieht sie aus, welch ein Gestank schlägt mir entgegen! Haben Flüchtlinge hier gehaust? Oder die Russen? Wer immer es war, er hat sich buchstäblich einen Dreck um den eigenen Dreck gekümmert. Und er hat den Weg zum Toilettenhäuschen auf dem Hinterhof gescheut. Kein Wunder, daß niemand hier einziehen mochte.

Wir allerdings haben keine Wahl. Ich haste zurück und verständige Marie; ich organisiere, was inzwischen getan werden muß: Fräulein Rahn wird kochen, Vater Jesko und Fräulein Trautmann sollen sich um Mutter und um das Kind kümmern. Drei Tage lang sind Marie und ich mit dem Ausmisten, mit dem Scheuern beschäftigt, denn nicht nur die Fußböden, sondern auch die Wände, die Türen und die Fenster, alles muß mehrfach abgewaschen werden. Drei Tage, vom Morgen bis zum Abend, für eine kleine Wohnung mit zwei Zimmern, einer Kammer, Küche und Flur! Dann, endlich, können wir aufatmend einziehen: Mutter und Vater Jesko, Marie, Claudia und ich. Die Biedermanns, Fräulein Rahn und Fräulein Trautmann behalten vorläufig ihren Schlafraum bei der Ecksch und sind bloß den Tag über bei uns.

Sofort tauchen neue Probleme auf. Wir haben nun zwar eine Wohnung, aber nichts, um sie einzurichten. Was wir besitzen, ist rasch aufgezählt: meine Matratze, Küchenmesser und Teekessel, einen Kochtopf samt Kochlöffel, drei Thermosflaschen und pro Kopf ein Eßbesteck, einen Teller und anderthalb Tassen. Damit wir schlafen können, muß die gute Stube erst einmal wieder in ein Strohlager verwandelt werden.

Doch es gibt ja noch Hinkebein. Seine Lahmheit ist ihm angeboren oder seit langem schon angewachsen. Sie vergeht nicht; ein ganzer Monat der Ruhe vermochte sie nicht einmal zu lindern. Eben darum ist dieses Pferd ein Schatz: Die Russen, die es mustern, verlieren sofort das Interesse, wenn sie seine Gangart erkennen. Kann man ihn eintauschen, und was brauchen wir am dringendsten?

Einen Küchentisch samt Sitzbänken natürlich; es ist wirklich sehr lästig, immer und selbst beim Essen nur auf dem Fußboden zu hocken. Darum mache ich mich auf die Suche und finde auch bald den Bauern, der zum Tausch bereit ist – mit dem Versprechen als Dreingabe, eine kleine Milchkanne allabendlich zu füllen.

Umherstreifen, Pirschgänge unternehmen, wie Vater Jesko sagt, auf der Suche nach dem irgendwie Brauchbaren: Das gewöhne ich mir mehr und mehr an. Freilich ist es gerade Vater Jesko, der meinen Fähigkeiten mißtraut und damit zur Last wird: »Libussa, bleib hier! Du bist nie Soldat oder ein Jäger gewesen, du kannst das nicht! Die Russen werden dich fangen. Oder erschießen. Du rennst in dein Unglück.«

Und so fort, in stets neuen Varianten. Gewiß, man muß aufpassen »wie ein Schießhund«. Doch am Morgen zwischen drei und sechs Uhr pflegen die Herren Sieger den Schlaf der Gerechten zu schlafen, und wo ihre Posten stehen – auf dem Gutshof zum Beispiel –, das weiß man seit langem. Man muß ihnen ja nicht geradewegs in die Arme tappen. Also höre ich gar nicht mehr hin. Oder ich gebe Antworten, die Vater erst recht schockieren: »Und falls sie mich kriegen – na wenn schon! Den Kopf wird es nicht gleich kosten. Im schlimmsten Falle kommt dann Mutter mit dem Kind auf dem Arm und holt mich raus.«

Bei einem meiner Gänge treffe ich unseren Oberinspektor Hesselbarth. Der alte Mann kann kaum seine Tränen zurückhalten, als er mich sieht, und er tut, was er nie getan hat: Feierlich küßt er mir die Hand. Als er von unseren Problemen hört, sagt er vorwurfsvoll: »Aber, Baronin Libussa, warum sind Sie nicht längst gekommen? Meine Frau und ich, wir möchten doch helfen. Wir haben zwei Betten übrig, ganz unnütz liegen sie auf dem Dachboden...« Welch ein Triumph bei meiner Rückkehr! Und noch am selben Tag geht der Bettentransport ohne Zwischenfall vonstatten. Dabei wohnt Herr Hesselbarth im betagten Gutshaus von Rowen mitten unter den Russen – was auch erklärt, warum wir »nicht längst« gekommen sind. Wir wagten es nicht.

Andere waren mutiger. Bald nach ihrem Einmarsch schleppten die Russen den alten Mann aus dem Gutshaus ins Dorf, um ihn dort zu erschießen, vielleicht zur Demonstration der »Befreiung«. Aber die Leute liefen zusammen, die Frauen zuerst, Franzosen dazu, und sie schrien: Das sei nicht »der Herr«, sondern ihr Vater. Im Schutzwall ihrer Leiber schlossen sie ihn ein.

Man müßte Geschichten erzählen, um das zu erklären, eine nach der anderen. »Das möchte ich auch gemeint haben«, befand der gestrenge Inspektor einst, als der Tierarzt für die Behandlung der Arbeiterkuh eine sehr niedrige Rechnung ausgestellt und den Fehlbetrag bei der nächsten Gelegenheit im Gutsstall aufgeschlagen hatte. Oder, nach der Notschlachtung einer Kuh, wiederum zum Tierarzt: »Nein, die Zunge kann ich Ihnen nicht geben. Die brauche ich für meine Franzosen, das sind die Feinschmecker.« – Unscheinbares gewiß, aber zwei winzige Mosaiksteine zum Bilde des Edwin Hesselbarth, dem an einem Märztag des Jahres 1945 seine eigene Art von Lebens-Ernte zuteil geworden ist.

Meine nächste Begegnung verläuft weniger glücklich und erst recht nicht harmlos. Urplötzlich tritt ein Mann aus dem Gebüsch und verstellt mir den Weg. Eine vermummte Gestalt, das Gesicht geschwärzt; unterm dunklen Umhang ahnt man die Waffe. Nein, kein Russe, sondern der Förster Drambusch. Er war ein fanatischer Parteigenosse, wie es weit und breit keinen zweiten gab, und offenbar hat er noch immer nicht aufgegeben. Irgendwo im Wald oder im Moor hat er sich einen »Bunker« gebaut. Jetzt fordert er, daß ich ihn zu Vater Jesko bringe.

»Auf keinen Fall! Was soll das?«

Drambusch bleibt hartnäckig, er läßt sich nicht abschütteln. Seine Augen flackern, er packt meinen Arm und schiebt mich vorwärts. Dann stellt sich heraus, daß dieser Unbelehrbare als »Werwolf« weiterkämpfen will. »Mit dem Herrn Baron, für Führer und Vaterland, bis die Kurlandarmee kommt und uns befreit! Einen Karabiner habe ich noch übrig. Und Munition genug...«

Vater Jesko, aus dem Schlaf gerissen, reagiert mit einem Wutanfall: »Mann, sind Sie toll? Soll Ihre Familie das büßen? Oder meine? Oder das ganze Dorf?«

»Aber, Herr Baron, Herr Major...«

Vater faßt den neben ihm schmächtig wirkenden Förster beim Kragen und schüttelt ihn durch: »Wenn Sie nicht verschwinden, sofort, bringe ich Sie eigenhändig zur Kommandantura!« Der Werwolf trollt sich und taucht nie wieder auf. Etwas später heißt es, daß die Russen ihn aufspürten und bei einem Fluchtversuch niederstreckten. Verwundet wurde er nach Stolp geschafft, wo er jämmerlich starb.

Der Zwischenfall schreckt mich nur für kurze Zeit. So unvermutet wie die dunkle Gestalt taucht ein Gedanke auf und formt sich zum Vorsatz: Warum nicht die Pirschgänge bis nach Rumbske ausdehnen? Vielleicht läßt sich im »Schloß«, sei es auch nun Ruine, noch Nützliches entdecken. Der Park erst, dann die überwachsene Schlucht zwischen Gärtnerwohnung und Gutshaus werden mir Deckung geben bis unmittelbar ans Ziel.

Aber der Vorsatz ist eines, die Ausführung etwas anderes. Ich bin auf den Anblick nicht gefaßt. Diese halb noch aufragenden Schornsteine, diese schwärzlichen Reste von Mauern, die Treppe, die einmal zur Veranda hinaufführte: Es sind nicht irgendwelche Ruinen, sondern die Trümmer meiner Kindheit und Jugend. Ich schaffe es einfach nicht, da hineinzuklettern und sie wie ein Plünderer zu durchstöbern; ich kehre um. Freilich gewinnt schon auf dem Rückweg mein Ärger die Oberhand: Du dumme Gans, werde gefälligst nicht sentimental. Für heute hast du deine Zeit verschenkt, aber morgen nimmst du den zweiten Anlauf.

Gedacht und getan. Ich entdecke, daß zwar vom Erd- und vom Obergeschoß bloß eine Wüste geblieben ist: Schutt und verkohltes Gebälk, wohin man blickt. Aber den Seiteneingang zum Keller gibt es noch. Man muß nur die Steine beiseite räumen, die ihn blockieren, dann kann man sich hineinzwängen. Also vorwärts, den Gang entlang, der zur Küche führt. Die Räume zur Linken sind eingedrückt, die zur Rechten leergeräumt. Dort war das Gutsbüro, in dem der Rentmeister Rodemerk regierte. Hier wohnte Frieda, hier Marie. Weiter zur Küche. Ich finde zwei Kochtöpfe, Bratpfanne und Schöpfkelle, das eiserne Drehgestell zum Rösten der Kaffeebohnen. Welche Schätze!

Und jetzt der Gemeinschaftsraum für die Kutscher, den Onkel Biedermann ausmalte. Zwei edle Stühle, die man aus dem Saal heruntergetragen hat, stehen darin: stilecht, Empire. Und der schwere Eichentisch aus der Bibliothek, an dem Tante Detens spiritistische Sitzung stattfand – damals, vor Wochen erst oder ein Menschenalter zurück. Splitter von Kristall liegen auf dem Tisch und auf dem Fußboden. Ich suche sie zusammen, ich setze mich und nehme sie in die Hand: Woher stammen sie? Schimmert da nicht ein Rest vom Goldrand? Und hier ein Stück von den eingeschnittenen Jagdszenen?

»›Zum Horte nimmt ein kühn Geschlecht
sich den zerbrechlichen Kristall;
er dauert länger schon als recht;
stoßt an! Mit diesem kräftgen Prall
versuch' ich das Glück von Edenhall.‹

Und als das Trinkglas gellend springt,
springt das Gewölb mit jähem Knall,
und aus dem Riß die Flamme dringt,
die Gäste sind zerstoben all
mit dem brechenden Glücke von Edenhall.

Einstürmt der Feind mit Brand und Mord,
der in der Nacht erstieg den Wall;
vom Schwerte fällt der junge Lord,
hält in der Hand noch den Kristall,
das zersprungene Glück von Edenhall.«

Mit dem Küchengerät kehre ich nach Rowen zurück; für die folgende Nacht leihe ich eine Schubkarre aus, um die Stühle zu bergen. Doch dann entsteht eine Schwierigkeit: Den Tisch kann ich unmöglich allein bewegen, und um nichts in der Welt bringe ich Vater Jesko dazu, mich zu begleiten. Vom Abend um acht bis morgens um sechs Uhr hat die Kommandantura eine Ausgangssperre verhängt, und Befehl ist Befehl. Also nehme ich Marie beiseite; in den lebhaftesten Farben male ich ihr aus, wie gut wir den Tisch gebrauchen könnten, wie schön er zu den Stühlen passen würde. Es hilft wenig; Marie hat einfach Angst – oder, wie die Leute es weit anschaulicher sagen: Sie grault sich.

»Aber denk nur, wie wertvoll der Tisch ist, heutzutage. Und morgen, übermorgen erst recht. So ein gutes Stück, das bekäme man überhaupt nicht mehr.«

Das immerhin leuchtet Marie ein. Am Ende siegt ihr handfest praktischer Sinn über alle Bedenken: »Na gut, denn geh' ich mal mit. Aber nur... Also, Libussa, da darfst du aber nicht böse sein und nicht mit mir schimpfen. Ich mein' doch man bloß ...«

»Na was denn? Nun sag schon.«

»Also, ich kann bloß gehen, wenn das einmal mein Erbstück wird.«

Es ist zu spüren, mit Händen läßt es sich greifen: Keine Besitzgier kommt da ins Spiel, sondern ein Hilfsmittel, eine Krücke sozusagen, um sich übers Graulen hinwegzuhelfen. Mit Mutter als Zeugin verspreche ich feierlich, was die Stunde gebietet. Dann machen wir uns auf den Weg. Bis an die Grenzen unserer Kräfte strengen wir uns an, um den Tisch zu heben und ihn aus der Ruine heraus nach Rowen zu schaffen. Seitdem heißt er nur noch: Maries Erbstück.

Ein Friede von der besonderen Art

Das stolze Wort macht die Runde: Kultur. Allerdings nimmt es kaum die Bedeutung an, die die Sieger sich wünschen. Zwar rückt »Russki Kultura« unter den Deutschen zum Schlagwort auf, aber wer es gebraucht, rümpft die Nase und will andeuten, daß er die neuerdings herrschenden Zustände abscheulich findet.

Kultur soll sich vorab als Sauberkeit und Ordnung durchsetzen, und in zweifacher Hinsicht wird sie nachdrücklich anbefohlen: Zunächst einmal muß die Dorfstraße täglich gefegt werden. Und wenn ein neuer Kommandant sich ankündigt, ist sie zu seiner Begrüßung mit weißem Sand zu bestreuen, dazu rechts und links mit Tannenbäumen zu schmücken. Da diese Bäumchen so rasch verdorren, wie die Kommandanten wechseln, hört das Anlegen solcher Grußalleen kaum noch auf.

Sodann soll die Kultur in den Viehställen Einzug halten. Es gilt, die Schweine zu schrubben, bis sie rosig glänzen. Entsprechend die Kühe, die Pferde nicht zu vergessen: Kein Strohhalm und kein Staubkorn darf ihr Fell verunzieren. Zum Striegeln braucht man Männer, und Vater Jesko wird dafür abkommandiert. Als Lohn bringt er manchmal ein Stück Brot oder ein paar Kartoffeln nach Hause – vor allem aber die Läuse. Sie versetzen uns in gehörigen Schrecken: Sind es nicht Läuse, die das Fleckfieber übertragen? Wir wissen freilich nicht, ob auch Pferdeläuse das tun, doch in unserer Angst vor der Ansteckung führen wir gegen das Ungeziefer einen ebenso hartnäckigen wie wenig erfolgreichen Feldzug.

Eines Tages heißt es, daß alle Häuser mit festlichem Grün geschmückt werden sollen, so wie wir es zu Pfingsten gewohnt sind. Die Russen ziehen durchs Dorf, sie schießen in die Luft, sie winken uns zu, sie rufen: »Woina kaputt! Woina kaputt!« Was ist geschehen? Ist der Krieg tatsächlich zu Ende? Wird jetzt der Friede Einzug halten – und in welcher Gestalt?

Wir wissen es nicht, unsere Welt ist aufs eigene Dorf und seine nächste Umgebung geschrumpft. Es gibt keine Zeitungen, und alle Rundfunkgeräte mußten abgeliefert werden. Falls jemand doch noch eines versteckt hielte, bliebe es stumm, weil die Elektrizitätswerke längst keinen Strom mehr liefern oder die Überlandleitungen zerstört sind.

Seit Mitternacht schweigen nun an allen Fronten die Waffen. Auf Befehl des Großadmirals hat die Wehrmacht den aussichtslos gewordenen Kampf eingestellt. Damit ist das fast sechsjährige heldenhafte Ringen zu Ende. Es hat uns große Siege, aber auch schwere Niederlagen gebracht. Die deutsche Wehrmacht ist am Ende einer gewaltigen Übermacht ehrenvoll unterlegen.

Der deutsche Soldat hat, getreu seinem Eid, im höchsten Einsatz für sein Volk für immer Unvergeßliches geleistet. Die Heimat hat ihn bis zuletzt mit allen Kräften unter schwersten Opfern unterstützt. Die einmalige Leistung von Front und Heimat wird in einem späteren gerechten Urteil der Geschichte ihre endgültige Würdigung finden.

Den Leistungen und Opfern des deutschen Soldaten zu Lande, zu Wasser und in der Luft wird auch der Gegner die Achtung nicht versagen. Jeder Soldat kann deshalb die Waffe aufrecht und stolz aus der Hand legen und in den schwersten Stunden unserer Geschichte tapfer und zuversichtlich an die Arbeit gehen für das ewige Leben unseres Volkes.

Die Wehrmacht gedenkt in dieser schweren Stunde ihrer vor dem Feind gebliebenen Kameraden. Die Toten verpflichten zu bedingungsloser Treue, zu Gehorsam und Disziplin gegenüber dem aus zahllosen Wunden blutenden Vaterland.

Wenn der Krieg nun beendet sein soll, wenn der Friede seinen Einzug hält, dann kündigt sich dies auf besondere Art an. Außer einigem Kleingerät auf den Bauernhöfen werden sämtliche landwirtschaftlichen Maschinen registriert, am Rande der Dörfer auf freiem Feld versammelt und abtransportiert. Die Pflüge und Eggen, die Drill- und die Dreschmaschinen, die Selbstbinder zur Ernte und die Traktoren verschwinden. Sogar »Max« und »Moritz«, die ehrwürdigen Dampfpflug-Lokomobilen, die um die Jahrhundertwende schon der Großvater anschaffte, tuten ein letztes Lebewohl und rollen auf der Chaussee gemächlich, aber unaufhaltsam davon. Was soll nur daraus werden, wie kann man noch säen und ernten? Wie sollen im künftigen Frieden die Besiegten überleben, wenn die Felder brachliegen?

Dem Maschinentransport sozusagen auf dem Fuß folgt das Transportmittel: unsere Kreisbahn. Ihr Schienenstrang wird demontiert. Vielmehr, um genau zu sein: Diese Demontage hat an der Endstation in Dargeröse schon vor einiger Zeit begonnen und bewegt sich Kilometer um Kilometer in der Richtung auf die Kreisstadt Stolp planmäßig vorwärts. Jetzt ist der Streckenabschnitt zwischen Rowen und Rumbske erreicht, und aus beiden Dörfern werden die jüngeren Frauen zur Arbeit befohlen. Auch Marie und ich müssen daran teilnehmen.

Eine schwere Arbeit ist das, für die man Frauen wohl nie zuvor eingesetzt hat, jedenfalls hierzulande nicht. Die Schienen müssen mit riesigen Schraubenschlüsseln aus ihrer festgerosteten Verankerung an den Bahnschwellen gelöst, angehoben, getragen und auf die wartenden Güterwagen gewuchtet werden. Danach gilt es, diese Güterwagen zu verschieben, um wiederum das Schienenstück abzubauen, auf dem sie gerade noch standen. So schreitet die Zerstörung langsam voran, von unserem Bahnhof über eine Steigung und durch den Hohlweg in den »Wossek« hinein, dann am Bahnhof von Bandsechow vorüber bis nach Gutzmerow. Die Arbeit dauert Tag um Tag vom Morgen bis zum Abend. Nur mittags dürfen wir eine Pause machen und erhalten eine Grieß- oder Kartoffelsuppe, manchmal mit einer Andeutung von Fleisch darin. Erst als wir Gutzmerow erreichen, werden wir durch ein neues Aufgebot aus den anschließenden Dörfern abgelöst und dürfen uns aufatmend trollen.

Ich nutze die Gelegenheit, um unsere Gutzmerower Nachbarn zu besuchen. Frau von Hanstein und ihre Schwester wohnen jetzt in einem kleinen Haus unmittelbar an der Chaussee und sind darum dem auf der Straße hin und her wogenden Zug der Sieger besonders ausgeliefert. Aber nicht dies macht schaudern, sondern die Geschichte, die ich zu hören bekomme. Der Vater der Schwestern war ein berühmter Chirurg, der Chefarzt im Stolper Krankenhaus, von jung und alt – mit Respekt – der »Pommernschlächter« genannt. Vor dem Einmarsch der Russen flüchteten die Eltern von Stolp nach Gutzmerow, um von dort aus mit zwei Wagen die weitere Flucht zu versuchen. Auf einem Wagen saßen die beiden Schwestern, auf dem anderen die Kinder von Frau von Hanstein mit den Großeltern. Im Getümmel, im Chaos, das die anrollenden Panzer bewirkten, im Auseinanderstieben des Trecks verlor man sich aus den Augen. Der Arzt hatte Gift bei sich. Er gab es seinen Enkeln, seiner Frau und nahm es selbst. Die Schwestern überlebten.

Kann man so etwas überleben? Die Antwort ist einfach: Frau von Hansteins Schwester war schwanger. Inzwischen ist das Kind geboren, ein kräftiger Junge, gerade zwei Wochen alt. Die Schwestern sagen: Allein hätten wir bestimmt Schluß gemacht. Aber das Kind, das hält uns, für den Jungen lohnt es sich... Da braucht man mich ums Verständnis nicht erst zu fragen; beim Abschied versprechen wir einander möglichst viele Besuche.

Kaum ist die Arbeit am Bahngleis beendet, steht schon die nächste Friedensfolge bevor: In den Wiesen bei Rowen wird eine riesige Viehherde zusammengetrieben, der ganze Gutsbestand aus Rowen, Rumbske und vielleicht noch anderen Orten. Auch die Bauern und die Gutsleute verlieren ihre Kühe und Kälber. Nur wenige Tiere bleiben verschont. Einige hält jeweils die Besatzung für den Eigenbedarf zurück, andere – sehr wenige nur – wurden rechtzeitig und gut genug versteckt, zum Beispiel in den »Schwedenschanzen«, die nach drei Jahrhunderten noch einmal ihren Dienst tun.

Die Herde soll nun fortgetrieben werden. Dazu werden Frauen rekrutiert, und ich gerate unter die Auserwählten. Ein langer Marsch beginnt, »nach

Osten«, wie wir vielversprechend zu hören bekommen. Von russischen Reitern umkreist, ziehen Vieh und Frauen am »Hochzeitsberg« vorüber zur Chaussee, um dort die Richtung nach Lauenburg einzuschlagen. Unsere Hauptarbeit besteht übrigens im Melken; am Morgen und am Abend müssen die prallen Euter geleert werden. Milch und nochmals Milch, Milch buchstäblich im Überfluß – und durchweg einfach zum Boden hinunter, in das Gras hinein, aus dem sie stammt: Immerfort muß ich an die Kinder denken, an mein Kind. Wie soll ich es künftig ernähren? Auch der Bauer, bei dem ich Hinkebein eintauschte und der mir seitdem die Milch lieferte, hat seine Kühe verloren.

Der erste Abend, der zweite, das Lebatal hinter Zezenow: Die Herde weidet am Flußufer, und wir übernachten in einer Feldscheune. Flüstern hin und zurück, Beratungen. »Höchste Zeit zum Abhauen«, sage ich, »je weiter wir von zu Hause weg sind, desto schwieriger wird es.«

»Nein, nein. Die merken das doch gleich. Die kriegen, die verhaften, die verschleppen uns.«

»Wer weiß? Wahrscheinlich fangen sie sich im nächsten Dorf einfach Ersatz ein.«

»Nein, nein …« Kein Zureden hilft; alle diese Frauen sind tief verängstigt und wollen nichts wagen. Ich schleiche also alleine hinaus, spähe nach den Posten, die in einiger Entfernung dösen, und beginne den Heimweg. Bin ich mutiger? Eigentlich kaum. Im Grunde ist es die größere Angst, die mich treibt, die

Angst um das Kind. Darum schlage ich ohne Rücksicht auf die Gefahren einen wahren Geschwindschritt an und erreiche Rowen noch vor dem Morgengrauen.

Das Kind schreit vor Hunger, es schreit und schreit. Der Spinat aus jungen Brennesseln oder vom Löwenzahn, ein Grießbrei, nur mit Wasser gekocht: So etwas mag in der Not zwar eine Ergänzung sein, aber es kann dem kleinen Wesen, das kaum zwei Monate alt ist, die Grundnahrung nicht ersetzen. Weil ich mich noch nicht wieder auf die Straße wage, schwärmen Mutter und Marie aus, um nach Milch zu suchen, Päckchen mit Kaffeebohnen als Tauschmittel in der Tasche. Das Ergebnis bleibt kläglich. Hier einmal ein Viertelliter, dort ein Becher Ziegenmilch: Für den Augenblick hilft es ein wenig, aber es reicht einfach nicht aus.

Bald tritt bei der Kleinen zum Hunger noch ein hartnäckiger Durchfall hinzu. Nichts hilft dagegen, auch nicht der Sud einer alten kräuterkundigen Frau, die wir verzweifelt um Rat fragen. Das Schreien verstummt; unaufhaltsam wird unser Kind stiller und schwächer.

Schließlich kommt Marie eine Erleuchtung: »Uns're Frau Brennermeister in Rumbske, also was die Vietzken Magdalena is', die hat doch reineweg Kinder. Und alles man Mädchen! Und nu genau hat sie wieder eins, das fünfte – nee, Nummer sechs. Aber uns' ganz olle Vietzke, was hat der nicht immer von seiner Schwiegertochter geprahlt: Die hat Milch, also reineweg Rekord, glatt fürs Dutzend langt das. Ja, und da mein' ich man nur: Ob das vielleicht wieder so sein möcht'?«

Mit dem »ganz ollen Vietzke« ist unser alter Diener gemeint; sein Sohn ist der Brennermeister. Sofort wird das Kind in eine Decke gewickelt, und unverzüglich breche ich auf. Zwar residiert in der Brennerei neben den Vietzkes inzwischen die Kommandantura, aber was hilft's? Es gibt auch keine Komplikationen, niemand verwehrt mir den Zutritt.

»Nein, Frau Libussa, das arme Wurm, wie das bloß aussieht, so welk ... Natürlich hab' ich Milch auch für zwei, geben Sie her!« Frau Vietzke legt sich das Kind an die Brust, und Claudia trinkt und trinkt, bis sie beseligt einschläft.

Von nun an marschiere ich dreimal täglich nach Rumbske mit dem Bündel im Arm, das zugleich mich vor Zudringlichkeiten beschützt. Binnen einer Woche blüht das Kind auf, als habe es eine Hungerkrise nie durchgemacht.

Der Soldat und die Großmutter

Im Glück – so sagt man – verliert sich die Ferne; Glück ist die endlich vollendete Nähe, der erfüllte Augenblick, der schon entschwindet, wenn wir ihm »Verweile doch!« nachrufen.

Seltsam allerdings: Wenn es nur darauf ankäme und auf nichts außerdem, dann gliche das Glück ja dem Unglück, dem Schrecken aufs Haar. Denn wo der Schrecken regiert, da schrumpfen die Horizonte erst recht. Wichtig ist nur noch, was jetzt und was hier geschieht, in dieser Minute, in der allernächsten Umgebung. Direkt, ohne Umstand müssen wir darauf reagieren; unser Überleben hängt davon ab.

Erst allmählich, fast unmerklich zunächst setzt eine Veränderung ein, sei es, weil die Gewohnheit uns härtet, sei es, weil heimlich neue Hoffnungen keimen. Sehr vorsichtig heben wir den Kopf, strecken Fühler aus, sehen uns um; das Blickfeld weitet sich wieder. Wir beginnen zum Beispiel zu fragen, wie es den anderen, den Nachbarn erging.

Es gibt eine gute Nachricht: Die alten Glowitzer, Onkel Gerhard und Tante Lena, leben noch, obwohl sie in ihrem Hause geblieben waren. Ähnlich wie im Falle des Oberinspektors Hesselbarth haben ein paar Beherzte sich vor sie gestellt, deutsche Gutsarbeiter zusammen mit den Franzosen. Sonst aber häufen sich die schlimmen Botschaften. Viele haben getan, was auch wir vorhatten; sie haben sich der Gewalt der Sieger entzogen, indem sie sich erschossen oder erhängten. Einige haben Gift genommen wie der Chirurg aus Stolp und andere Ärzte. Viele und noch mehr Menschen sind umgebracht worden, viele hat man auf Nimmerwiedersehen verschleppt. Manchmal möchte man kaum glauben, was da berichtet wird: Ein altes Ehepaar wurde in den Dorfteich getrieben und nicht wieder herausgelassen, bis es im eisigen Wasser versank. Jemand wurde als Zugtier vor den Pflug gespannt, bis er zusammenbrach und eine Salve aus der Maschinenpistole ihn erlöste. Dem Besitzer von Grumbkow, Herrn von Livonius, hackte man Arme und Beine ab und warf ihn, noch lebend, den Schweinen zum Fraß vor.

Mutters Unruhe wächst: Noch nie kam eine Nachricht aus Karzin, obwohl es kaum zwanzig Kilometer entfernt liegt. Wir wissen nicht, was aus »Frau Liebe«, der Großmutter, geworden ist, und so beschließe ich, es zu erkunden. Ich kenne den Weg zwar nicht von Fußmärschen, aber von unzähligen Fahrten; vom »Wossek« bei Rumbske angefangen bieten viele Wälder Deckung; die Dörfer kann man umgehen.

Mutter ist sofort einverstanden, doch Vater Jesko sträubt sich wie stets. Nicht bloß das; er kämpft mit Erbitterung gegen meinen Plan an: »Libussa, das geht nicht, das darfst du nicht machen!«

»Und warum nicht, bitte?«

»Weil – es ist zu weit, nicht die Luftlinie zählt, beim wirklichen Weg mußt du fast ein Drittel dazurechnen. Und das nicht auf Straßen, sondern querfeldein! Nein, du schaffst die Strecke nicht.«

»Das wäre ja gelacht. Ich bin inzwischen prima im Training, ich marschiere täglich herum, über Stock und Stein oft viele Kilometer.«

»Schlimm genug, immerzu warne ich dich, und du hörst nicht! Außerdem verirrst du dich, du hast keinen Kompaß und keine Karte.«

»Bin ich denn vernagelt? Bin ich ein Soldat?« Allmählich gerate ich in Zorn.

»Libussa!«

»Nein, wirklich: Das ist lächerlich. Ich weiß die Richtung, ich kenne den Weg, und zur Not gibt es immer noch unser verlassenes Bahngleis als Leitfaden.«

Jetzt findet er keine Argumente mehr – und brüllt darum: »Ich will es nicht, ich verbiete es!«

Merkwürdig: Während er brüllt, sehe ich seine Hände. Sie gleiten fahrig hin und her, die Finger trommeln ziellos – nein, schlimmer, sie zittern. Ich spüre: Da ist ja Unsicherheit. Oder vielleicht sogar, abgründig uneingestanden: Angst. Weil die Verhältnisse es fordern, habe ich mehr und mehr die Initiative übernommen, die Vater Jesko abhanden kam. Das verwirrt, das demütigt ihn; es sprengt sein Weltbild und verwundet sein Selbstbewußtsein. Und auf einmal spüre ich auch, wie ungerecht ich bin. Nicht um sich hat Vater Angst, sondern um uns Frauen, um Mutter und um mich. Was ihm abhanden kam, das ist vorab sein Stolz, seine Mannesrolle als Beschützer.

Mein Zorn verschwindet noch schneller, als er gekommen ist; ich sage so sanft wie möglich: »Vater, es tut mir leid, mit dem Verbieten ist es vorbei. Ich gehe nach Karzin, und ich werde bald zurück sein.« Gleich am folgenden Tag breche ich noch vor der Dämmerung auf.

Es wird ein Pirschgang eigener Art. Dieser Frühling 1945 ist so sonnig und warm geblieben, wie er begann; schon kündigt er den Sommer an. Man gerät in Versuchung, mit Paul Gerhardt zu singen:

»Geh aus, mein Herz, und suche Freud
in dieser lieben Sommerzeit
an deines Gottes Gaben.
Schau an der schönen Gärten Zier
und siehe, wie sie mir und dir
sich ausgeschmücket haben.«

Gewiß: Wo einmal Rehe längs der Chausseen ästen, gibt es sie nicht mehr; die motorisierten oder berittenen Mörder haben sie rücksichtslos abgeknallt. Hier aber, im Verschwiegenen abseits der Heerwege, trifft man sie noch. Ich sehe auch Wildschweine, eine Bache, die Frischlinge führt, ich sehe den Fuchs und die Hasen. Spechte hämmern, Kuckucke rufen, Wildtauben gurren; man hört »Vogel Bülow«, den Pirol. Dabei muß man spähen und lauschen und stets auf der Hut sein. Doch ich treffe weder Deutsche noch Russen, und schon vor der Mittagshitze erreiche ich Karzin.

»Frau von Puttkamer, unsre Gnäd'je? Na, im Schloß tut sie wohnen, wo denn sonst?« Die Frau am Dorfrand, die im Garten arbeitet und bei der ich mich vorsichtig erkundige, stemmt ganz empört ihre Arme in die Hüften, als sei es abwegig, etwas anderes anzunehmen.

»Tatsächlich, oben, wie immer?«

»Oben, das ist jetzt im Keller. Sonst, na ja, so 'n bißchen ist da die Kommandantura.« Dann ein mißtrauischer Blick: »Sagen Se, Fräulein, was wollen Se eigentlich von unsrer Gnäd'jen?«

»Ich will sie besuchen, ich bin ihre Enkelin aus Rumbske.«

»Ach so, ja dann!« Die Frau stellt ihre Hacke beiseite, das Unkraut im Salat bleibt einstweilen von der Ausrottung verschont, und auf einem Pfad hinter den Hausgärten entlang werde ich bis dicht vor mein Ziel geleitet. Aus einem Gebüsch halten wir Ausschau: »Alles ruhig, grüßen Se man schön!« Ich husche zur Kellertür und hinein.

»Libussa, mein liebes, liebes Kind!« Die alte Frau, jetzt in ihrem dreiundachtzigsten Lebensjahr, springt auf und schließt mich in die Arme. Ach, diese Großmutter: Zierlich und sehr beweglich war sie immer und ist es geblieben; »meine Kletterziege« hat sie der Großvater manchmal zärtlich genannt, der vor vier Jahren starb. Vor allem aber hat sie ein großes und gütiges Herz: Nicht von ungefähr wird sie »Frau Liebe« genannt. Dazu noch ist sie witzig und schlagfertig, aus dem Stegreif kann sie herrliche Uz-Verse produzieren. Aber wenn es darauf ankommt, beweist sie Courage und sogar Härte. Oft schon habe ich gedacht, daß in ihrem Rückgrat eine Stahlfeder stecken müsse.

Zwei Frauen teilen die Kellerbehausung mit der Großmutter: ihre Schwester Mirjam und ihre langjährige Haushälterin, Vertraute und Freundin Hannah Brandt. Das große Erzählen beginnt, und erst einmal komme ich überhaupt nicht dazu, Fragen zu stellen, weil ich selbst berichten muß. Gottlob gelten unverbrüchliche Prinzipien: Nach dem Mittagessen – Brennesselsuppe, Pellkartoffeln und Salat vom Löwenzahn – bittet Frau Liebe um eine Pause; sie »zieht sich zurück«, wie es der Tradition gemäß heißt, und Tante Mirjam folgt ihr zur Nachmittagsruhe. Das gibt Hannah Brandt Gelegenheit, mir eine doppelt bewegende Geschichte anzuvertrauen.

Ihr erster Teil spielt in Lübzow, zwei Kilometer von Karzin entfernt an der Chaussee nach Stolp. Hier lebte Eberhard von Braunschweig, ein unerbittlicher Gegner der braunen Spießgesellen. Immer wieder war er verwarnt oder verhört, zeitweise aus Pommern verbannt und mehrfach verhaftet worden, zuletzt nach dem Attentat vom 20. Juli 1944. Als nun die Russen anrückten, blieb er in seinem Hause: Was sollte er, der in Stadt und Land bekannte Feind der Nazis, denn fürchten? Doch die Eroberer, wohl nicht bloß vom Siege berauscht, sahen den Gutsherrn, nicht den Antifaschisten. Zum Erklären blieb keine Zeit: Eberhard von Braunschweig wurde mit seiner Familie niedergeschossen.

Die Dämmerung, die Nacht zog herauf. In Karzin wußte man, daß der Einmarsch unmittelbar bevorstand. Laut genug war von Lübzow her das Schießen, das Dröhnen der Panzermotoren und das Kettenrasseln zu hören. Aber Frau Liebe erklärte, daß es Zeit sei zum Schlafen – und »zog sich zurück«.

Gleich darauf polterten die Soldaten ins Haus. Einer, seine sozusagen noch rauchende Maschinenpistole im Anschlag, erschien vor dem Bett der Großmutter, deutete an, was vor einer Stunde im Nachbardorf geschehen war, und verlangte, daß sie das Bett räume, weil er da seinen Rausch ausschlafen wolle. Doch er bekam zu hören: Das gehe leider nicht, dies sei ihr Bett. Sie sei eine alte Frau und brauche jetzt ihren Schlaf. Aber ein Bettvorleger sei ja da, eine Decke und ein Kissen könne sie ihm ebenfalls abtreten. Und: »Ich kann für uns beide beten.« Sie faltete die Hände und sprach das Vaterunser. Der eben noch blutrünstige Krieger, verblüfft, verwirrt, angerührt, tat, wie ihm geheißen. Und so verbrachten der Soldat und die Großmutter den Rest der Nacht friedvoll nebeneinander.

»Ach, Libussa«, schließt Hannah Brandt ihren Bericht, »es war eine grauenvolle Nacht, ich werde sie nie vergessen. Wir Frauen, du weißt... Aber am Morgen habe ich mich zusammengerafft und bin zum Schlafzimmer vorgedrungen. Stell dir das vor! Man erwartet das Entsetzliche, das Schlimmste, und dann sehe ich dieses Bild, die leibhaftige Idylle: der Soldat und die Großmutter. Durch mein Kommen sind die beiden aufgewacht. ›Guten Morgen‹, hat Frau Liebe gesagt. Und dieser Soldat ist ruhig in seine Stiefel gestiegen, hat das Käppi aufgesetzt, den Rock straffgezogen und die Maschinenpistole umgehängt. Dann hat er salutiert, und dann ist er abmarschiert.«

»Hannah, was für eine Geschichte! Nur: Wem soll man sie erzählen? Falls wir friedliche Zeiten jemals wieder erleben, wird keiner sich das vorstellen können und keiner uns glauben.«

»Aber wahr bleibt es doch. Außerdem: Hier liegt der Bettvorleger. Er heißt jetzt nur noch ›das Russenlager‹, und wenn jemand uns besucht, schläft er darauf. Du kannst es gleich heute abend probieren, denn etwas anderes haben wir ja nicht zu bieten.«

»Erzähl bitte, wie es weitergegangen ist.«

»Eigentlich so, wie es anfing. Natürlich, wir mußten das Haus oben räumen und haben bloß die beiden Kellerräume: den einen, in dem Frau Liebe und Mirjam wohnen, und diesen hier mit meinem Bett, mit dem Tisch, an dem wir sitzen, und mit dem ›Russenlager‹. Aber es reicht zum Leben, und daß oben die Kommandantura sich eingenistet hat, das bringt sogar Vorteile. Hier gibt es keine Plünderungen und Überfälle. Und wenn der Herr Kommandant eine gemütliche Stube haben will, wird durch die Zentralheizung unsere mitgewärmt; manchmal fällt sogar etwas zum Essen ab. Nur, der Schlüssel zu allem, das ist eben Frau Liebe. Sie ist unser Schutzschild, als Respektsperson auch für die Russen, auch für die Kommandanten.«

»Aber wechseln die nicht dauernd, wie bei uns in Rowen?«

»Selbstverständlich. Doch das macht nichts, das vererbt sich irgendwie – schwer zu sagen, wie es geschieht. Manchmal denke ich: Da muß es ein Papier geben, eine Dienstanweisung, die jeder an seinen Nachfolger weiterreicht. Darauf steht: ›Hüte die Babuschka im Keller – und sonst hüte dich, es ist nicht mit ihr zu spaßen!‹ Oder vielleicht ist es ganz einfach so: Immer freundlich und würdig geht Frau Liebe mit diesen Herren um, vollkommen unbefangen und ganz ohne Furcht. Und notfalls energisch. Neulich hat sie einen jungen Russen gefragt: Ob er sie nicht kenne? ›Doch, warum?‹ Weil er ihren Gruß nicht erwidert habe. Der Mann war sicher erschrocken, und ich glaube, falls das dem Kommandanten zu Ohren gekommen wäre, hätte der ihm wahrscheinlich den Kopf gewaschen. Jedenfalls, mit dem Grüßen funktioniert es seitdem.«

»Allmählich verstehe ich diese Frau aus dem Dorf, die mich hergeführt und gesagt hat: ›Oben‹ ist im Schloß jetzt im Keller, mit so 'n bißchen Kommandantura dabei.«

»Na ja, das ist leider sehr übertrieben. Allerdings, ihre Krankenbesuche im Dorf, die macht Frau Liebe wie immer, selbst wenn sie nichts mehr mitzubringen hat. Oder doch etwas, das Wichtigste sogar: ihren Zuspruch und Trost. Es mag sein, daß das auch eine Rolle spielt, weil das Echo im Dorf die Russen beeindruckt.«

Frau Liebe und Tante Mirjam beenden ihre Mittagsruhe, das Erzählen beginnt von neuem; der Nachmittag und der Abend vergehen wie im Fluge. Dann strecke ich mich aufs »Russenlager« und schlafe sofort und vortrefflich.

In der Dämmerung des kommenden Tages beginne ich meinen Rückmarsch, von den guten Nachrichten beschwingt, die ich mit mir trage. Die Sonne kündigt ihren Aufgang an, Tauperlen glänzen überall im Gras, jeder Atemzug trägt Düfte herbei, die Vögel stimmen sich zum Morgengesang ein. Dies ist wahrhaftig ein Frühling, wie es kaum einen gab …

Sommerwochen im Gärtnerhaus

Der Ruf des Käuzchens

Der Arbeitsbereich »Generalgouvernement« ist die eigenartigste Bildung der NSDAP. Es muß unser Ziel sein, daß wir dieses Land völlig dem deutschen Volkstum erobern. Das wird in einigen Jahrzehnten sicherlich der Fall sein, vielleicht gelingt es schon früher. Es wird vor allem so sein, daß, wie der Führer das letzte Mal beim Essen sagte, der Generalgouverneur die Absicht habe, aus dem Generalgouvernement den arischsten Gau des deutschen Reiches zu machen. Ich erwiderte dem Führer: Ich nehme Sie beim Wort, das ist auch unsere Absicht; wir sind durch die Juden am tiefsten gesunken, wir wollen ohne sie am höchsten steigen. Der Führer hat mir versprochen, daß das Generalgouvernement in absehbarer Zeit von Juden völlig befreit sein werde. Außerdem ist klar entschieden, daß das Generalgouvernement in Zukunft ein deutscher Lebensbereich sein wird. Wo heute 12 Millionen Polen wohnen, sollen einmal vier bis fünf Millionen Deutsche wohnen. Das Generalgouvernement muß ein so deutsches Land werden wie das Rheinland. Und wenn mir einer sagt: Das ist doch unmöglich, dann kann ich ihm nur erwidern: Ist die Tatsache, daß wir in Krakau sitzen, daß wir in Warschau und Lublin Parteihäuser haben, vielleicht möglicher gewesen, als daß dieses Land, wenn wir es schon beherrschen, deutsch wird?

Frieda ist nach Rowen gekommen, um zum zweiten Mal und endgültig Abschied zu nehmen. Mit ihrer Schwester Anna und den beiden Kindern will sie aus Rumbske fort zu Verwandten ziehen. »Und dann vielleicht bald weiter, nach Deutschland, ins Reich.«

»Nach Deutschland, ins Reich? Was soll das denn bedeuten, wo sind wir denn hier?«

So genau weiß Frieda es auch nicht. »Bloß, es gibt so Gerüchte.«

Doch nicht darum dreht sich im Augenblick das Gespräch, sondern um die Gärtnerwohnung in Rumbske, die nun frei wird. Frieda fragt, ob wir sie nicht beziehen wollen, und vieles, beinahe alles spricht dafür. In Rumbske sind wir wirklich zu Hause; die Wohnung ist geräumiger als unsere jetzige Behausung. Sie grenzt unmittelbar an den Park, in dem man Holz sammeln kann, und an den großen Gutsgarten mit seinen Schätzen an Obst und Gemüse; in der Küche fließt das Wasser aus einer Leitung, man muß es nicht mühsam erst von der Pumpe im Hof herbeischleppen. Und nicht zu vergessen: Die Brennerei, in der die Milch für Claudia fließt, liegt kaum zweihundert Meter entfernt.

Fast ist der Umzug schon beschlossen, da meldet Vater Jesko seine Bedenken an: Was werden die Russen wohl sagen, wenn nun »die Herrschaften« heimkehren?

Im Zweifelsfall gar nichts. In Rowen, nur zwei Kilometer von Rumbske entfernt, leben wir seit Wochen schon unbehelligt, zumindest nicht mehr behelligt als die anderen Einwohner. Niemandem kann entgangen sein, wer wir sind. Warum also immer diese Bedenken? Ich fühle den Ärger in mir aufsteigen und sage: »Wir können es ja feststellen. Gleich morgen früh, wenn ich wieder in der Brennerei bin, besuche ich den Kommandanten und bitte um seine Erlaubnis. Von Frau Vietzke ist es ja bloß über den Flur.«

Ach, hätte ich geschwiegen! Sofort prasselt eine Bußpredigt auf mich ein, meinen Leichtsinn, den Mangel an Verantwortung und überhaupt mein ganzes Verhalten betreffend. Doch nun erst recht: Am nächsten Tag mache ich den Besuch, das Kind auf dem Arm und vom Brennermeister Walter Vietzke begleitet, der im täglichen Umgang mit den neuen Herren schon ein paar Brocken Russisch gelernt hat. Die mehr gesten- als wortreiche Unterhaltung bleibt dennoch mühsam, und sie mündet in eine Überraschung: Der Kommandant erklärt sich für unzuständig; ich soll zum polnischen Bürgermeister gehen.

Zum polnischen Bürgermeister? Von dem habe ich noch nie etwas gehört. Oder habe ich, haben wir alle womöglich übersehen, daß eine andere, neue Besatzungsmacht sich entwickelt, weil wir gebannt bloß auf die Russen starrten? Während ich zu diesem zweiten Amtsbesuch durchs Dorf wandere, fällt mir ein, was ich zwar gesehen und gehört, aber nicht eigentlich wahrgenommen habe. In letzter Zeit tauchen tatsächlich immer mehr Polen auf, zusätzlich zu denen, die es schon als Kriegsgefangene oder Zwangsarbeiter gab. Sie übernehmen einen Bauernhof nach dem anderen; Knechte und Herren tauschen die Rollen. Und hat nicht neulich jemand erzählt, daß er der »Milizei« begegnet sei – der Miliz also als einer eigenen, original polnischen Mischung aus Militär und Polizei, die sich von den Russen durch ihre anders geschnittenen Mützen unterscheidet? Hieß es nicht auch, daß es in Glowitz bloß noch polnische Geschäfte gebe und daß man dort mit Złotys statt mit Reichsmark oder Rubeln bezahlen müsse?

Der Bürgermeister wohnt beim Amtsvorgänger auf dem Hof von August Kuschel. Er sitzt hinter seinem Tisch, der mit Papieren bedeckt ist. Während ich vortrage, worum es geht, schaut er mich prüfend an; als ich einzeln unsere Namen nenne, huscht bei der Erwähnung von Vater Jesko ein Lächeln vorüber. Dann gleitet der Amtsfinger übers Papier, Seite um Seite stets neu befeuchtet; offenbar handelt es sich um Einwohnerlisten. Festklopfen am gesuchten Punkt: »Das Gärtnerhaus, früher Rudolf und Anna Kaminsky, geborene Sonnemann?«

»Ja.«

»Keine Einwände, sehr gut.« Schemenhaft wieder das Lächeln, dann eine Handbewegung: Abtreten, der Nächste! – obwohl niemand sonst wartet. In die Erleichterung freilich, nun sozusagen mit dem Behördenstempel versehen und beglaubigt zu sein, mischt sich in der Tiefe ein Unbehagen: Sollte dieses »Sehr gut« etwa heißen: Da seid ihr unter Kontrolle, unter meiner Macht?

Wie immer: Der Umzug geht rasch vonstatten. Hinkebein wird noch einmal ausgeliehen und zieht so lahm wie kräftig den Wagen mit unserer Habe. Grete Krupps, unsere neue Nachbarin, begrüßt uns herzlich und hilft beim Einzug. Anna und Frieda haben ihre Wohnung nicht nur vorbildlich sauber, sondern mit wahren Schätzen für unseren künftigen Alltag hinterlassen, mit Stühlen zum Beispiel, die die Sitzmöglichkeiten um »Maries Erbstück« vervollständigen, und sogar mit Vorhängen an den Fenstern. Auch sonst lösen sich die Probleme: Fräulein Rahn hat bereits bei Berta und Oma Kreft Quartier bezogen; für die Biedermanns findet sich im Dorf immerhin eine Schlafkammer samt Bett; Fräulein Trautmann faßt den tapferen Entschluß, den Aufbruch ins Ungewisse zu wagen und sich in die ferne Heimat, nach Wuppertal, durchzuschlagen.

Diese fast schon komfortabel eingerichtete Wohnung in schöner Ruhelage etwas abseits vom Dorf unter den alten Bäumen des Parks: eine Sommeridylle im Gärtnerhaus? Nicht ganz. Denn die Idylle zeigt bald ihre fatale Kehrseite; gerade die Lage im Abseits fordert Überfälle und Plünderungen heraus. In der Mitte der Dörfer sind sie allmählich selten geworden; es heißt sogar, daß strenge Weisungen und Verbote die Moral der Soldaten wahren oder wiederherstellen sollen.

Ich habe zu meinem größten Befremden feststellen müssen, daß trotz ergangener Befehle immer wieder Plünderungen, teilweise übelster Art, wie Wegnahme unter Bedrohung der Bevölkerung, Fortnahme der einzigsten Kuh, Herumstrolchen und Diebstähle in Abwesenheit der Bewohner und andere gemeine Verbrechen, wie übelste Vergewaltigungen, besonders im rückwärtigen Gebiet vorkommen. Diese Schandtaten lassen in ganz erschreckendem Maße auf eine bedenkliche Lockerung der Disziplin, vor allem der nicht im Kampf stehenden Truppen, schließen. Es ist nunmehr höchste Zeit, mit den unberechtigten Versorgungsmethoden, den Raubzügen, den Plünderungsfahrten auf große Entfernungen, allem sinnlosen und verbrecherischen Treiben restlos Schluß zu machen!

Wo niemand sieht, was geschieht, nützen indessen keine Befehle. In der Nacht stürmen die Banditen ins Haus, manchmal maskiert; es ist sinnlos, die Tür zu verschließen, weil sie dann nur aufgebrochen und zerstört würde. Und je weniger die Räuber noch finden, was den Überfall überhaupt lohnte, desto wütender hausen sie. Jedesmal müssen wir unsere verwüsteten Räume unter Mühen wieder bewohnbar machen.

Nur ein Umstand schafft uns wenigstens zeitweise Erleichterung: Grete Krupps hat einen russischen Feldwebel zum Freund. Warum auch nicht? Seit Jahren hat sie ihren Mann nicht mehr gesehen, seit Monaten nichts von ihm gehört. Wer ohne Fehl ist, werfe den ersten Stein. Und wir zumindest haben den Vorteil: Wenn der Herr Feldwebel, der in einem Nachbarort stationiert ist, abends hoch zu Roß auftaucht und das Pferd an der Gartenbank vor dem Haus festbindet, wenn sein Schmachtruf »Margarete« ertönt, dann wissen wir, daß wir in dieser Nacht ruhig schlafen können.

Ein anderes und zunehmend schwieriges Problem ist die Ernährung. Zwar wird Claudia von ihrer Amme getreulich versorgt, und ein neuer, energischer Kommandant hat im Kuhstall von Rumbske wieder eine bescheidene Herde zusammengebracht. Seitdem wird wenigstens den Kleinkindern täglich ein halber Liter Milch zugeteilt. Aber der Schock, den der Abtransport der Maschinen und das Wegtreiben des Viehs verursachten, bleibt überall spürbar. Die Sorge um die Zukunft geht um; kaum jemand möchte von dem, was er hat, noch etwas abgeben. Allenfalls Kartoffeln kann man vorläufig auftreiben, doch bereits das Mehl wird knapp. Wir strecken es mit gemahlener Birkenrinde; zum Backen liefert uns Walter Vietzke aus der Brennerei flüssige Hefe. Das Brot, das damit entsteht, schmeckt durchaus. Nur hat es die fatale Eigenschaft, beinahe umgehend zu schimmeln, jetzt unter der Sommerwärme erst recht.

Spätestens am dritten, manchmal schon am zweiten Morgen muß man die Stellen mit dem grünlichen Pilzbefall wegschneiden, und am vierten Tag bleibt kaum noch Eßbares übrig. Von Fett und von Eiern kann ohnehin keine Rede mehr sein; Fleisch gibt es einzig dank der Vorsorge von Marie. Sie hütet das Pökelfaß allerdings wie ihren Augapfel; nur am Sonntag bekommt jeder eine kleine Zuteilung. Die Knochen werden anschließend dreifach ausgekocht.

Je größer der Mangel, desto stärker lockt der Gutsgarten mit Rhabarber, Spinat und Kopfsalat, mit seinen Himbeeren, Stachel- und Johannisbeeren. Auch die Erbsen, ja selbst die Augustäpfel reifen in diesem Jahr schon vorzeitig und so üppig wie nie heran.

Nur, leider: Die Russen haben den Garten übernommen und lassen dort Tag und Nacht einen Posten patrouillieren. Er vermag uns indessen so wenig abzuhalten wie Vater Jeskos ängstlicher Einspruch. Der Garten ist groß, der Posten kann nicht überall sein, und durch die Stille der Nacht hört man ihn auf den Kieswegen auf und ab marschieren. In der langen Mauer, die den Garten zum Park hin abschirmt, klafft übrigens ein Loch, das wir vorsichtig noch erweitern, bis es sich zum Ein- und Ausstieg vortrefflich eignet.

Während ich, ausgerüstet mit einem Korb, den Raubzug beginne, steht Mutter Schmiere. Sie hat neu erlernt und bis zur Vollendung geübt, was sie schon als Kind beherrschte: den Ruf des Käuzchens hinter den an den Mund gelegten, im Wechsel geöffneten und wieder verschlossenen Händen. Drei Rufe sagen: Vorsicht, etwas ist nicht geheuer. Und der zweifache Ruf mit nur kurzem Abstand bedeutet die höchste Alarmstufe.

Dieser Ruf des Käuzchens, einst so vertraut: Wie selten ist er inzwischen geworden. Aber wenn ich ihn einmal höre, dann versetzt er mich sofort wieder zurück unter die Himbeerbüsche im Gutsgarten von Rumbske: Gefahr im Verzuge!

Spähtrupp und Spinat

Friedas seltsame Bemerkung über »Deutschland« und »das Reich«, Fräulein Trautmanns Aufbruch nach Wuppertal, die polnische Invasion samt Bürgermeister, »Milizei« und Złoty-Währung: Mosaiksteine allenfalls, aber noch kein Bild. Mir läßt es keine Ruhe. Wohin wird die Entwicklung uns führen?

Wenn der Krieg tatsächlich zu Ende ist und in Pommern eine Art von Generalgouvernement entsteht, jetzt mit umgekehrten Vorzeichen, mit den Polen als Herren und den Deutschen als Knechten, dann scheint es wenig sinnvoll, hier auszuharren und zu warten, bis die Vorräte restlos erschöpft sind und im Winter womöglich der Hunger uns umbringt.

Dann wäre es besser, so bald wie möglich die Ausreise in den Westen zu versuchen, koste es, was es wolle, sofern überhaupt ein Schlupfloch sich öffnet. Irgendwo dort drüben, hinter der Oder oder jenseits der Elbe, muß es doch Gebiete geben, die nicht von Russen oder von Polen, sondern von den Amerikanern und Engländern besetzt sind. Der letzte Wehrmachtbericht, den wir hörten, meldete ihren Vormarsch zum Rhein; sie werden dort nicht stehengeblieben sein. Meine Freundin M. hat vor ein paar Jahren auf ein Gut in Holstein geheiratet: Ob wir da vielleicht eine Zuflucht finden?

Leider weiß niemand wirklich Genaues. Man watet sozusagen im Morast der Gerüchte, abwechselnd an der Angst und am Hoffen entlang. Wie soll man da planen? Bloß auf Hoffnungen hin das Gärtnerhaus und unsere mühevoll angesammelte Habe aufgeben und womöglich hilflos irgendwo stranden: Das wäre verhängnisvoll; für das Kind könnte es den Tod bedeuten. Darum dürfen wir nicht wagen, was Fräulein Trautmann getan hat.

Aber wie sieht es in Stolp aus? Dort gibt es wahrscheinlich Armeestäbe, vielleicht schon Zivilbehörden, die einen Überblick haben. Und dort liegt der Bahnhof, von dem einmal unsere Fernzüge abfuhren. Verkehren sie noch oder wieder, werden Deutsche mitgenommen, die ausreisen wollen? Das müßte man erkunden.

Erst einmal nehme ich Mutter beiseite, um meinen Plan mit ihr zu besprechen. Drei Tage werden wohl nötig sein: der erste für den Marsch nach Karzin, der zweite für den Weg nach Stolp und die Erkundungen, der dritte für die Rückkehr nach Rumbske. Mutter sagt so bündig wie stets: »Kind, das ist vernünftig. Versuch es!« Gemeinsam ziehen wir Vater Jesko ins Vertrauen; mit Bedacht mische ich unter meine Überredungskünste die soldatischen Begriffe: Spähtruppunternehmen, Aufklärung der Feindlage. Und verblüffend genug stoße ich kaum auf Widerstand.

Den Schleichweg nach Karzin kenne ich nun schon, und wieder erreiche ich mein Ziel ohne Zwischenfall. Als ich erkläre, was ich vorhabe, sagt Hannah Brandt rasch entschlossen: »Libussa, ich komme mit! Weißt du, inzwischen haben wir auch einen Polen als Bürgermeister, und mit dem wird nicht einmal Frau Liebe fertig. Neulich ist er bei uns erschienen, hat sich aufgeplustert und erklärt: Wir hätten hier nichts mehr verloren, wir sollten verschwinden. Gottlob kam dann der Herr Kommandant und hat den Kerl rausgeschmissen. Aber jetzt haben wir einen Feind; vielleicht müssen wir bald alle fort. Nur der Himmel weiß, wie lange unsere guten Russen noch bleiben und uns beschützen.«

Unsere guten Russen: welch eine verrückte Wendung. Mord und Brand gehen wie die Masse der Vergewaltigungen und Plünderungen auf ihr Konto. Und doch und zugleich steckt selbst in dieser Gewalt noch etwas, was sich nachfühlen läßt: sei es Auge um Auge ein Drang nach der Rache, sei es ein Übermut oder das Faustrecht von Siegern. Die Polen aber sind keine Sieger, sondern deren Gefolgschaft. Darum hat ihre Machtergreifung eine andere Qualität. Etwas Kaltes, etwas Verstecktes und Schleichendes, um nicht zu sagen Verschlagenes ist darin – und in diesem Sinne etwas weit abgründiger Unheimliches als die rohe Gewalt.

Zehn Kilometer von Karzin bis Stolp; schon am Morgen sind wir dort. Das Ortsschild wurde frisch übermalt: »Słupsk« steht jetzt darauf, mit einem Schrägstrich durchs l. Unser Stolp, unser »Klein-Paris«, wie wir es liebevoll einmal nannten, unsere hinterpommersche Hauptstadt: Von den Schildern abgesehen, wirkt sie auf den ersten Blick nur wenig verändert. Der Bismarckplatz: Da, dort drüben, wohnte einmal die Großmutter – die andere, die gefürchtete »eiserne Gräfin«. Den eisernen Kanzler hingegen, den gibt es noch, freilich von seinem Sockel herunter in den Staub gestoßen und kopflos. Sic transit gloria mundi, vom Ruhm zum Schrott.

Der Schauder wartet nur wenig weiter, gleich hinter dem alten Stadttor, das das Neue Tor heißt: Trümmer, Schuttmassen, so weit man sehen kann, die ganze Innenstadt ein Ruinenfeld. Ruine auch, aber hoch noch ragend die mächtige Gottesburg aus Backstein, die Marienkirche. Der Marktplatz mit seinen Bürgerfassaden und mit Mund's Hotel: dahin, dahin. Warum nur, zu wessen Nutzen diese Verwüstung? Es gab doch keine Verteidiger und keinen Kampf mehr, nur die Brandstiftung der Eroberer.

Aber wir sind nicht zum Trauern hier, sondern als Spähtrupp. Überall sieht man erdbraune Uniformen: russisches Militär und die polnische Miliz. Wir halten uns lieber an die Ureinwohner im verschlissenen Zivil. Nach fünf vergeblichen Anläufen bekommen wir Auskunft: Hinter dem Rathaus gibt es eine Art von Dienststelle, eine Registratur für die Deutschen. Wir finden sie, wir reihen uns in die Schlange der Wartenden ein. Anderthalb Stunden bis vor die Amtstür, dann ein kleiner und kahler Raum, ein Schreibtisch samt Stuhl, ein hagerer, müder Mann. Er sieht uns kaum an, er blickt ins Leere oder hält die Augen geschlossen.

»Sie wünschen?« Wenigstens der Behördenton funktioniert wie früher.

»Wir möchten fragen, ob es Möglichkeiten für eine Ausreise gibt.«

»Wissen Sie das nicht? Wo kommen Sie her?«

»Vom Land, aus Karzin und aus Rumbske. Und da weiß niemand etwas, darum sind wir doch hier.«

»Vom Land, na ja. Also nach Deutschland, ins Reich wollen Sie?« Da ist sie wieder, diese seltsame Wortwahl, die uns kurzerhand ausschließt. »Sie brauchen die Genehmigung von Ihrem Bürgermeister. Er muß beglaubigen, daß nichts gegen Sie vorliegt.«

»Aber dann geht es, es gibt dann die Züge?«

»Das sage ich doch. Handgepäck und für drei Tage Verpflegung.«

Mehr läßt sich nicht herausbringen. Auf die Frage

nach den Umständen solch einer Reise gibt es bloß Achselzucken, ein ungeduldiges Fingertrommeln auf dem Tisch, den leeren Blick durch uns hindurch.

Immerhin haben wir mehr erfahren, als wir zu hoffen wagten; kühn beschließen wir, nun am Bahnhof zu erkunden, wann die Züge »ins Reich« denn abfahren und wie sie wohl aussehen. Dieser Vorstoß mißlingt freilich, barsch weisen die Posten der Miliz uns ab: Kein Zutritt ohne Papiere. Aber wir hören die vertrauten Signale: Waggonpuffer krachen beim Rangieren aufeinander, eine Lokomotive bläst Dampf ab.

Unser Heimweg dauert fast doppelt so lange wie der Anmarsch nach Stolp, nicht weil jemand uns aufhält, sondern weil wir unwillkürlich Pausen einlegen, um zu beraten. Wie schwer wird es sein, eine Entscheidung zu treffen! Wir wissen nicht, wie unsere Zukunft aussieht, falls wir bleiben. Und wir wissen nichts über die Umstände einer Ausreise, nichts über die Verhältnisse im »Reich«. Was wir auch tun, es könnte das Falsche sein. Doch erst im Rückblick werden wir das erkennen. Schließlich – schon in Karzin, schon tief in der Nacht – erfinden wir einen Stufenplan. Zunächst wollen wir bei den Bürgermeistern vorsprechen und die Papiere besorgen, die notwendig sind. Mit diesen Papieren werden Hannah Brandt und ich dann in den Bahnhof vordringen. Und dann... Dann, hoffentlich, sehen wir klarer und weiter.

Am dritten Tag melde ich mich im Gärtnerhaus

von der Erkundung zurück, präzise wie vorgesehen. Doch merkwürdig: Meine Neuigkeiten und Pläne finden wenig Interesse. Vater Jesko sitzt verloren da und schaut zum Fenster hinaus. Mutter bleibt angespannt und verzieht keine Miene. »Dicke Luft!« Aber warum nur, was um Himmels willen ist inzwischen passiert? Gab es einen Überfall oder sonst ein Unheil? Nein, nichts von der Art.

Schließlich nehme ich Marie beiseite – und bekomme zu hören, daß es um den Spinat ging.

»Der war alle, und die Frau Baronin …, also Mutter hat gesagt: ›Heute nacht müssen wir in den Gutsgarten zum Klauen. Das Kind braucht doch Spinat, es ist daran schon gewöhnt. Und wir können nicht warten, bis Libussa zurück ist, und immer ihr alles aufladen.‹ Der Herr Baron hat sich sehr aufgeregt: Das geht nicht, und er will nicht als Dieb herumkriechen, und die Mutter, die darf das schon gar nicht. Sie war dann still, aber in der Nacht, als er schlief, ist sie aus dem Fenster, und heute morgen war der Spinat plötzlich da. Er hat ihn gesehen, und er hat losgeschrien – von der Ehr' und von Schande und solch schlimmen Sachen. Bloß diesmal, da ist die Mutter nicht still geblieben.

Sie hat gesagt: ›Es ist nicht um die Ehr', es ist um das Kind.‹ Und wenn es nötig ist, wird sie es wieder tun. Ja, Libussa, und dann, dann hat keiner mehr noch was reden wollen.«

O diese Preußen, diese deutschen Männer! Sie sind so tüchtig, einfach fabelhaft, die halbe Welt kann man mit ihnen erobern: Die Würde des Amtes und die Aufgabe, die Pflicht und die Ehre, Sieg oder Untergang! Im Untergang aber, da sind sie auf einmal zu gar nichts mehr nütze, nicht einmal dazu, Spinat zu klauen, und wir, die Frauen, können zusehen, wie wir die Kinder satt kriegen.

Würde man Vater Jeskos Uniform aus dem Zakkenziner Schlamm wieder hervorholen, in den sie versenkt wurde, würde man sie aufpolieren, sie ihm anziehen samt Orden und Ehrenzeichen, ihm einen Säbel in die Hand geben und sagen: »Da steht der Feind, also vorwärts zum Angriff!« – es wäre nicht das Problem.

Ich verstehe sie sogar, diese Männer. Man hat sie so erzogen, Generation um Generation. Nur eben: Zum Spinat sich zu bücken und auf dem Bauche zu kriechen fürs schlichte Überleben, ganz ohne Ehre und Amt, dazu taugen sie nicht. Das bleibt dann für uns.

Höllenpforte, Branntwein und Brot

Ich wurde zu einem Empfang in Hamburg eingeladen, die beste Gesellschaft. Die Leute waren informiert, daß in meinem Lebenslauf Auschwitz vorkam. Und eine Dame fragte mich. »Sie sind wohl Jude?«

Ich sagte: »Nein, ich bin polnischer Katholik.« Und ich merkte, daß 20 Jahre nach dem Krieg die Deutschen noch nicht begriffen hatten, warum Auschwitz begründet wurde: um die polnische Oberschicht zu vernichten. Die Idee, die Juden zu vergasen, wurde erst eineinhalb Jahre später in die Tat umgesetzt. Das ist in Polen jedem Kind bekannt. Aber hier war erschütternd für mich: Hier war das neu.

Ein Sonntagmorgen, wie er sein soll: Die Nacht blieb ruhig; mit dem gesättigten Kind im Arm kehre ich aus der Brennerei zurück. Warm, aber noch nicht heiß fächelt ein Anhauch von Wind; im Sommerhimmel jagen die Schwalben. Gerade bindet der Logiergast unserer Nachbarin sein Pferd von der Gartenbank los. Das Kind lächelt ihn an, er lacht zurück, steigt in den Sattel, grüßt und reitet davon. Aus geöffneten Fenstern duftet verführerisch schon der Kaffee, den Marie uns an diesem Morgen spendiert.

Kaum sitzen wir am Frühstückstisch, da rollt ein Auto vors Haus. Türen schlagen, drei Uniformierte kommen herein, Männer von der Miliz. Der Anführer fragt nur: »Puttkamer?«

Vater Jesko steht langsam auf: »Ja, Freiherr von Puttkamer.«

»Verhaftung, mitkommen – sofort!«

Es bleibt keine Zeit, weder fürs Einpacken von Waschzeug und Kleidung, noch für Umarmung und Abschied. Groß und schlank, straff aufgerichtet geht Vater Jesko vor seinen Bewachern hinaus. Kein Winken mehr, kaum ein Blick zurück. Das Türenschlagen, das Anspringen des Motors, die Abfahrt; über der Trockenheit des Sommerweges schwebt und entschwindet eine kleine Wolke von Staub.

Mutter rührt sich nicht, sie sitzt am Tisch wie betäubt. Sie beherrscht sich, keine Tränen fließen, kein Klagewort ist zu hören. Doch ich ahne, ich weiß, was sie jetzt doppelt bedrängt. Es ist nicht bloß ein Schmerz der Trennung, die Angst um ihren geliebten Mann, die Ungewißheit, was aus ihm werden mag und wohin das Schicksal ihn führt. Es ist zugleich die Gewalt eines Vorwurfs, die Frage nach eigener Schuld: Handelt es sich etwa um das Werk des polnischen Bürgermeisters – und hätten wir nicht doch in Rowen bleiben sollen? Wäre dort vermieden worden, was hier in Rumbske geschah?

Die Frage findet Antwort. Noch am selben Tag hören wir aus Glowitz, daß es auch dort Verhaftungen gab. Bald treffen ähnliche Meldungen aus Zemmin, aus Gutzmerow, aus den anderen Orten ringsumher ein, und binnen einer Woche entsteht ein deutliches Bild: Es handelt sich um eine großangelegte Aktion. Wer als Bürgermeister, Ortsbauernführer oder sonstwie ein Amt bekleidete, wer als Handwerksmeister, als Gastwirt oder als Kaufmann in besonderem Ansehen stand, der wurde nun abgeholt. Vater Jesko wäre also in keinem Falle verschont geblieben, sei es nun in Rowen, in Rumbske oder wo immer in diesem Land. Es scheint, als wolle man planmäßig alle Männer mit Führungsqualitäten beseitigen oder jedenfalls ausschalten, die beim russischen Einmarsch die Serie der Selbstmorde und die Welle des Mordens überlebt haben.

Der Führer hat mir gesagt: Die Frage der Behandlung und Sicherstellung der deutschen Politik im Generalgouvernement ist eine ureigene Sache der verantwortlichen Männer des Generalgouvernements. Er drückte sich so aus: Was wir jetzt als Führerschicht in Polen festgestellt haben, das ist zu liquidieren, was wieder nachwächst, ist von uns sicherzustellen und in einem entsprechenden Zeitraum wieder wegzuschaffen... Wir brauchen diese Elemente nicht erst in Konzentrationslager des Reiches abzuschleppen, denn dann hätten wir nur Scherereien und einen unnötigen Briefwechsel mit den Familienangehörigen, sondern wir liquidieren die Dinge im Lande. Wir werden es auch in der Form tun, die die einfachste ist. Meine Herren, wir sind keine Mörder. Für den Polizisten und SS-Mann, der auf Grund dieser Maßnahme amtlich verpflichtet ist, die Exekution durchzuführen, ist das eine furchtbare Aufgabe. Wir können leicht Hunderte von Todesurteilen hier unterzeichnen; aber ihre Durchführung deutschen Männern, anständigen deutschen Soldaten und Kameraden zu übertragen, das bedeutet eine furchtbare Belastung.

Wohin aber hat man Vater Jesko gebracht, was ist aus ihm geworden? Die Ungewißheit überschattet alles, was wir seither tun, denn niemand weiß Antwort. Sicher scheint nur, daß wir unseren Plan für die Ausreise einstweilen begraben müssen. Vielleicht wird Vater wieder entlassen – morgen, übermorgen, in zwei Wochen oder zwei Monaten; dann wird er uns brauchen. Nie könnten wir uns verzeihen, wenn wir ihn jetzt im Stich ließen. Ich unternehme meinen dritten Marsch nach Karzin, damit Frau Liebe und Hannah Brandt nicht länger mit Hoffnungen umgehen, die zersprungen sind.

Wie stets, wenn das Wissen versagt, wuchern Gerüchte. Zunächst heißt es, daß man die Verhafteten nach Danzig gebracht habe – oder nach Warschau. Dann wieder: Die Polen hätten bloß als Handlanger der Russen gehandelt, das Ziel sei Sibirien. Aber auch von Stolp ist die Rede. Schließlich, nach fast drei Wochen, höre ich von einem Handwerksmeister in Glowitz, der ebenfalls verhaftet wurde und inzwischen zurückkehrte. Sofort besuche ich ihn. Wo war er, hat er Vater Jesko gesehen?

»Sie meinen unsern Herrn Major?«

»Natürlich.«

»Also mich haben sie ins Gefängnis nach Stolp gebracht. Total überfüllt war es, so viele haben sie doch verhaftet. Zehn, zwanzig Mann auf einer Zelle bloß mit zwei Pritschen, kaum zu liegen kam man. Und kaum was zu essen. Und dann der Gestank...«

»Ja, aber der Major?«

»Man langsam, langsam. Also gesehen hab' ich ihn nicht. Nicht direkt, man kam ja nicht raus aus der Zelle. Bloß gehört. Ja, gehört hab' ich's öfters. ›Unser Herr Major ist auch da‹, haben sie gesagt. Sie kennen ihn doch alle seit dem Marsch mit dem Volkssturm.«

Die erste wirkliche Nachricht immerhin, eine halbwegs gute dazu: Stolp, beinahe greifbar nahe, nicht Danzig, Warschau oder Sibirien. Freilich, solch eine Nachricht nur vom Hörensagen müßte man prüfen, sonst verliert sie sich rasch wieder im Zwielicht des Zweifels. Außerdem bringt mich eine Bemerkung dieses Handwerksmeisters ganz aus der Ruhe: »Kaum was zu essen.« Ich überlege hin und her, ich berate mit Mutter und fasse den Entschluß, nach Stolp und zum Gefängnis zu gehen. Die Chance, daß ich zu Vater Jesko vordringe, mag gering sein, aber sie ist den Versuch wert.

Vorweg aber ein Gang zu Walter Vietzke. Der Brennermeister arbeitet jetzt im Auftrag und unter dem Schutz der Kommandantura. Doch längst steht seine Anlage nicht mehr unter Zollverschluß; kein Russe kann kontrollieren, was – in Maßen – vom kostbaren Produkt heimlich abgezweigt wird. Walter Vietzke verschafft mir zwei kleine Flaschen mit dem hochprozentigen Branntwein. Dann macht sich Marie ans Brotbacken. Mit der doppelten Fracht im Rucksack trete ich meinen vierten Marsch nach Karzin an.

Einmal mehr reagiert Hannah Brandt so rasch wie beherzt: »Libussa, da lasse ich dich nicht allein gehen. Ich komme mit!« Eine Nacht noch auf dem bereits gewohnten »Russenlager«, dann beginnen wir unsere Wanderung zum Gefängnis.

Das große Gebäude, hinter Mauern halb verborgen und bis auf den Eingang durch Stacheldraht zusätzlich abgeschirmt: Es wirkt so bedrohlich wie eh und je. Dunkle Gerüchte umgaben den Ort schon in den Zeiten der deutschen Gewalt; hier regierte die Geheime Staatspolizei und drangsalierte die Verfemten, die Feinde des Reiches – oder im Prinzip jeden, der an Führer und Endsieg nicht glauben mochte. Die Insassen haben gewechselt, die Drangsale sind geblieben.

Vor dem Tor stehen oder hocken Frauen, die etwas über ihre Männer, über die Söhne und Väter erfahren möchten. Das kann lange dauern: Alle warten bloß ab, niemand unternimmt etwas. Nach kurzer Beratung wagen Hannah und ich uns vor; wir klopfen an die kaum schulterbreite Pforte, die in das mächtige Stahltor eingelassen ist. Eine Klappe schiebt sich auf, der Posten schaut heraus, und eilig bringen wir unsere Stichworte vor: »Major Puttkamer – bitte Kommandanten sprechen.« Und wieder und noch einmal von vorn.

Klappe zu. Fünf, zehn, vielleicht zwölf Minuten vergehen. Dann öffnet sich die Pforte, der Posten winkt uns herein. Unwillkürlich fasse ich Hannahs Hand, als die Tür zuschlägt. »Beim Eintritt hier laßt alle Hoffnung fahren«, schießt es mir durch den Kopf. Ein zweiter Bewacher führt uns durch den Hof, über Gänge und Treppen zum Kommandanten.

Der springt auf, als sei er von unserem Eintreten überrascht. Ein massiger Mann mit puterrotem Gesicht: Er stützt sich auf die Tischplatte, er beugt sich vor, er brüllt – polnisch natürlich und darum uns unverständlich. Vermutlich kommt es erst einmal darauf an, uns einzuschüchtern. Unvermittelt, leise und lauernd, folgt dann auf deutsch die Frage: »General von Puttkamer?«

»Nein, nein, kein General, nur Major.«

»Major – für fünftausend Mann?«

»Das war nicht bei der Wehrmacht, sondern beim Volkssturm. Und er hat seine Leute nach Hause geschickt, ohne Kampf. Und ohne Erlaubnis von der Partei.«

Der Mann winkt ab. »Ich weiß das längst«, mag seine Geste besagen. Oder auch: »Es interessiert mich nicht.« Fieberhaft überlege ich, ob es jetzt angebracht ist, die Bestechungs-Trumpfkarte auszuspielen. Sei's drum: Während ich meine Bitte vortrage, den Major Puttkamer sehen und ihm Brot bringen zu dürfen, ziehe ich die erste Branntweinflasche hervor und stelle sie auf den Tisch. Kurzes Schweigen, dann ein Anflug von Lächeln; die Flasche wird in einer Schublade verstaut. Gleich darauf sind wir mit dem Bewacher schon unterwegs über Korridore und Treppen in den Keller hinab. Wir werden vor ein Gitter geführt, hinter dem ein langer und dunkler Gang mehr zu ahnen als zu sehen ist. Nur hinter unserem Rücken spendet ein halbhohes Kellerfenster trübes Licht.

»Warten!« Der Wächter, der auf seinem Stuhl gedöst hat, entzündet eine Stallaterne, schließt die Gittertür auf und hinter sich wieder zu. Er entfernt sich in den Gang hinein; Schlüsselklirren und Türenschlag. Warten.

Ein Mann taucht im Dämmerlicht auf, ein sehr alter Mann, ein Greis. Tief gebeugt, mit gesenktem Kopf schlurft er herbei; vor der Brust hält er mit seinen Händen den um die Schultern geschlungenen Fetzen von Decke zusammen. Ein Irrtum, eine Verwechslung: Das ist nicht Vater Jesko.

Und noch näher, bis ans Gitter heran. Ohne aufzusehen, höflich und müde sagt der alte Mann: »Bitte, Sie wünschen?«

Nein, kein Irrtum und keine Verwechslung: Ich kenne die Stimme. Er ist es, ich erkenne Vater Jesko.

»Vater, ich bin's, Libussa«, bringe ich mühsam hervor. »Ich habe Brot für dich. Hier...« Ich reiche es ihm durch das Gitter hindurch. Er nimmt es und beißt sogleich hinein.

Kein Wortwechsel weiter. Während der alte Mann kaut und schluckt und hastig wieder ins Brot beißt, bleibt mir die Kehle verschnürt. Der Wächter winkt; er faßt den Häftling am Arm und führt ihn hinweg. »Vater, ich komme wieder«, kann ich ihm gerade noch nachrufen. Dann werden auch wir fortgeführt, die Treppe hinauf, durch Flure und über den Hof ans Tor. »Ich komme wieder«: Der Posten grinst und nickt und läßt meine zweite Branntweinflasche in der Tasche verschwinden.

Auf alles war ich gefaßt, nur auf solch einen Anblick nicht. Wie gut, daß Hannah Brandt mich begleitet; sie zieht mich fort, durch den Schwarm der wartenden Frauen hindurch, die aufgeregt herandrängen und enttäuscht wieder ablassen, weil wir auf ihre Fragen die Antwort schuldig bleiben. Erst als wir Stolp schon hinter uns haben, löst sich allmählich meine Erstarrung, und am nächsten Tag bringe ich es sogar fertig, Mutter so zu berichten, daß sie sich etwas erleichtert statt bedrückt fühlt.

Mein Entschluß steht ohnehin fest: Wöchentlich werde ich von nun an nach Stolp marschieren, um Vater Jesko das Brot zu bringen; sein Überleben kann daran hängen. Und sicher ist es auch wichtig, daß von Mal zu Mal sein Wille zum Durchhalten sich neu anspannt. Auf die Dauer kosten die Zwischenstationen in Karzin allerdings zuviel Zeit; der direkte Weg nach Stolp, mit einer Übernachtung dort, würde einen ganzen Tag sparen. Hannah Brandt weiß Rat: In der Bahnhofstraße wohnt die uralte Tante Melanie, Frau Liebes Cousine, mit ihrer entsprechend betagten Haushälterin. Die Tante ist kaum mehr von dieser Welt; ihre Konversation leitet unfehlbar ins Hofleben Seiner Majestät, des deutschen Kaisers und Königs von Preußen, als sei dies die Gegenwart. Außerdem ist den beiden Frauen von der Wohnung bloß das Balkonzimmer geblieben, das nun die Möbel völlig verstellen. Aber der Sommer regiert mit lauen Nächten, Decke und Kopfkissen finden sich; also verbringe ich fortan jede siebente

Nacht auf Tante Melanies Balkon in der Bahnhofstraße.

Bald sind meine Wochenmärsche nach Stolp zur Routine geworden. Dreißig Kilometer in jeder Richtung, auf den Schleichwegen abseits der Straßen noch ein paar mehr: Auch das macht mir bald nichts mehr aus. Der Posten am Tor und der Kommandant werden mit Branntwein versorgt, und Vater Jesko bekommt sein Brot. Nach und nach gelingt es sogar, halbwegs unbefangen ein paar Worte zu wechseln. Ich lerne im übrigen, daß ich die Hitze unbedingt meiden muß. Einmal, an einem gewitterschwülen Tag, erreiche ich das Gefängnis mit verschimmeltem Brot. Es schneidet mir ins Herz, als ich sehe, wie begierig Vater es trotzdem annimmt und ißt.

Jede Routine birgt freilich Gefahren. Wenn stets alles gutgeht, sinkt der Pegel der Vorsicht unmerklich ab. Darum tappe ich eines Tages geradewegs unter drei Russen, die auf einer Waldlichtung im Grase liegen und die Flasche kreisen lassen.

Wir starren einander an. Einer der drei steht langsam auf und kommt auf mich zu, die Flasche in der Hand. Er breitet die Arme aus, er sagt: »Frau, komm! Trinken – gut!«

Mit aller Kraft ramme ich ihm mein Knie in die Weichteile. Mit einem Schrei knickt der Mann zusammen. Ich rase fort. Niemand schießt hinter mir her. Und keiner, bloß das brüllende Gelächter der Kumpane verfolgt mich.

»Im Frühjahr sah es traurig aus,
die Felder standen kahl und blaus;
wie sieht dann wohl die Ernte aus?«

So heißt es am Anfang des langen Gedichts, das im Frieden alljährlich beim Erntefest ein Mädchen im weißen Kleid aufsagte. Der bangen Frage folgt dann die frohe Wendung:

»Doch Gott schickte Regen und Sonnenschein
und gab den Feldern ein gutes Gedeihn.
Bald wurden die Ähren groß und schwer,
sie reiften immer und immer mehr.«

Diesmal allerdings sieht es in der Reife des Sommers, in der Zeit der Ernte noch trauriger aus als im Frühjahr. Die Menschen mit ihren Wirrnissen haben Gott ins Handwerk gepfuscht. Vom Roggen und der Wintergerste abgesehen, die noch im Herbst eingesät wurden, von ein paar Bauernäckern vielleicht noch dazu, über die jetzt die Polen gebieten, ist auf den Feldern nur das Unkraut gediehen. Was gemäht werden kann, nach der guten alten Art mit der Sense, weil es an Maschinen mangelt, bleibt darum dürftig genug. Womöglich noch trauriger steht es mit dem pommerschen Hauptprodukt, den Kartoffeln. Die Vorräte, die im Frühjahr in großen Mieten lagerten, sind beinahe aufgebraucht, schon durch die Gier der Brennerei, die im Gegensatz zur deutschen Zeit nicht bloß im Winter, sondern weiter und weiter in Betrieb ist.

Wir freilich, die Frauen im Gärtnerhaus, ernten dennoch, auf unsere Art. Man könnte auch sagen: Wir klauen – mit Verlaub – wie die Raben. Und je weniger Brennesseln, Löwenzahn und Sauerampfer in ihrem Altern für Suppe und Salat noch taugen, desto eifriger wenden wir uns dem Gutsgarten zu. Die Schoten und Möhren, die Mirabellen und Äpfel ziehen uns unwiderstehlich an. Zudem ist niemand mehr da, der »von der Ehr' und von Schande und solch schlimmen Sachen« uns ins Gewissen redet.

Nicht immer gehen diese Raubzüge gut aus. Einmal steige ich ohne Mutters Käuzchen-Wache durchs Mauerloch in die verbotene Zone ein. Es soll ja nur für Minuten sein; am Nachmittag hat es ein Gewitter mit kräftigen Böen gegeben, und ich möchte meinen Korb mit Fallobst füllen.

Als ich fast fertig bin, schreckt mich plötzlich der Anruf hoch: »Stoi!« Unmittelbar vor mir, gegen den Nachthimmel als Umriß zu erkennen, steht der russische Posten. Kein Nachdenken mehr, bloß die Reaktion: So kräftig ich kann, schleudere ich dem Mann meinen Korb samt Fallobst ins Gesicht. Und ich renne, so schnell ich vermag, geduckt und im Zickzack. Ein Spießrutenlauf ist das durch die Peitschenschläge von Gebüsch und Geäst, aber die Rettung zugleich im Verwirrspiel der Schatten.

»Kind, das kommt davon, wenn man nicht aufpaßt«, merkt Mutter nur trocken an, als ich atemlos zurückkehre und am Hinterfenster um den Einlaß klopfe. »Und wo ist denn nun unser schöner Korb?«

Also, das mag ich nicht auf mir sitzen lassen. Ganz leise, um Mutter nicht zu wecken, schlüpfe ich nach einer Stunde wieder hinaus; der Posten wird ja nicht Wurzeln geschlagen haben und sich nach dem ersten Ärger wahrscheinlich sagen, daß für diese Nacht die Diebe verjagt sind. Gleichwohl als die verkörperte Vorsicht, mit vielen Pausen zum Spähen und Lauschen, kehre ich an den Tatort zurück. Der Korb ist noch da; ich finde ihn nach kurzem Suchen und vergesse auch nicht, ihn neu zu füllen. Zu Hause stelle ich den Korb demonstrativ auf den Tisch, statt ihn wie gewohnt zu verstecken; in der Vorfreude auf meine gestrenge Frau Baronin, auf ihr Gesicht und ihren Kommentar schlafe ich befriedigt ein. Aber am nächsten Morgen verzieht Mutter keine Miene und nickt dem Korb nur kurz zu, als wolle sie sagen:

So gehört es sich auch.

Viel schlimmer als mit Obst und Gemüse steht es mit dem Fleisch, mit Fett und mit Eiern. Von Zuteilungen, wie sie einst die »Normalverbraucher« erhielten, kann man bloß träumen. Es gibt sie nicht mehr; wir werden einer vegetarischen Radikalkur unterzogen. Manchmal überlege ich, ob ich mich vielleicht aufs Wildern verlegen und abseits im Wald, wo es noch Rehe gibt, Schlingen auslegen sollte. Aber weder finde ich den geeigneten Draht, noch habe ich in solchen Dingen Erfahrung. Mir fällt nur die Hasenfalle ein, »Piek-Katsch« genannt, die mein kleiner Bruder erfand und erbaute, vor vielen Jahren, als er wirklich noch klein war. Das war eine Laubhütte, in der die Schlinge ausgelegt wurde – und darunter zusätzlich ein Stück Pappe, durch das mit der Spitze nach oben eine Reißzwecke ragte; die neugierige Hasennase sollte sich daran aufspießen. Doppelt gefangen hält bekanntlich besser, daher der Name Piek-Katsch. Die Hasen, die sich hier tatsächlich fingen, waren freilich aus Schokolade.

Inzwischen entdecke ich hinter dem Hof von August Kuschel – das heißt also jetzt beim polnischen Bürgermeister – eine stattliche, allerdings sorgsam umzäunte Hühnerschar. Im Gebüsch verborgen beobachte ich, daß die Hühner für die Nacht in einem Stall eingeschlossen werden, der vom Wohnhaus aus kaum zu sehen ist, weil ein Geräteschuppen sich vor ihn schiebt. Welche Verlockung! Über das nötige Diebswerkzeug – Sack und Stemmeisen – verfüge ich ohnehin; es findet sich unter all dem Gerümpel, das ich bei meinen Streifzügen irgendwo aufgelesen und nach Hause geschleppt habe, nach dem Motto: Man kann nie wissen, wozu es einmal taugt. Und hinter dem Gärtnerhaus wartet ein kleiner Stall doch längst auf seine Bestimmung.

Nun gilt es, den halben Mond abzuwarten, der gerade genug Licht spendet. Zweimal spielen mir Wolken einen Streich: Ich kann nichts mehr sehen. Dann klappt es. Der Zaun ist im Nu überstiegen, unter dem Hebeldruck des Stemmeisens springt die morsche Tür auf, die Hühner halten verschlafen still, rasch stopfe ich drei stattliche Exemplare in meinen Sack und verschwinde. Das Geflattere zu transportieren ist nicht ganz einfach, aber in der Finsternis ihres Verlieses bleiben die Tiere gottlob stumm.

Ich habe vortrefflich gewählt; wie es sich gehört, legt jede Henne pro Tag ein Ei. Nichts bleibt ungenutzt: Mit einem Stein werden die Eierschalen auf dem Küchentisch kleingemahlen und dann in den Babybrei gemischt. Wir hoffen, daß das Kind daraus den Kalk aufnimmt, den es für seine Knochenbildung und zum Zahnen dringend benötigt.

Im ganzen Dorf wird über den Hühnerdiebstahl offen geredet und heimlich geschmunzelt, denn der Bürgermeister hat seine Empörung lautstark verkündet. Drohend heißt es freilich nach drei Tagen, daß die Miliz eine Razzia durchführen werde. Die Aufregung ist groß; jeder, den es noch etwas angeht, fürchtet um sein eigenes, durchaus unschuldiges Federvieh, das bei dieser Gelegenheit beschlagnahmt werden könnte. Mit Kummer beenden wir die Eierproduktion und nehmen eine Notschlachtung vor. Alle Spuren werden sorgfältig beseitigt, die Federn im Park vergraben. Immerhin leben wir eine ganze Woche lang mit Hühnerfleisch und köstlicher Brühe. Die angekündigte Razzia findet übrigens nie statt – aber wer konnte das ahnen?

Kaum haben sich die Wogen der Empörung und Aufregung halbwegs wieder geglättet, taucht vor unserem Haus ein Russe auf, der einen Sack über der Schulter trägt. Scheu blickt er sich um, und mit ungewohnter Höflichkeit klopft er an die Tür, bevor er bei uns eintritt. Mit Gesten und ein paar deutschen Brocken bedeutet er uns, den Sack bis zur Nacht für ihn aufzubewahren. Es ist offenkundig, daß der Mann ein schlechtes Gewissen hat: »Einer von diesem Diebsgesindel«, wie Marie entrüstet feststellt, während sie selbst gerade damit beschäftigt ist, das letzte Hühnerbein aus meiner Beute zur Brühe auszukochen.

Für Mutter und mich genügt ein Blickwechsel. Wir öffnen den Sack und entdecken das Prachtexemplar eines Schweineschinkens. Wortlos holt Mutter das Küchenmesser, um unseren Anteil herunterzuschneiden. Und da der Schinken uns gar zu lieblich erscheint, gerät dieser Anteil immer größer, trotz Maries ängstlichem Einspruch: »Gott im Himmel, Libussa, wenn das man gut geht.« Ach was: Ein bestohlener Dieb wird uns kaum zur Rechenschaft ziehen. Den Gewichtsverlust, den wir verursacht haben, gleichen wir mit einem Klumpen Lehm wieder aus. Daß wir dennoch die Nacht mit Herzklopfen erwarten, läßt sich nicht leugnen. Aber in der Dunkelheit, die ohnehin keine genaue Inspektion zuläßt, nimmt der Russe seinen Sack, den wir mit der Treue von Hehlern für ihn bewahrt haben, ängstlich und hastig in Empfang. Er verschwindet und taucht nie wieder auf.

Verkehrte Welt: Die Gaunereien laufen wie am

Schnürchen, aber das Redliche mißlingt. In meinen Trainingsanzug, den ich ständig trage, haben wir Taschen aus Wachstuch eingenäht, damit ich mich in Glowitz als Ladendiebin betätigen kann, zum Beispiel an der Schmalztonne. Auf die Dauer kann das freilich kaum gutgehen, sofern ich nicht auch als Käuferin auftrete, sei es noch so bescheiden. Ohnehin wären Dinge wichtig, die hinter dem Ladentisch hervorgeholt werden müßten, Kerzen zum Beispiel, denn mit dem Sommer schwindet das Tageslicht immer früher. Aber woher die Złotys nehmen?

Ich höre, daß sich die Frau des Bürgermeisters von Glowitz als Aufkäuferin von Wertsachen betätigt. Tatsächlich komme ich mit ihr ins Gespräch und Geschäft, zunächst mit minderen Pelzwaren, für die ich sehr wenig erhalte: mit einem Muff und einem kleinen Fußsack. Doch wir haben noch einen schmalen Teppich, eine Brücke vielmehr: Ist die Frau Bürgermeister interessiert?

»Gewiß, gewiß«; im Gedanken an den günstigen Handel reibt sie sich schon die Hände.

Mit der eingerollten Ware unter dem Arm mache ich mich also auf den Weg. Kaum in Glowitz, laufe ich prompt der Miliz in die Arme, die mich verhaftet und in ihr Quartier schleppt. Ein Verhör beginnt, von Beschimpfungen, Drohungen, Gebrüll unterbrochen:

»Was haben Sie da?«

»Einen Teppich.«

»Wem gehört er?«

»Mir.«

»Was wollten Sie damit?«

»Ihn verkaufen.«

»An wen?«

»Ich weiß nicht, ich wollte nur mal herumfragen, ob jemand vielleicht Interesse hat.« Mit Vorsatz verschweige ich die Frau Bürgermeister, um meine Verbindung nicht zu gefährden, für die ich keinen Ersatz weiß.

»Ist Ihnen nicht bekannt, daß Deutsche nichts verkaufen dürfen?«

»Nein.«

Und so fort und von vorn, ohne Aussicht auf Neues immer im Kreis herum. Schließlich werde ich doppelt verurteilt: zur Ablieferung des Teppichs ohne Entgelt oder Quittung – und zum Prangerstehen. Das geschieht vor dem Haus der Miliz, in der Geschäftsstraße von Glowitz gleich unterhalb der Kirche. Ausgerechnet dieser Tag erglüht noch einmal wie im Hochsommer; die Sonne scheint prall auf die Hauswand, vor der man mich aufgestellt hat. Es heißt, daß jeder, der vorüberkommt, mich anspucken dürfe. Aber die Polen räuspern sich nur oder spucken allenfalls auf den Boden, und die Deutschen wechseln vorsorglich zur anderen Straßenseite. Nach etwa drei Stunden läßt man mich endlich laufen.

Zwei Tage später bin ich schon wieder in Glowitz: Alle Erwachsenen unter sechzig Jahren sind zur Typhusimpfung befohlen. Für Mutter erklären wir kurzerhand, daß sie die kritische Grenze längst hinter sich habe, und Marie »fühlt sich nicht«: Sie behauptet, bereits infiziert zu sein. So bleibt die Sache an mir allein hängen.

Auf den ersten Blick mag die Aktion als sinnvoll erscheinen. Seit dem Frühjahr wütet die Seuche, und mit der Sommerwärme hat sie ihren Höhepunkt erreicht. Hunderte von Menschen sind ihr in Stadt und Land zum Opfer gefallen, an vielen Türen sieht man das Warnzeichen »Typhus«. An noch mehr Türen wird es freilich geschrieben, um die Russen fernzuhalten. Jetzt aber hat mit dem Sommer auch die Epidemie ihren Höhepunkt längst überschritten, und die Impfung widerlegt sich selbst mit der Art, in der sie durchgeführt wird.

Sie findet auf offener Straße statt. Die Menschen warten in langer Reihe, Lastwagen und Fuhrwerke stauben vorüber. Schließlich bekommt jeder ein bestempeltes Papier, das die Impfung bescheinigt – und eine Spritze vors Brustbein. Dafür wird eine einzige Nadel benutzt; es gibt keine zweite, und es ist nicht zu erkennen, daß diese eine zwischendurch ausgekocht, in ein Desinfektionsmittel getaucht oder sonstwie gereinigt wird.

Sofort nach der Impfung spüre ich einen starken Schmerz, der von der Brust her bis in den linken Arm zieht. Außerdem wird mir schwindlig. Gerade kann ich noch nach Hause gelangen. Dann falle ich zusammen, Mutter muß mir helfen, mich hinzulegen. Der Schmerz wächst, ich bekomme heftiges Fieber bis zum Schüttelfrost, eine Lähmung tritt hinzu, die die linke Körperseite erfaßt; ich kann meinen Arm nicht mehr heben. In der Nacht sind die Schmerzen kaum noch auszuhalten, und ich frage Mutter, ob sie nicht irgend etwas hat, um mir zu helfen. Nach kurzem Zögern gibt sie mir zwei Tabletten. Sie wirken, und ich schlafe ein. Ich schlafe für den Rest der Nacht, durch den folgenden Tag und die zweite Nacht. Als ich schließlich aufwache, sind der Schmerz und die Lähmung fast schon verschwunden; in den nächsten Tagen klingen sie ganz ab.

Mit den Lebensgeistern erwacht meine Neugier: »Mutti, was war das eigentlich, was hast du mir gegeben?«

»Veronal.«

»Veronal? Wo hast du das denn nur her?«

»Ach, weißt du, es stammt aus den letzten Wochen von Otto-Christoph.« Das war mein leiblicher Vater. Er starb 1928 am Magenkrebs; Morphium und Veronal waren die Nothelfer, die ihm auf seinem schweren Weg aus dem Leben ein wenig Linderung verschafften.

»Mein Gott, Mutti, siebzehn Jahre seitdem! Und immer hast du den Vorrat bewahrt?«

»Ja. Man kann doch nie wissen.«

In der Tat: Nie kann man wissen, was kommt. An einem schönen Spätsommertag liegt das Kind vor dem Gärtnerhaus in seinem Körbchen. Ein Russe reitet heran – ein fremder, nicht der Hausfreund von nebenan. Er steigt vom Pferd, betrachtet das Kind, nimmt es auf den Arm. Er sagt: »Kind schön. Meine Matka kein Kind. Matka immer traurig.« Mit dem Kind im Arm steigt er in den Sattel und galoppiert zum Dorf hin davon.

Ich stürze hinterher, wie ich bin, halb angezogen und barfuß. Der Reiter ist schon verschwunden, aber die Leute weisen den Weg: »Da! Da entlang!« Die ganze Dorfstraße geht es hinunter, an den letzten Häusern vorüber ins Feld hinaus. Dann entdecke ich den Mann, der neben seinem ruhig grasenden Pferd das aus Leibeskräften schreiende Kind erschrocken betrachtet. Sobald mein Ringen nach Atem es zuläßt, erkläre ich, daß das Kind Hunger habe und unbedingt gefüttert werden müsse. Ich würde das übernehmen. Er solle am Abend wiederkommen und dann das Kind abholen. Ein ratloses Kopfnicken ist die Antwort.

So schnell ich kann, kehre ich heim. Vom Anfang bis zum Ende hat der ganze Vorfall kaum eine Viertelstunde gedauert. Und jetzt erst, nach dem fürs erste glücklichen Ausgang, setzt der Schock ein, das Versagen des Körpers, der Weinkrampf.

An diesem Abend und in den nachfolgenden Tagen und Nächten verschließen wir gegen unsere sonstige Gewohnheit die Haustür, während ich ständig angezogen und sprungbereit bleibe. So hoffen wir, im Notfall Zeit zu gewinnen. Mutter wird umständlich die Tür öffnen, während ich mit dem Kind durchs Hinterfenster hinaus verschwinde und mich im Park verstecke. Zwar bin ich überzeugt, daß das nicht nötig sein wird; zu offensichtlich hat der Mann besinnungslos aus dem Augenblick in einer Kurzschlußreaktion gehandelt. Seine Ernüchterung setzte schon ein, als ich ihn hinter dem Dorf einholte. Wie will er denn ein Kleinkind überhaupt versorgen, bis er irgendwann einmal die Heimat und seine Matka wiedersieht? Und was werden seine Vorgesetzten sagen? Inzwischen – so vermuten wir – dürfte ihm selbst bereits peinlich sein, was er getan hat.

Aber man kann ja nie wissen.

Ein beinahe richtiges Fest

»Weißt du, Libussa«, sagt Mutter, »es wird Zeit für die Taufe. Das Kind soll seinen Segen haben. Und jetzt im September ist das Wetter noch schön; nachher mit der schlechteren Jahreszeit wird alles viel schwieriger.«

Das ist wahr, und wie es zur Regel geworden ist, steckt in Mutters Meinung schon die Entscheidung. Die nächsten zwei Wochen füllen sich mit emsiger Tätigkeit – und mit Problemen, mit Felsbrocken sozusagen, die Stück um Stück beiseite geräumt werden müssen. Aber darauf bestehe ich: Wenn wir schon taufen, dann soll es sein, wie es sich gehört, ein beinahe richtiges Fest.

Erst einmal wandere ich zum Pastor nach Glowitz: Wird er die Taufe vollziehen? »Ja, selbstverständlich.« Aber die paar Kilometer bis nach Rumbske, die traut er sich nicht zu gehen; wir müssen zu ihm kommen. Nun gut, wir sind ja bloß Frauen und ans Marschieren gewöhnt. Unerwartet, als Reaktion auf den Entführungsversuch, der natürlich das Tagesgespräch bildet, schenkt mir zudem eine der Flüchtlingsfrauen, die noch immer im Dorf wohnen, unter Tränen ihren Kinderwagen: Das Kind, für das er gedacht war, ist gestorben.

Dann brüten wir über der Einladungsliste, und rasch kommen wir auf zwölf Personen. Neben Mutter, Marie und mir gehören die Biedermanns ohnehin zum Haushalt. Fräulein Rahn darf nicht fehlen und mit ihr nicht die Oma Kreft, bei der unsere einstige Haushälterin ein freundliches Obdach gefunden hat. Dann Frau Vietzke: Ihr Brunnen versiegt inzwischen, doch sie ist die Nährmutter, ohne die es den Täufling nicht gäbe. Weiter Frau von Hanstein und ihre Schwester aus Gutzmerow, schließlich und nicht zuletzt Frau Liebe, die ihre Urenkelin noch nie gesehen hat, und Hannah Brandt aus Karzin.

Aber nur Frauen und bis auf Onkel Biedermann gar kein Mann? Mir fällt Onkel Gerhard ein, der alte Glowitzer. Nachdem er mein Trauzeuge gewesen ist, könnte er doch auch als Pate meinen Bruder vertreten. Marie allerdings protestiert mit wilder Entschlossenheit: »Libussa, das geht nicht, auf gar keinen Fall!«

»Du lieber Himmel, warum nicht?«

»Weil – es sind dann dreizehn am Tisch. Das bringt Unglück. Denk an das arme, unschuldige Kind, das hat es zu büßen.«

Dabei bleibt es, um nichts in der Welt ist daran vorbeizukommen. Ich muß mich darauf beschränken, Onkel Gerhard zum Taufakt in Glowitz zu laden.

Jetzt das Karziner Problem. Es ist einfach, bei meinem nächsten Marsch nach Stolp wieder einmal eine Zwischenstation einzulegen, um die Einladung zu überbringen. Doch wie soll die zweiundachtzigjährige Großmutter nach Rumbske gelangen? Zwar will sie den weiten Weg durchaus riskieren, aber Hannah Brandt legt ihr Veto ein. Ein paar Stunden später, als ich aus Stolp zurückkehre, ist die Lösung gefunden: Frau Liebe hat mit »ihrem« Kommandanten gesprochen, und der hat Pferd und Wagen zugesagt, samt einem Soldaten zum Geleit und als Fuhrmann.

Als Marie das hört, weiß sie sich kaum zu fassen: Schon wieder dreizehn Personen – und die dreizehnte gar ein Russe! Mit dem widersprüchlichen Hinweis, daß der Kutscher im Grunde nicht zu den Gästen zählt und daß wir andererseits mit dem Täufling über die vierzehnte Hauptperson verfügen, wird der Sturm der Entrüstung diesmal gelindert. Und er wird vollends zum Schweigen gebracht durch die Erwägung, daß wir so ja mit dem Wagen zur Kirche fahren könnten, statt einen Kinderwagen zu schieben.

Verhältnismäßig einfach ist es, mit dem Problem der Stühle, der Teller und Tassen, Messer und Gabeln fertig zu werden. Was uns fehlt, werden wir bei Grete Krupps und Frau Vietzke ausborgen. Eine Damastdecke für »Maries Erbstück« besitzen wir ohnehin noch.

Tafelsilber würde sich allerdings auf dem Damast weit besser ausnehmen als unser Alltagsbesteck. Was eigentlich ist aus unserem vergrabenen Schatz geworden? Ich hatte ihn ganz vergessen, aber die Gelegenheit macht nicht nur Diebe, sondern ruft auch Erinnerungen wach. Der unterirdische Gang zum »Achteck« und der Schlachtraum müßten noch vorhanden sein; sie lagen doch neben, nicht unter unserem Haus und konnten daher von den stürzenden Mauern nicht begraben werden. So ist es: Ohne Schwierigkeiten gelange ich ins verlassene Gewölbe, in den Schlachtraum hinein – und vor ein gähnendes Loch: Längst haben hier andere gegraben; zu viele Leute wußten oder ahnten wohl, wo sie den Spaten ansetzen mußten. Enttäuscht und beschämt stelle ich fest: Das Klenziner Geheimnis des Dreißigjährigen Krieges hat drei Jahrhunderte überdauert, unseres wohl keine drei Wochen. Alles, was ich noch finde, sind zwei im Sand verlorene Teelöffel und die Spitzhacke, die die Schatzgräber hier vergaßen.

Fast unlösbar scheint die Frage des Essens zu sein. Dabei gehört es nach pommerschem Brauch in die Höhe und Mitte des Feierns. Ein Fest ohne Festessen verdient seinen Namen nicht, es ist zum Scheitern verurteilt. Denn der enttäuschte Magen drückt auf Herz und Gemüt. Niemand weiß das so gut wie Marie; sie jammert und jammert. Zwar ist sie bereit, ihre Pökeltonne bis auf den Grund zu leeren. Aber es handelt sich ohnehin bloß um Reste. Und welch ein Geschmack läßt sich dem durchsalzenen Fleisch selbst bei noch so gründlichem Wässern überhaupt abgewinnen?

Am Ende findet sich sogar für dieses Problem die überraschende Lösung. Seit einiger Zeit beherbergt die Brennerei auf ihrem Dachboden eine Gruppe von deutschen Kriegsgefangenen. Sie sind damit beschäftigt, im Park Bäume zu fällen; mit den Buchen- und Eichenkloben soll die Rumbsker Branntweinfabrik beheizt werden. Auf ihrem Weg zur Arbeit werden die Gefangenen täglich am Gärtnerhaus vorbeigeführt, ihre Bewachung ist nachlässig, und immer wieder stecken wir den Männern frisches Obst zu, über das wir im Augenblick reichlich verfügen. Natürlich spricht sich herum, was wir planen und wo die Schwierigkeit liegt. Vier Tage dann vor unserem Termin, bei der Rückkehr von ihrer Arbeit, winken die Gefangenen mir zu – und einer schleudert unter seinem Mantel hervor einen Gegenstand ins Gebüsch. Kaum ist der Zug mit dem Bewacher vorüber, sehe ich nach und finde einen ausgewachsenen, schon herbstlich fetten Hasen.

Wurde er in einer Schlinge gefangen oder mit dem Knüppel in seiner Sasse erschlagen? Wie immer: Marie strahlt, sie blüht förmlich auf, als ich ihr das

Prachtexemplar bringe. Mein zaghafter Hinweis, daß man mit einem Hasen für dreizehn Personen – nein: für zwölf und einen Kutscher – doch nicht weit komme, wird abgewiesen: »Laß mich nur machen.« Bald taucht ein riesiger Kochtopf auf, irgendwo ausgeliehen, und Mutter und ich werden aus der Küche verbannt: »Laßt euch überraschen!«

Der große Tag rückt heran. Maries Schlafstelle wird aus dem Wohnzimmer in die Hinterstube geräumt, die benötigten Stühle rücken ein, und der Raum schmückt sich mit Rosen, die in ihren Rabatten rings um die Auffahrt zum einstigen »Schloß« unverdrossen blühen. Dann Pferdegetrappel: der Wagen aus Karzin. Mein Gott, nein: kein gewöhnlicher Wagen, sondern eine richtige Kutsche, zwei Pferde davor, auf dem Bock der junge Soldat, der mit übermütigem Peitschenknall seine Ankunft verkündet.

Nach kurzem Frühstück die Weiterfahrt nach Glowitz, wo die nächste Überraschung schon wartet: Beinahe wie bei meiner Hochzeit ist die Kirche voll von Menschen. Aus Rumbske und Rowen und wer weiß woher sind sie in Scharen gekommen, um zuzuschauen, mitzufeiern, vielleicht um einander zu trösten: Das gibt es noch; in der Kirche sind wir geborgen.

Der alte Glowitzer ist noch älter geworden, etwas zittrig nun schon, dafür stiller und milder, um nicht zu sagen zärtlicher; vor der versammelten Gemeinde schließt er mich feierlich in die Arme. Mit seinem uralten Hut und dem Krückstock ist er allerdings gerüstet wie einst, und als die Reihe an ihm ist, hält er das Kind sicher und fest. Neben ihm ist Frau Liebe die Patin.

Der Umgang mit dem Kind um den Altar, der alte Brauch und der Segen, der Gesang, am Ende das Gebet, bei dem manch ein Taschentuch an die Augen geführt wird:

»Allmächtiger, ewiger Gott, liebreicher himmlischer Vater, wir sagen dir von Herzen Lob und Dank, daß du dieses Kindlein uns geschenkt, es bisher behütet und nun verliehen hast, daß es durch die heilige Taufe wiedergeboren ist zum ewigen Leben und einverleibt deinem lieben Sohne, unserem Herrn Jesu Christo. Wir bitten dich demütiglich, du wollest dieses Kind, welches nunmehr dein Kind und Erbe geworden ist, bei der empfangenen Guttat gnädiglich erhalten und treulich in der Taufgnade bewahren, damit es nach allem deinem Wohlgefallen zur Ehre deines Namens treulich auferzogen werde, im wahren Glauben bis zu einem seligen Ende beständig verbleibe und endlich das verheißene Erbteil mit allen Heiligen im Himmel empfange durch Jesum Christum, unseren Herrn. Amen.«

Als wir die Kirche verlassen, geht ein Raunen durch die nachdrängenden Scharen: Seht nur, seht die Kutsche mit dem »Iwan« auf dem Bock! Ja, seltsam ist das schon; unwillkürlich wandern auf dem Rückweg nach Rumbske meine Gedanken zurück: Damals, vor fünfzehn Monaten nur, eine Fahrt durch den Sommer mit dem Mann unter dem Stahlhelm in der feldgrauen Uniform neben mir. Was mag aus ihm geworden sein? Und nun, nach dem Welteneinsturz, diese Fahrt in den Herbst – und vor mir die andere, die erdbraune Uniform.

Stimmengewirr und Lachen, elf deutsche Frauen, der alte Onkel Biedermann und ein junger Russe.

Oma Kreft allerdings schüttelt den Kopf, nachdem sie abwechselnd den Täufling und seine Urgroßmutter gemustert hat. Sie sagt, was sie sieht: »Nee, jnäd'je Frau, Sie sind das man nich. Aber die andre, die olle Elisabeth – ausjekloppt!« Damit ist die »eiserne Gräfin« gemeint, die Großmutter Krockow. Frau Liebe trägt es mit Fassung.

Inzwischen schlägt Maries große Stunde. Als Festessen hat sie schlicht eine Suppe bereitet. Doch was für eine! Hasensuppe, mit vielerlei Kräutern zusätzlich gewürzt: Niemand kann sich erinnern, etwas so Köstliches schon einmal geschmeckt zu haben. Natürlich gibt es Kartoffeln und feines Gemüse aus Möhren und Erbsen als Beigabe, alles so reichlich im übrigen, daß mit Zuversicht genötigt werden darf, wie es sich gehört: Langt bitte nach Leibeskraft zu! Iwan – der tatsächlich so heißt – bringt es auf sechs randvolle Teller. Als Nachgang folgt Mirabellenkompott, und den Abschluß bildet röstfrischer Kaffee, an diesem Tag ohne Rücksicht auf den schwindenden Vorrat immer wieder nachgeschenkt – und von Frau Vietzke jeweils mit einem Schuß Branntwein angereichert. Wie stets findet Oma Kreft zur rechten Stunde das rechte Wort: »Also das is' man so, daß man richtig scheen rülpsen kann!«

Die Stimmung steigt, die Gespräche fliegen dahin wie die Stunden. Mit Freude und Stolz erklärt Frau Vietzke der Karziner Großmutter, wie ihre Elfi und Claudia überlebt haben, während die drei anderen Kinder gestorben sind, die in diesem Jahr in Rumbske geboren wurden. Schließlich singen wir – Wiegenlieder für die kleine, fast schon vergessene Hauptperson und die zum Erschauern schönen »Lieder aus der Küche«, die Marie so liebt. Doch buchstäblich spielend werden wir von Iwan überboten. In weiser Voraussicht hat er seine Balalaika mitgebracht und begleitet sich selbst zum wehmütigen Gesang.

Hannah Brandt ist die einzige, die nicht ganz aus dem Auge verliert, was unabwendbar ist. »Um Gottes willen«, ruft sie, »es dämmert ja schon, wir müssen zurück!« Erschrecken und Stille; Frau Liebe erhebt sich und spricht den Schlußvers des Abendliedes:

»So legt euch denn, ihr Brüder,
in Gottes Namen nieder!
Kalt ist der Abendhauch.
Verschon uns, Gott, mit Strafen
und laß uns ruhig schlafen!
Und unsern kranken Nachbar auch!«

Lichter in der Dunkelheit

Abschied von den Biedermanns

Die Biedermanns rüsten zum Aufbruch. Sie wollen, sie müssen fort. Denn der Winter steht bevor, schon werden die Tage unerbittlich kürzer und kürzer. Und sie besitzen nichts mehr als ihre schäbig verschlissene Sommerbekleidung. Unnachgiebig allerdings, wie ein Markenzeichen, trägt Onkel Biedermann noch immer seine Knickerbockerhosen und sein weißes Leinenjackett; manchmal, am Sonntag, bindet er sich sogar eine Fliege um, als komme es darauf an, mit einem Hauch von Eleganz den Verhältnissen zu trotzen. Aber der Hemdkragen ist kläglich zerrissen, das längst mehr graue als weiße Jackett halten Flicken gerade noch zusammen, die Hosenenden schlottern am Bein, weil die Bünde der Knickerbocker ihren Dienst aufgekündigt haben. Erstarrung läßt erst recht den Verfall triumphieren; die ferne Erinnerung an Eleganz schlägt um ins Trostlose.

Vor allem: Wir können die Biedermanns nicht mehr ernähren. Unsere Vorräte noch vom Treckwagen, so sehr wir sie strecken und jeden abgenagten Knochen zum zweiten und dritten Mal auskochen, gehen zur Neige. Wir wissen ja selbst nicht, wie wir durch den Winter kommen sollen. Und die Biedermanns sitzen noch immer bei uns am Tisch. Zwar wohnen sie im Dorf in einer kleinen Stube oder vielmehr lichtlosen Kammer und verzehren dort das Stück Frühstücksbrot, das wir ihnen am Abend mitgeben, vielleicht mit etwas Sirup und was sonst ihre Wirtsfrau oder jemand anders ihnen zustecken mag. Doch zum Mittag- und zum Abendessen erscheinen sie im Gärtnerhaus, Frau Biedermann – Tante Deten – schon mit dem im voraus vorwurfsvollen Gesicht, daß es für ihren Albrecht wohl wieder einmal nicht genug sein wird. Nein, es geht nicht mehr, beim besten Willen nicht. Übrigens läßt der Raum der Biedermanns sich nicht heizen; früher oder später würden sie dort erfrieren.

Daß von Stolp nach Stettin wieder Züge verkehren, daß Transporte in den Westen abgehen, beinahe täglich, für alle, die ausreisen wollen, um Platz zu schaffen für die Polen, die in stets größerer Zahl nachrücken, das haben Hannah Brandt und ich schon vor Monaten erkundet. Und nicht nur Fräulein Trautmann hat den Heimweg ins »Reich« gewagt. Immer wieder, immer häufiger hören wir von denen, die fortgegangen sind, sei es nach Hause wie die Bombenflüchtlinge aus dem Ruhrgebiet, sei es aus der Heimat ins Unbekannte, in die Fremde hinweg.

Die Biedermanns müssen freilich erst einmal nach Stolp gelangen. Aber ein Fuhrwerk bis Stolp läßt sich finden, auf der Chaussee herrscht reger Verkehr. Wie schon so oft wird Walter Vietzke mit seiner Tropf-Abzweigung aus der Brennereiproduktion als Nothelfer eingeschaltet: Für eine Flasche mit beinahe reinem Alkohol zeigt ein polnischer Fuhrmann sich rasch bereit, neben seiner quiekenden Schweinefracht zwei stille Passagiere zu befördern.

Ich schreibe einen Brief, den die Biedermanns mitnehmen sollen. Das heißt, zunächst muß Emil Priedigkeit einspringen. Der war einmal, hinter seinem schönen Schild mit der Aufschrift »Kolonialwaren«, der Inhaber unseres Dorfladens. Natürlich, inzwischen ist er der Inhaber längst nicht mehr, sondern der »Aushaber«, wie wir ihn im Scherz nennen: in eine Nebenbehausung abgedrängt. Doch über ein paar Dinge verfügt er noch, zum Beispiel über Papier, Tinte, einen Federhalter. Was nicht alles zum Problem werden kann!

Es ist nicht mein erster Brief – und der letzte auch nicht. Immer wieder habe ich versucht, ein Lebenszeichen in den fernen Westen zu senden, und auf Antwort, auf Nachricht gehofft; denn immerhin gibt es seit einiger Zeit eine polnische Post. Vergeblich: Keine Antwort ist jemals gekommen, keiner der Briefe hat sein Ziel überhaupt erreicht. Nur dieser eine bildet die Ausnahme. Und er hat sich erhalten, ein Dokument eigener Art:

»Rumbske, 7. Sept. 45

Liebste M.,

ich habe Dir nun schon ein paar Mal geschrieben, und ich weiß nie, ob die Briefe angekommen sind. Diesmal will unser Glowitzer Pastor nach Berlin und ich werde ihn bitten, diesen Brief irgendwie zu ›befördern‹. Es ›sollen‹ jetzt einigermaßen sichere Züge von Stolp nach Berlin gehen, d. h. Züge, in denen man nicht bis aufs Hemd ausgeplündert wird (das ist aber nur eine der harmlosen Beigaben unserer Zone). M., wenn Du es versuchen willst, schreibe mir doch mal unter unserer neuen polnischen Adresse: wies Rumsko, poviat Słupsk, Pomorze. Słupsk mit einem Strich durchs l, es soll Stolp bedeuten. Es heißt, daß Briefe auch mit deutscher Adresse ankommen, gesehen habe ich allerdings noch keinen. Du kannst ja beides versuchen.

Wir wissen nicht, ob wir deutsch oder polnisch werden – haben seit März keinerlei Nachrichten aus der Welt, der Krieg soll zu Ende sein, wir wissen nichts davon. Für uns ist er jedenfalls in vollstem Gange. Allmählich gehen die letzten Vorräte zu Ende – wir leben von Kartoffeln, die wir stehlen, und von anderen Dingen, die man erbettelt oder stiehlt. Es ist weit mit uns gekommen! Fleisch, Wurst und ähnliches bekommen wir nicht mehr – die Preisfrage ist: was kann man alles aus Kartoffeln machen? Das Kleine ist so zart, nun bald ein halbes Jahr alt, aber was soll ich ihr geben? Der Winter ist wie ein Gespenst... Vater seit ¼ Jahr im Gefängnis in Stolp.

Anfang Oktober

Der Pastor ist nicht gefahren, da die Zustände auf der Bahn schlimmer denn je. Bis zur Oder (die polnische Grenze) reist man wie im fürchterlichsten Mittelalter und kommt bestenfalls barfuß und in Schlüpfern an. Trotzdem reisen die Biedermanns, die wir bis jetzt mit durchfütterten, diese Woche nach Berlin. Wir können sie nicht mehr ernähren. Die Feuerung für den Winter sammeln wir mühsam im Park zusammen. Wir haben eine Axt und eine Säge ›organisiert‹ und fällen Bäume – ohne jede männliche Hilfe ein schweres Stück Arbeit. Weiterhin keinerlei Nachrichten, nur wilde Gerüchte, was aus uns werden soll. Vater noch in Stolp. Ich laufe jede Woche zu Fuß nach Stolp, um ihm Brot zu bringen – unsere Bahnstrecke ist abmontiert. Seit 14 Tagen gibt es keine Milch mehr für die Kleine – bis dahin ½ Liter und für Erwachsene nichts. Jetzt stehle ich auch die jeden Morgen. Es ist ein gefahrvolles Unternehmen – man riskiert seinen Kopf, aber das Kind ist doch die Hauptsache und muß seine Milch haben. Kinder sterben täglich an Unterernährung – solange ich irgendeine Möglichkeit finde, ist mir jede recht. Und sie ist so vergnügt und lacht und krakeelt den ganzen Tag – wenn wir sie nicht hätten, hätten wir doch vielleicht das Rennen schon aufgegeben.

Wenn Du einen meiner verschiedenen Briefe gekriegt hättest, würdest Du unseren Lebenslauf seit März in großen Zügen wissen. Ich glaube nicht, daß ich in meinem ganzen Leben etwas ähnlich Schreckliches und Schweres durchmachen werde. Unser Haus steht auch nicht mehr, die Gutsbesitzer der Umgegend zum größten Teil tot. Wir wohnen im Gärtnerhaus, zwei Stuben und Küche, und es erscheint uns fürstlich nach den Behausungen, die wir im letzten halben Jahr bewohnt haben; das Kind, übrigens Dein Patenkind, heißt Claudia Christina, geb. 23. März, kam in einer Bodenkammer zur Welt, es ging 37 Stunden auf Leben und Tod, aber auch das haben wir geschafft, wie so manches, bei dem wir dachten, unsere letzte Minute wäre gekommen.

Ja, M. – wir sprechen oft von Dir und der Möglichkeit, bei Dir ein Unterkommen zu finden. Aber erstens wollen wir nicht fort ohne Vater, zweitens kann die Kleine eine Reise unter diesen Bedingungen nicht überstehen und drittens wissen wir ja nichts von Dir und den Deinen, wie es Euch ergangen ist, ob bei Euch friedlichere Zustände sind u.s.w. Wenn irgendeine Möglichkeit besteht, gib uns Nachricht!!!«

Abschied von den Biedermanns, schwer genug; die Tränen fließen reichlich, bei ihnen, bei uns allen. Soweit meine Erinnerungen überhaupt zurückreichen, gehörten die Biedermanns zum Sommer in Rumbske. Nüchtern betrachtet, schnorrten sie sich fürs halbe Jahr auf pommerschen Gütern durch: ein Landschafts- und Stillebenmaler ohne nennenswerten Erfolg, mit seiner Frau, in der Inflation verarmt wie so viele – was sie, Tante Deten, erst wunder- und dann

Hitlergläubig gemacht hatte. Bei uns erschienen sie pünktlich Anfang Juli, und sie blieben bis in den September hinein; zum Nachweis ernsthafter Beschäftigung stellte Onkel Biedermann dann seine Staffelei auf, besonders wenn sich nach Regengüssen in den Pfützen eines Feldweges die Herden ziehender Wolken spiegelten: »Onkel-Biedermann-Wetter«. Die Bilder füllten, überfüllten nach und nach das ganze Haus.

Doch welch ein Entzücken war dieser Onkel Biedermann für uns Kinder! Immer erwarteten wir ihn mit Ungeduld, denn unter seinen Händen heilte wundersam das Spielzeug, das im Laufe des Jahres entzweigegangen war. »Ondel Biedelmann, peb mal«: Mit diesen Worten hielt mein kleiner Bruder dem Ankömmling voll Vertrauen sein Holzpferd entgegen, das den Kopf verloren hatte. Onkel Biedermann schnitzte den neuen Kopf und klebte, was zu kleben war. Er bastelte ganze Bauernhöfe, schuf Ritter- und Indianerausrüstungen mitsamt den schönsten Bemalungen. Zum Lohn ließ er sich an den Marterpfahl binden und nahm es nicht einmal übel, wenn wir ihn dort vergaßen und erst Tante Deten ihn erlöste, die in der einbrechenden Dämmerung mit ihren »Albrecht, Albrecht!«-Rufen durch den Park irrte, schauerlich mißtönend den Eulen vorweg. Drohte aber ein verregneter Nachmittag in grauer Langeweile zu ersticken, so erfand Onkel Biedermann Stegreifspiele, oder er zog uns in den Bann des natürlich auch selbstgebastelten Kasperletheaters. Den Abschluß bildete unweigerlich der »Chinesentusch« mit seinem Singsang:

»In China ist es bös,
wenn da so einem Chines',
der räubert und stibitzt,
der Bauch wird aufgeschlitzt ...«

Was dann im Aufspringen und Niederstürzen, in den Gesten und in der Lautmalerei des Vorgangs so drastisch wie blutrünstig zur Darstellung kam. Übrigens trug auch Tante Deten, wenn sie gut aufgelegt war, zur Unterhaltung bei, besonders mit ostpreußischen Geschichten im breitesten Originaldialekt. Oder mit Gedichten: Eines, das wir nicht oft genug hören konnten, ist mir bis heute im Gedächtnis geblieben, sei's mit Fehlern und ohne die Chance, es lautmalerisch angemessen wiederzugeben – die ›Keenigsbarjer Elejie‹:

»Als die Jette ich jesähen,
draussen vor das Keenigstor,
jing vom Kopf bis zu die Zehen
jleich so 'n Kribbeln in mich vor.

Ich zoch dem Hut, um ihr zu jriessen,
und sackte jleich zur Ärde hin.
Sie kiekt mir an von Kopf bis Fiessen
und fragt mir, ob ich daamlich bin.

So jing sie waiter durch die Strassen,
und ich ihr immer hintennach.
›Mänsch, wer hat dem rausjelassen?‹
schrien die Leit – mir wurd' janz schwach.

Nu jingen wir baide wie bedammelt
Arm in Arm, wir duzten uns.
Ihr Mozartzopf war aufjebammelt,
und die Jungens uzten uns.

Wir jingen beide in 'nen Kaller,
und sie aß und trank vor vier
und belackt auch noch dem Taller –
und ich, ich hatt' kein Jeld bei mir.

Als es schließlich kam zum Zahlen,
war schon die Jeschichte aus,
denn der Wirt, was soll ich prahlen?
haut mir durch und schmeißt mir raus.«

Und nun also die Tränen des Abschieds: Zwei alte Leute auf ihrem Weg ins Ungewisse, Onkel Biedermann mit einem Rucksack auf seinem schmalen Rücken, ein Köfferchen dazu, mühsam nur vom Bindfaden zusammengehalten. Was wird aus ihnen werden? Was wir von den Zuständen auf der Bahn wissen, was vielmehr als Gerücht sich durchgefressen hat, dokumentiert mein Brief. Werden sie diese Reise überhaupt überstehen? Oder in einem Lager stranden und elend zugrunde gehen? Und falls sie

Berlin erreichen: Gibt es ihre Wohnung am Stubenrauchplatz in Steglitz noch? Wie steht es mit den Möglichkeiten, sich dort zu ernähren? Deckt nicht der Hunger sein Leichentuch über das Ruinenfeld, das einmal stolz die Reichshauptstadt hieß? Lauter Fragen und nirgendwo Antwort. Zwei alte Leute, erstarrt, fast versteinert unter dem Peitschenknall des Fuhrmanns. Kein Winken mehr und kein Zuruf. Bloß das Schweinegequiek, die schreiende Kreatur – ach, wie bald schon verstummt.

Glut unter der Asche

Wie oft bin ich eigentlich inzwischen nach Stolp marschiert, um Vater Jesko mit Brot zu versorgen? Ich habe nicht nachgezählt, es ist nichts Besonderes mehr; mein Weg zum Gefängnis gehört zum Ablauf der Woche einfach dazu. Um so härter trifft dann der Schock: Nach sicherndem Rundblick läßt der Posten am Tor zwar rasch seine Portion Alkohol in die Manteltasche gleiten, aber er will mir nicht öffnen. Er sagt: »Vater fort. Viele fort – Gdansk.«

»Was, Danzig?«

»Ja, Gdansk.«

Es gelingt mir, zum Kommandanten vorzudringen. Der bestätigt, was ich schon gehört habe, und er gibt sich ganz freundlich: »Dort genaue Untersuchung. Nicht traurig sein. Dort viel besser. Heizung im Winter. Hier keine möglich. Auf Wiedersehen! Do widzenia!«

Da stehe ich nun, ratlos. Daß es in Danzig tatsächlich »besser« ist, mag stimmen oder auch nicht. Was weiß dieser Kommandant davon? Ist er je selbst in Danzig gewesen, kennt er die Zustände dort anders als vom Hörensagen? Wahrscheinlich handelt es sich nur um eine höfliche Floskel, so wie man sie Schwerkranken gegenüber gebraucht, denen man den Ernst ihres Zustands verheimlichen möchte; vielleicht hat er das Entsetzen in meinen Augen gesehen.

Denn zweierlei scheint jetzt sicher zu sein. Erstens können wir mit Vater Jeskos Entlassung so bald nicht mehr rechnen. Wozu sonst der Aufwand seiner Verlegung? Stichworte wie »genaue Untersuchung« und »Winter« sprechen deutlich genug. Zweitens: Vater ist unerreichbar geworden. Zwar gibt es nicht nur die Transporte zur Ausreise; sondern dann und wann verkehren auch schon wieder richtige Personenzüge. Aber jeder sagt, jeder weiß: Für Deutsche bleibt ihre Benutzung streng verboten. Polnisches Geld, um eine Fahrkarte zu kaufen, besitze ich ohnehin nicht. Und der Fußmarsch verbietet sich erst recht. Nicht mehr dreißig, sondern mindestens hundert Kilometer bis zum Ziel, durch völlig unbekanntes Gebiet, ohne Verwandte oder Bekannte, ohne einen Unterschlupf zum Ausruhen, zum Schlafen am Weg und in Danzig! Nein, das geht nicht, im Wortsinne nicht: Ich kann diesen Weg nicht gehen. Außerdem setzt mein Brot mit seiner Neigung zum schnellen Verschimmeln unübersteigbare Grenzen. Es gibt jetzt unerbittlich nur eines: Wir selbst, wir Frauen müssen uns auf den Winter einrichten, so gut wir es vermögen.

»Der Winter ist wie ein Gespenst«, heißt es in meinem Brief. Das trifft genau: Es graut uns vor den Monaten, die vor uns liegen. Unversehens wird wieder wahr, was in der angeblich guten alten Zeit wohl immer gegolten hat und was wir im Stolz unseres Fortschritts zur modernen Zivilisation nur vergaßen.

»Denn wie die Felder öde stehn,
die Nebel kalt darüber wehn
und Reif bedeckt die Matten,
so endet alle Lust der Welt,
des Lebens Glanz und Kraft zerfällt,
schnell wachsen seine Schatten.«

So kann man es in einem älteren Gesangbuch lesen.

Im geruhsam ländlichen Hinterpommern der Vorkriegszeit war der Winter die Zeit der verlockenden Düfte: vom Bratapfel in der Ofenröhre, von Würsten, Schinken, Gänsebrüsten, die in der Räucherkammer reiften, vom selbstgerösteten Kaffee, vom Pfefferkuchen. Im Winter fanden die großen Treibjagden statt, mit den festlichen Essen, »Diners« oder handfester »Schüsseltreiben« genannt, die sich an sie anschlossen. Auf dem zugefrorenen Dorfteich kamen die Schlittschuhe zu Ehren, am Hang der Fohlenkoppel die Rodelschlitten. Mehr noch war dies die Zeit für Fahrten im Pferdeschlitten, hinter Dampfwolken aus den Nüstern der Tiere, unterm Schellengeläut. Wen störte da schon die Kälte? Man war ja von Kopf bis Fuß wohlig verpackt. Der Winter war auch eine Zeit des Ausruhens von der harten Arbeit, die von der Frühjahrsbestellung bis zur Kartoffelernte im Herbst das Leben geprägt hatte. Und Winter war Weihnacht.

Unser gelassenes oder sogar freundliches Verhältnis zum Winter setzt allerdings etwas ganz und gar Künstliches stillschweigend voraus: den Triumph unseres Fortschritts, sozusagen auf dem dünnen Eis einer funktionierenden Ordnung. Es setzt voraus, daß wir mächtiger sind als die Umstände, daß wir die Natur beherrschen. Wehe, wenn diese Herrschaft plötzlich zerbricht und unsere Macht sich zur Ohnmacht verkehrt! Auf einmal ist alles verändert, und aus der dunklen Jahreszeit wird die finstere, die elementare Bedrohung.

Wahrscheinlich ist das durch Jahrhunderte und Jahrtausende so gewesen, seit Anbeginn menschlicher Existenz in unseren Zonen; wir haben das eben nur vergessen. Früher einmal bedeutete der Winter: Beschränkung. Bittere Not bedrohte die Menschen wie die Tiere. In der Landwirtschaft sprach man vom »Schwanzvieh«, das nach den Entbehrungen des Winters zu schwach war, um auf die Beine zu kommen, und daher am Schwanz auf die Frühjahrsweide geschleppt werden mußte. Den Menschen drohten Mangelkrankheiten, zum Beispiel der Skorbut, weil man vom Eingemachten lebte und es frisches Obst oder Gemüse nicht gab. Oder es drohte die »englische Krankheit«, die Rachitis: Zu den Schrecken meiner Kindheit gehörte der im Winter unvermeidbare, alltägliche Löffel Lebertran, der sie abwenden sollte. Doch wie immer es einst gewesen sein mag, gemessen an unserer Lage im Herbst 1945 wirkt jede Erinnerung wie eine Idylle.

Vorab kommt es darauf an, sich vor der Kälte, vor dem Erfrieren zu schützen. Dazu braucht man einen Ofen. Den besitzen wir, einen guten sogar. Er hat Zug, und bei geschlossenen Türen speichert er die Wärme für Stunden. Nur, leider: Er will gefüttert sein, er braucht Brennholz. Zwar liegt unser Haus abseits vom Dorf direkt am Park mit seinem dichten Buchenbestand. Fallholz und Reisig gibt es reichlich, man braucht es nur aufzusammeln. Aber damit läßt sich allenfalls ein rasch prasselndes Herdfeuer entfachen, nicht der Ofen kräftig und dauerhaft heizen.

Immerhin: Schon im Sommer ist mir eine wichtige »Anschaffung« gelungen. Beim Umherstreifen auf der Suche nach Brauchbarem stieß ich auf die Feldscheune von Rowen. Sie war verschlossen. Doch unter dem Tor hatten sich Vertiefungen gebildet, wohl vom jahrelangen Ein- und Ausfahren der Erntewagen. Eine genügte, um mich hindurchzuzwängen. In der Scheune standen Gerätschaften: Pflüge und Eggen, eine Walze. Und ich entdeckte, was mein Herz höher schlagen ließ: eine Axt und eine Säge. Wehe freilich, wenn ich selbst mit meiner Beute entdeckt worden wäre! So wartete ich im hintersten, dunkelsten Winkel unter einem Haufen von Stroh halb schlafend, halb horchend bis zur Dämmerung, um dann im Triumph nach Hause zurückzukehren.

Axt und Säge: Damit umgehen, Bäume fällen und zersägen, die Kloben hinters Haus tragen oder rollen, sie dort zerspalten, Holzstapel kunstgerecht so aufbauen, daß der Wind sie zum Trocknen durchlüftet, aber der Regen sie nicht durchnäßt – das ist für uns Frauen eine ungewohnte und schwere Arbeit. Sie beginnt schon im Sommer, sie geht den Herbst und den ganzen Winter hindurch weiter und weiter.

Einmal hat der Sturm an der Böschung des Dorfteichs eine Birke umgeworfen, quer über den Weg von unserem Haus zur Brennerei. Ich eile mit der Säge hin. Denn wenn das feste Buchenholz die Wärme bringt und die Glut hält, dann taugt die leichtere Birke am besten zum Anheizen. Während ich auf dem Boden knie und säge und säge, sehe ich plötzlich vor mir ein paar Stiefel. Langsam blicke ich hoch – und erstarre: Vor mir steht der russische Kommandant. Eigenmächtiges Holzfällen ist streng verboten – wie fast alles. Zwar habe ich den Baum nicht gefällt; er ist von selbst umgestürzt. Aber wie leicht läßt sich etwas anderes behaupten und dann das unersetzbare Werkzeug beschlagnahmen!

Kommt es überhaupt aufs Baumfällen an und nicht auf den »Diebstahl« von Brennholz?

Der Herr Kommandant schüttelt den Kopf mit einem halb vorwurfsvollen, halb amüsierten Lächeln. Er sagt: »Also, so kann man doch wirklich nicht sägen.«

Er zeigt mir, wie es gemacht wird, wie man den Stamm legen muß, damit seine Spannung das Sägeblatt nicht einklemmt, sondern freigibt. Er hilft mir, bis die Birke zersägt ist.

Dieser Kommandant heißt Sascha, jedenfalls wird er so genannt, ein noch ganz junger und ein gebildeter Mann, Medizinstudent aus Moskau, der recht gut deutsch spricht. Am nächsten Tag besucht er uns. Natürlich weiß er, wer wir sind; gerade darum will er sich unterhalten. Wir opfern dieser Gelegenheit unseren beinahe letzten Bohnenkaffee, den der Gast mit Wodka anreichert; das Gespräch dauert bis weit in den Abend hinein.

Sascha liebt Heinrich Heine. Darum beschäftigt ihn, den angehenden Anatomen, die vom Dichter hinterlassene Rätselfrage, ob die Mädchen in Göttingen denn nun zierliche oder allzu große Füße haben.

Vor allem aber möchte er gern einmal den Rhein sehen, seine Rebhügel, Felsen und Burgruinen; er zitiert, mit seinem russischen Akzent nur um so ausdrucksvoller:

»Ich weiß nicht, was soll es bedeuten,
Daß ich so traurig bin ...«

Er ist verblüfft, als er erfährt, daß es im verblichenen Großdeutschen Reich dazu hieß: »Volkslied, unbekannter Dichter«. Und daß, der großen Zeit schon vorweg, Erich Kästner – nach einer wahren Begebenheit – das passende Gegengedicht geschrieben hat. Es heißt ›Der Handstand auf der Loreley‹ und handelt vom deutschen Recken, der im Geiste seines Turnvaters den eigenen Mut erprobt. Die letzten Verse fallen mir ein:

»Er stand, als ob er auf dem Barren stünde.
Mit hohlem Kreuz. Und lustbetonten Zügen.
Man frage nicht: Was hatte er für Gründe?
Er war ein Held. Das dürfte wohl genügen.

Er stand, verkehrt, im Abendsonnenscheine.
Da trübte Wehmut seinen Turnerblick.
Er dachte an die Loreley von Heine.
Und stürzte ab. Und brach sich das Genick.

Er starb als Held. Man muß ihn nicht beweinen.
Sein Handstand war vom Schicksal überstrahlt.
Ein Augenblick mit zwei gehobnen Beinen
ist nicht zu teuer mit dem Tod bezahlt!

P.S. Eins wäre allerdings noch nachzutragen:
Der Turner hinterließ uns Frau und Kind.
Hinwiederum, man soll sie nicht beklagen.
Weil im Bezirk der Helden und der Sagen
die Überlebenden nicht wichtig sind.«

»Ja«, sagt Sascha eher melancholisch als im Triumph, »und da liegen sie nun, diese Helden, kaputt, ganz kaputt... Und was fangen inzwischen die Überlebenden an? Aber mein Heine, euer unbekannter Dichter, der hat vor dem Turnvater und den Turnsöhnen schon immer gewarnt.« Ein junger Russe und zwei deutsche Frauen, die einander Gedichte zitieren, die über deutsche Abgründe reden: Auch das gehört in diesen Herbst des Jahres 1945.

Wenig später findet wieder einmal ein nächtlicher Überfall statt. Ihm fällt unser großer Koffer zum Opfer, den wir als Kleiderkommode benutzen – eines jener wie für die Ewigkeit gemachten, leistenbeschlagenen Ungetüme, mit denen man früher auf Reisen ging, offenbar in dem Wahn, den halben Hausstand mitnehmen zu müssen. Kurz entschlossen marschiere ich zum Kommandanten und zeige den Diebstahl an. Und tatsächlich: Er treibt den Koffer wieder auf – freilich ohne seinen weit wichtigeren Inhalt – und bringt ihn uns strahlend zurück. Leider wird Sascha nach wenigen Wochen schon wieder abgelöst; er bildet die Ausnahme in der langen Reihe rasch wechselnder Kommandanten, für die eher jener andere typisch ist, dem seine Vorliebe für Razzien nach Einbruch der Finsternis den Beinamen »Dunkle Nacht« einträgt.

Eine zweite Geschichte vom Holzsägen hat mich mit mehr als vierzig Jahren Verspätung erreicht, 1986 in einem Brief vom anderen Ende der Welt, aus Australien: »Meine Mutter, mein jüngerer Bruder und ich gingen in den Wald, um Holz zu sammeln. Da begegneten wir Ihrer Frau Mutter, die im Schmutz kniend mit einer Magd« – damit ist offenbar Marie gemeint – »Holz sägte. Meine Mutter begrüßte sie und sagte: ›Frau Baronin, wie der Anblick mich betrübt, Sie so arbeiten zu sehen.‹ Ihre Mutter stand auf, richtete sich kerzengerade auf und erwiderte: ›Frau Bielang, man muß dem Schicksal die Stirn bieten.‹ Diese Begebenheit hat mir – einem Kind damals – so großen Eindruck gemacht, daß sie mich seitdem immer begleitet hat. Und wenn es in meinem Leben einmal dunkle Stunden gab, habe ich mich daran erinnert und aufgerichtet.«

So war unsere Mutter wohl, nicht nur durch ihre Erziehung, sondern aus Überzeugung dazu gewachsen, stets die Beherrschung zu wahren, um keinen Preis der Wehleidigkeit zu verfallen und Gefühle in sich einzuschließen. Sie fand die ständig »Bewegten« abscheulich, diese »Herzenshausierer«, wie sie sie nannte. Und wer sie nicht näher kannte, mochte leicht als Kälte mißverstehen, was dies ganz und gar nicht bedeutete, sondern eine Haltung – kerzengerade in jedem Sinne, in jeder Situation, bis ins hohe Alter hinein: »Da geht Preußen«, hörte ich einmal, im Hinterherschauen, einen Unbekannten sagen. In all den Jahren, den Jahrzehnten unseres Lebens und Umgangs miteinander habe ich nur zweimal miterlebt, daß sie wirklich die Fassung verlor und weinend zusammenbrach: das eine Mal im September 1939, als die Nachricht kam, daß ihr ältester Sohn als junger Offizier vor Warschau gefallen war; das andere Mal, als nach dem langen Kampf um Leben und Tod auf dem Dachboden von Rowen ihre Enkelin endlich den ersten Schrei tat.

Der alltägliche Kampf ums Überleben wird indessen oft um schier lächerliche Kleinigkeiten geführt und an ihnen entschieden – zum Beispiel an Streichhölzern. Unsere Vorräte schrumpfen unerbittlich dem Ende entgegen; ob sie sich je noch einmal auffüllen lassen, bleibt ungewiß. Also kommt es darauf an, über die Nacht hinweg vom Schlafengehen bis zum Aufstehen im Ofen die Glut zu bewahren. Mit Briketts ist das kein Problem, mit Holz aber sehr wohl. Es gelingt meistens, wenn die Glut sorgfältig mit Asche abgedeckt wird.

Doch es gelingt nicht immer. Irgendein Kobold sorgt offenbar dafür, daß nebenan bei Grete Krupps und bei uns die Öfen immer gleichzeitig ausgehen. In solchen Fällen muß die kostbare Glut dann von der Brennerei oder von der nächsten Dorfwohnung her über reichlich zweihundert Meter im Sturmschritt herantransportiert werden, von Asche ummantelt in einem alten Eimer, auf den man zum Schutz gegen vorzeitige Zugluft ein Stück Blech preßt.

Was lernt man im übrigen nicht alles, wenn es sein muß! Die Buchenasche zum Beispiel erfüllt noch einen anderen Zweck: Sie ersetzt das Waschpulver. Ein strahlendes Weiß läßt sich damit schwerlich herbeirubbeln, aber die elementare Sauberkeit durchaus.

Paradiesgärten oder: Die Früchte der Enthaltsamkeit

Unsere Stube zu wärmen mag harte Arbeit bedeuten. Aber es stellt im Prinzip kein Problem dar. Holz gibt es genug, man muß es nur herbeischaffen. Bei der Ernährung verhält es sich genau umgekehrt. Im Prinzip gibt es gar nichts, weder Zuteilungen noch Geld, um etwas zu kaufen. Und keine Brennessel, kein Sauerampfer läßt sich jetzt noch zu einer Suppe, kein Löwenzahn mehr zu Salat verarbeiten; im kahlen Gutsgarten ist das Räuber-und-Gendarm-Spiel sinnlos geworden. Daß wir dennoch den Winter überstehen, verdanken wir einer Kombination von glücklichen Umständen.

Zunächst einmal erweist die Brennerei ihren unschätzbaren Wert. Die Russen bestehen darauf, daß sie ständig in Betrieb bleibt, um Spiritus oder besser gesagt Branntwein herzustellen. Dazu lassen sie zunächst aus der näheren Umgebung und dann, als die leergeräumt ist, sogar aus beträchtlicher Entfernung ständig Kartoffeln herbeifahren. Und weil sie auf »Kultura« halten, bestehen die Russen außerdem darauf, daß die Kartoffeln vor ihrer Verarbeitung nicht nur gewaschen, sondern auch geschält werden. Tag für Tag versammelt sich darum eine Schar von Frauen um einen riesigen Bottich und macht sich an die eigentlich überflüssige Arbeit, so als gelte es, eine ganze Armee zu beköstigen. Ein Lohn wird nicht bezahlt. Um so eifriger versuchen die Frauen, versteckte Taschen zu füllen und einen kleinen Vorrat der kostbaren Knollen nach Hause zu tragen, obwohl dies streng verboten ist. Auch Marie arbeitet seit einiger Zeit in der Brennerei. So sichert sie die Grundlage pommerscher Ernährung, wie sie seit den Tagen des Alten Fritz sich segensreich entwickelt hat.

Unser zweiter Glücksfall sind Herr und Frau Gleumann, die Inhaber der Klenziner Mühle. Ich weiß nicht, ob wir in den früheren Jahren etwas Besonderes für sie getan haben. Aber die Gleumanns bewähren sich als treue Freunde. Die Mühle liegt etwas abseits von anderen Häusern an ihrem Mühlbach; auch sie ist ständig in Betrieb und wird mit Getreide versorgt. Denn Mehl brauchen die Sieger so notwendig wie die Besiegten. Etwa zweimal im Monat machen Mutter oder ich uns mit der einbrechenden Dämmerung auf unseren Schleichweg von etwa vier Kilometern, um dann im Schutz der Dunkelheit an der Hintertür der Gleumanns anzuklopfen. Und nie tun wir es vergeblich, stets füllen sich unsere Säckchen mit Mehl und mit Grieß. Frau Gleumann läßt uns im übrigen um keinen Preis wieder fort, bevor wir nicht ein belegtes Brot gegessen haben, »zur Stärkung auf die Nacht«.

Drittens gibt es den »Paradiesgarten«. Der Ursprung des Namens scheint verloren zu sein; niemand weiß ihn mehr zu enträtseln. Es handelt sich um eine seit langem ziemlich vernachlässigte Gruppe von alten Apfelbäumen in einem verschwiegenen

Winkel des Parks. Seit Jahren schon tragen die knorrig verwachsenen Stämme nur noch karge Frucht, doch ausgerechnet in diesem düsteren Herbst bieten sie noch einmal eine reiche Ernte. Und kein Cherubim mit dem bloßen, hauenden Schwert, kein Russe mit seiner Maschinenpistole verwehrt den Zutritt.

Für so manche Mondnacht kehren wir in diesen Garten Eden zurück. Ich durchklettere schüttelnd das Geäst, während Mutter und Marie mit dem Einsammeln beginnen. Nicht immer allerdings bleiben wir dabei allein. Einmal stürze ich vor Schreck beinahe ab. Denn in dem Baum, den ich gerade besteige, hockt ein unheimlicher Schatten! Es ist, wie sich rasch herausstellt, ein Dorfjunge, den die Paradiesfrüchte ebenso angelockt haben wie mich. Unsere wechselseitige Lähmung löst sich rasch im Flüstern und unterdrückten Kichern. Am Ende übernimmt der Junge für diese Nacht das Schütteln und bekommt dafür seinen gebührenden Anteil.

Als ein Rettungsengel tritt – viertens – Herr Totta auf den Plan. Das ist der Pole, der sich auf dem Bauernhof von Wilhelm Lemke eingerichtet hat. Mein Gedächtnis verschweigt, ob er schon vor dem russischen Einmarsch als Kriegsgefangener oder Zwangsarbeiter in Rumbske lebte oder erst nachher auftauchte; jedenfalls ist er nun da und hat mich und vor allem Claudia in sein Herz geschlossen. Dieser eher zierliche, immer listig lächelnde Mann besitzt noch oder schon wieder eine Kostbarkeit: eine Kuh, die reichlich Milch gibt.

Wie mein Brief es beschreibt, ist die Milchzuteilung an Kleinkinder im Herbst eingestellt worden. Nicht bloß das: Weil allgemeiner Mangel herrscht, hat man untersagt, Deutsche überhaupt noch zu beliefern. »Verboten, verboten!« So lautet im Kampf ums Überleben die bittere Parole. Doch Milch zu stehlen, das heißt, in der Nacht Kühe heimlich zu melken, erweist sich als zunehmend schwierig, ja praktisch als unmöglich, seit mit dem Beginn der kalten Jahreszeit das wenige noch vorhandene Vieh in den Ställen verschwindet, die nachts verriegelt und verschlossen werden. Wie nun Claudia durchbringen? Frau Vietzke kann nicht mehr helfen, und mit dem Grießbrei allein, so wichtig er sein mag, ist es nicht getan.

Genau in diesem kritischen Moment bietet Herr Totta sich als Nothelfer an. Natürlich darf ich ihn stets erst nach Einbruch der Dunkelheit aufsuchen. Aber die fällt jetzt ohnehin früh genug ein, und da Lemkes oder inzwischen Tottas Hof ganz am Dorfrand liegt, das letzte Gebäude am Weg nach Rowen, ist es kein Problem, ihn ungesehen zu erreichen. Ich besitze übrigens noch ein paar Herrenhemden von Jobst, die ich nach und nach zu Herrn Totta hinübertrage und die er gerne annimmt. Doch ich bin überzeugt: Auch ohne solche Gegengaben würde ich meine Milch bekommen.

Schließlich, aber nicht zuletzt gilt es unsere Marie zu rühmen. Die »Schloßmamsell« – oder: »de Köksch«, wie es im pommerschen Platt treffsicher heißt – ist im Grunde ja daran gewöhnt, aus dem vollen zu wirtschaften. Als Fünfzehnjährige, im Ersten Weltkrieg, zog sie bald nach meiner Mutter ins Rumbsker Gutshaus ein und lernte hier ihre Künste. Aber niemand hat sie darauf vorbereitet, den Mangel zu verwalten. Jetzt löst sie diese Aufgabe, als hätte sie nie etwas anderes getan. Was kann man aus Kartoffeln und Äpfeln, aus Äpfeln und Kartoffeln alles zubereiten? Das ist die Preisfrage. Marie zaubert von der Suppe über den Auflauf bis zum Mus immer neue Variationen auf den Tisch, so daß wir oft mit Behagen essen und nicht etwa nur, um unseren Hunger zu stillen. »Bei Marie würden noch alte Schuhsohlen schmecken«, heißt unser Preislied, wenn sie wieder einmal fast aus dem Nichts etwas Neues erfindet. Einen Höhepunkt bilden natürlich die süßen Gerichte, für die bis ins Frühjahr hinein Maries Zuckersack noch etwas hergibt.

Um Mißverständnissen vorzubeugen: Gleich neben Marie regiert Schmalhans als unser Küchenmeister. Der Zucker muß spartanisch rationiert werden. Ähnlich die wenigen Äpfel, die die Jahreswende überdauern. Fett gibt es praktisch nur, wenn ich als Ladendiebin in Glowitz etwas ergattere; Fleisch bleibt erst recht eine bestaunte Ausnahme. Die Gleumanns, denen ihre Zuteilungen und Ablieferungen peinlich nachgewogen werden, riskieren schon viel, wenn sie uns überhaupt etwas zustecken. Immer muß darum unser Brot mit zermahlener Birkenrinde gestreckt werden, und immer behält es – mit der

Brennerei-Hefe gebacken – seine fatale Neigung bei, umgehend zu verschimmeln.

Seltsam gleichwohl: Zwar knurrt uns in diesen Wintermonaten häufig und heftig der Magen. Aber nie leiden wir unter Magenbeschwerden. Das schimmelnde Brot, die angefrorenen Kartoffeln, faulende Äpfel oder das Stück Fleisch, das die Russen mitunter an die Frauen in der Brennerei weitergeben, weil es nicht mehr gut riecht: Nichts scheint uns etwas auszumachen. Die Ironie der Umstände hat ihre Hand im Spiel und verschreibt uns eine ebenso unfreiwillige wie erfolgreiche Kur der Enthaltsamkeit. Besonders Mutter hatte von Jugend an mit ihren »Verstimmungen« zu kämpfen, mit Übelkeit, Erbrechen, Durchfall oder Verstopfung, mit hartnäckiger Appetitlosigkeit. Das alles verfliegt jetzt – und ist auch später nie mehr zurückgekehrt.

Nicht vom Brot allein

»Die Kinder des Reichs werden ausgestoßen in die Finsternis hinaus; da wird sein Heulen und Zähneklappen«, heißt es im Matthäusevangelium. Finsternis, wahrhaftig und buchstäblich: Weil Rumbske, Kreis Stolp in Pommern, so nördlich liegt wie das ostpreußische Königsberg, beginnt nicht die Dämmerung, sondern die Dunkelheit des Winters schon gegen vier Uhr nachmittags, und sie dauert bis weit in den zögernden Morgen hinein.

Die Dunkelheit regiert unerbittlich; alles sonst Selbstverständliche versagt und bleibt verschwunden wie ein ferner Traum: Kein Schalter des elektrischen Lichts läßt sich noch anknipsen, keine Petroleumlampe oder Laterne sich entzünden. Auch Wachskerzen oder Talglichter gibt es längst nicht mehr.

Daraus entsteht ein handfestes Problem: Das Kind kann nicht für reichlich sechzehn Stunden ohne Ernährung auskommen; es braucht seine Abendfütterung. Was tun? Wir erinnern uns an das Stichwort, das in Berichten von den alten Germanen auftaucht: Kienspan. »Kien« meint die Kiefer, die auf Verletzungen mit einem starken Ausfluß von Harz antwortet, und Kienspäne sind die vom Harz durchtränkten schmalen Holzscheite, die dann als Fackeln dienen. Also versuchen wir unser Glück; mit Vaters Jagdmesser, das wir gottlob noch besitzen, schneiden wir Kerben in Kiefernstämme und klemmen die passend gemachten Scheite hinein. Nach einiger Zeit hat das Harz sie tatsächlich durchtränkt und ummantelt.

Vielleicht verstanden sich die alten Germanen auf die Herstellung ihrer Kienspäne doch besser. Unsere zumindest erzeugen statt des erhofften Leuchtens stets nur ein dämmriges Glühen. Zum Ausgleich produzieren sie reichlich Ruß, der flockig herabfällt – oft genug in den Topf mit dem Grießbrei. Aber für unsere an die Dunkelheit gewöhnten Augen genügt das Dämmerlicht, und dem Kind schadet der Zusatz von Ruß in seinem Essen offenbar nicht.

Indessen erweist sich je länger je mehr für uns selbst, für die Erwachsenen, die Dunkelheit als Problem. Man kann ja nicht zwei Drittel von Tag und Nacht oder den Winter überhaupt verschlafen; der Mensch ist kein Murmeltier. Man kann erst recht nicht bloß vor sich hinstarren. Finsternis verfinstert die Seele; unwillkürlich haken sich die Gedanken am Schrecken, an der Katastrophe fest: Gleich wird der nächste Überfall stattfinden und besonders brutal sein; womöglich ist Vater schon verhungert oder erfroren; falls das Kind erkrankt, wird es sterben, weil wir keinen Arzt und keine Medikamente haben; bald gibt es nichts mehr, was wir noch verkaufen können; unsere letzten Vorräte gehen zu Ende. Und so fort und immer fort.

Wir brauchen also eine aktive Beschäftigung, eine Art von geistigem Überlebenstraining. Und dafür gibt es nur eine einzige Möglichkeit: Wir müssen, sozusagen mit unserem Kienspan in der Hand, hinabsteigen in die weit verzweigten Gänge, in die Gewölbe des Erinnerns und dort nach den Schätzen suchen, die der Rost der Jahre zwar dicht überzogen, aber noch nicht gefressen hat. Zu unserem Glück gehören wir zu den Generationen, für die in ihrer Jugend und Schulzeit das Auswendiglernen und Aufsagen von Gedichten zu den Selbstverständlichkeiten gezählt hat. Im Rückblick auf unsere Erlebnisse als Schatzsucher frage ich mich heute manchmal, was wohl in einer ähnlichen Situation die Kinder der Gegenwart anfangen würden. Könnten sie in ihren Erinnerungsgängen etwas anderes entdecken als die nichtsnutzigen Gespenster von »Superman« oder »Donald Duck«?

Im vordersten Gewölbe stoßen wir auf die klassischen Balladen. Goethe vom ›Erlkönig‹ bis zum ›Zauberlehrling‹, Schiller vom ›Taucher‹ bis zur ›Bürgschaft‹, Uhlands ›Schwäbische Kunde‹ und ›Des Sängers Fluch‹, Chamissos ›Riesenspielzeug‹ oder Bürgers ›Lenore‹ – das versteht sich beinahe von selbst; es bildet gewissermaßen unser kleines Einmaleins. Die Balladen bieten überdies einen unschätzbaren Vorteil: Sie lassen sich so schön dramatisch und manchmal schauerlich aufsagen. Mutter besonders versteht sich darauf ganz vortrefflich. Um es noch besser tun zu können, erhebt sie sich unwillkürlich und stellt sich – im Dunkeln! – vor Marie und mir auf, so als trete sie als das junge Mädchen der Jahrhundertwende vor ihre Mitschülerinnen, glühend vor Eifer.

Selbstverständlich gibt es manchmal Schwierigkeiten:

»Der Tauwind kam vom Mittagsmeer
Und schnob durch Welschland trüb und
feucht.«

So heißt es im ›Lied vom braven Manne‹ von Gottfried August Bürger. Aber wie geht es weiter? Wie in dieser Ballade eine Brücke von der Frühjahrsflut zertrümmert wird und der Zöllner samt Weib und Kind zu ertrinken droht, irren auch wir in unseren Erinnerungen oft zwischen Trümmern umher, ungewiß, ob sie sich noch einmal zusammenfügen lassen. Aber unter allem Staub oder Schutt liegt viel mehr aufbewahrt, als man zunächst glaubt; je intensiver wir suchen, desto häufiger finden wir, was wir gar nicht mehr erwartet haben. Und gerade in dem Suchen liegt ein besonderer Reiz, um nicht zu sagen ein Hauptzweck unserer Beschäftigung. Denn unwillkürlich arbeitet das in Bewegung gebrachte Gedächtnis weiter und weiter und verhindert den Absturz in die Ängste kommenden Unheils. Sehr oft beginnt ein Nachmittag genau dort, wo wir am Vorabend aufhörten, mit der Bemerkung: »Also, ihr werdet staunen. Heute nacht ist mir wieder eingefallen ...« Bald staunen wir kaum mehr, sondern nehmen die Einfälle als ganz selbstverständlich entgegen.

Nach und nach bekommen wir ein reiches Repertoire zusammen. Gewiß schleichen sich Fehler ein, und Lücken bleiben, besonders, als wir uns von den Balladen weg in Gefilde vorwagen, in denen kein Leitfaden des dramatischen Handlungsablaufs die Orientierung erleichtert:

»Auf die Postille gebückt, zur Seite des
wärmenden Ofens,
Saß der redliche Tamm ...«

Das ist der Anfang eines langen Gedichts von Johann Heinrich Voß unter dem Titel ›Der siebzigste Geburtstag‹. Aber trotz aller Anstrengungen stocken wir hier. Ähnlich ergeht es uns mit Seumes edlem Wilden. Nur »Europens übertünchte Höflichkeit« ist noch da – und dann natürlich das unvergleichliche Ende:

»Ruhig lächelnd sagte der Hurone:
›Seht, ihr fremden, klugen, weißen Leute,
seht, wir Wilden sind doch bessre Menschen!‹
Und er schlug sich seitwärts in die Büsche.«

Auf ganz andere Weise scheitern wir an Schillers ›Lied von der Glocke‹. Zwar geht es zügig voran. Aber bei »Und drinnen waltet die züchtige Hausfrau« hält Mutter mich plötzlich auf und erklärt kategorisch: »Nein, das ist doch wirklich zu albern.« Damit wird diese Glocke unwiderruflich eingeschmolzen.

Manche Gewölbe betreten wir überhaupt nicht, so viel darin auch gestapelt sein mag. Von Ausnahmen abgesehen bleibt zunächst das Lyrische ausgespart, vielleicht weil es uns gefährlich nahe an die Klippen unkontrollierbarer Gefühle heransteuern könnte. Danach oder vor allem das Heroische, das patriotische Getöse. In unseren Schulzeiten hatte derlei eine große, manchmal beherrschende Rolle gespielt, und in Mutters Jugend bildete der »Sedantag« einen Höhepunkt des Nationaljahres. Doch was in aller Welt ist noch anzufangen mit der »Emser Depesche«, mit der »Trompete von Gravelotte« oder dem »Gott, der Eisen wachsen ließ«? Wozu »braust ein Ruf wie Donnerhall«, wohin führt »Germania« am Ende »ihre Kinder«?

»Horchet! – Durch die Nacht, ihr Brüder
welch ein Donnerruf hernieder?
Stehst du auf, Germania?
Ist der Tag der Rache da?

Zu den Waffen, zu den Waffen!
Was die Hände blindlings raffen!
Mit dem Spieße, mit dem Stab
strömt ins Tal der Schlacht hinab!

Alle Triften, alle Stätten
färbt mit ihren Knochen weiß;
welchen Rab und Fuchs verschmähten,
gebet ihn den Fischen preis;
dämmt den Rhein mit ihren Leichen,
laßt, gestaut von ihrem Bein,
schäumend um die Pfalz ihn weichen,
und ihn dann die Grenze sein!

Eine Lustjagd, wie wenn Schützen
auf die Spur dem Wolfe sitzen!
Schlagt ihn tot! Das Weltgericht
fragt euch nach den Gründen nicht!«

Nein, nein: Das alles rühren wir nicht an. Um keinen Preis würden wir es tun, und dazu bedarf es erst gar keiner Verabredung. Denn es hat nicht standgehalten, und darum taugt es nicht zum Standhalten.

Eine große, manchmal beherrschende Rolle spielen dagegen der Spott und das unfreiwillig oder freiwillig Komische. »Nach einem verlorenen Krieg müssen Komödien gespielt werden«, habe ich irgendwo einmal gelesen. Wie wahr! Denn das Gelächter ist nun einmal eine menschliche Katastrophenreaktion so gut wie das Weinen. Christian Morgenstern, Wilhelm Busch und Friederike Kempner, die Münchener Bilderbogen: Solche Vorräte sind kaum zu erschöpfen.

Marie freilich hat für unsere Art von Humor nur selten Verständnis. Manchmal empört sie, worüber wir lachen, und wir haben dann Mühe, sie zu besänftigen. Dafür leistet sie ihren eigenen Beitrag. Sie trägt ihre »Lieder aus der Küche« vor, die schöne Tränenseligkeit: »Mariechen saß weinend im Garten ...« Oder:

»Warum weinst du, holde Gärtnersfrau,
weinst du um der Veilchen Dunkelblau,
weinst du um die Rose, die du brichst?
Nein, ach nein, um diese wein ich nicht.
Ach ich wein um den Geliebten mein,
der gezogen in die Welt hinein ...«

Marie singt auch sehr schön; jedem Chor würde sie zur Zierde gereichen. Aber da Mutter und ich unverbesserliche »Brummer« sind, bleibt es leider beim Sologesang.

Je tiefer wir in den Winter hineingeraten, desto mehr nähern wir uns zwei zentralen Bezirken: dem Gesangbuch und der Bibel. Durch alle Überfälle und Plünderungen hindurch hat Mutter einen Gegenstand immer bewahrt und entschlossener verteidigt als jeden anderen: ihr längst schon abgegriffenes Gesangbuch, das sie bald nach der Jahrhundertwende zur Konfirmation geschenkt bekam. Vorn ist mit dem Datum vom 20. September 1888 und in der schönen Handschrift von Frau Liebe der Taufspruch eingetragen: »Lobe den Herrn, meine Seele, und vergiß nicht, was Er dir Gutes gethan hat.« Mit Bedacht übrigens haben wir Claudia an diesem Septembertag getauft und ihr denselben Spruch mitgegeben. Bei den Kirchenliedern bleiben wir also auf verläßlichem Boden. Wir können, wenn wir in unserem Gedächtnis von Paul Gerhardts ›Geh aus, mein Herz, und suche Freud‹ nur elf oder zwölf statt der vollen fünfzehn Verse finden, am nächsten Morgen nachschauen.

Als der Weihnachtsabend herannaht, fürchten wir uns zunächst. Wird nicht die Wehmut uns überwältigen? Wir stellen ein kleines Tannenbäumchen auf und schmücken es mit Sternen, die wir aus Stroh flechten. Ich kaufe aus einer ehernen Reserve von Złotys in Glowitz drei Pralinen, so daß als Bescherung jeder genau eine erhält. Und dann spricht Mutter in die Dunkelheit hinein die Weihnachtsgeschichte, die sie so oft schon am Heiligen Abend vorgelesen hat. Aber noch nie, scheint mir, wirklich nie hat die altvertraute Geschichte so geklungen wie diesmal, Wort um Wort:

»Es begab sich aber zu der Zeit, daß ein Gebot von dem Kaiser Augustus ausging, daß alle Welt geschätzt würde. – Und diese Schätzung war die allererste und geschah zu der Zeit, da Cyrenius Landpfleger in Syrien war. – Und jedermann ging, daß er sich schätzen ließe, ein jeglicher in seine Stadt. – Da machten sich auf auch Josef aus Galiläa, aus der Stadt Nazareth, in das jüdische Land zur Stadt Davids, die da heißt Bethlehem, darum daß er von dem Hause und Geschlechte Davids war – auf daß er sich schätzen ließe mit Maria, seinem vertrauten Weibe, die war schwanger. – Und da sie daselbst waren, kam die Zeit, daß sie gebären sollte. – Und sie gebar ihren ersten Sohn und wickelte ihn in Windeln und legte ihn in eine Krippe; denn sie hatten sonst keinen Raum in der Herberge.«

Ist das nicht zu uns gesprochen, ganz direkt und ganz persönlich in unsere zerbrechliche Zuflucht im Gärtnerhaus von Rumbske hinein? Gab es darum je eine andachtsvollere Gemeinde?

»Und es waren Hirten in derselben Gegend auf dem Feld bei den Hürden, die hüteten des Nachts ihre Herde. – Und siehe, des Herrn Engel trat zu ihnen, und die Klarheit des Herrn leuchtete um sie;

und sie fürchteten sich sehr. – Und der Engel sprach zu ihnen: Fürchtet euch nicht! Siehe, ich verkündige euch große Freude, die allem Volk widerfahren wird; – denn euch ist heute der Heiland geboren, welcher ist Christus, der Herr, in der Stadt Davids. – Und das habt zum Zeichen: ihr werdet finden das Kind in Windeln gewickelt und in einer Krippe liegen. – Und alsbald war da bei dem Engel die Menge der himmlischen Heerscharen, die lobten Gott und sprachen: – Ehre sei Gott in der Höhe und Frieden auf Erden und den Menschen ein Wohlgefallen!«

Der Stern von Bethlehem, ein Licht in der Dunkelheit, in unserer Dunkelheit: Fürchtet euch nicht. Wir halten uns dann lange und still an den Händen.

Am Silvesterabend gehen wir früh ins Bett. Worauf denn sollen wir warten? Aber natürlich können wir noch lange nicht einschlafen. Je länger, je mehr setzt ein Gedanke sich in mir fest, kein trübsinniger, sondern eine Mischung aus Dankbarkeit und Hoffnung: »Ich lebe noch, ich bin noch da! Und wenn wir bisher dies alles überstanden haben, dann wird es auch weitergehen.« Unversehens tritt ein Gedicht hinzu, ein niederdeutsches Gute-Nacht-Gedicht von Theodor Storm, das wir noch nie berührt haben:

»Över de stillen Straten
Geit klar de Klokkenslag;
God' Nacht! Din Hart will slapen,
Und morgen is ok en Dag.

Din Kind liggt in de Wegen,
Un ik bün ok bi di;
Din Sorgen und din Leven
Is allens um un bi.

Noch eenmal lat uns spräken:
Goden Abend, gode Nacht!
De Maand schient op de Däken,
Uns' Herrgott hölt de Wacht.«

Die Fahrt in den Westen

Des Kaisers alte Uhr

Eine Januarnacht: Plötzliches Getrampel schwerer Stiefel, die Tür fliegt auf, vermummte Gestalten brechen herein. Im Schein der Blendlaternen werden Pistolen sichtbar, Messer blinken. Gerade kann ich das Kind noch an mich reißen. Schon poltern Tisch und Stühle zu Boden, ein Teller klirrt in Scherben, wir werden an die Wand gedrängt. Gebrüll: »Uri, Uri!«

»Keine Uri, nix Uri, Uri weg, alles fort!« Fast möchte man mitten im Ansturm von Angst und von ohnmächtiger Wut bitter auflachen: Die Vorgänger dieser Bande haben ihr Werk doch längst und gründlich getan. Aber Marie, in Panik, von zwei der brüllenden Gestalten in eine Ecke gepreßt, heult auf, weist mit dem Finger nach oben, zum Dachboden hin: »Da, da ist noch eine!«

Tatsächlich, diese eine besitzen wir noch, in einem Winkel des Dachbodens, in einer Fuge zwischen zwei Balken sicher versteckt. Durch alle Überfälle und Plünderungen haben wir sie bis in diese Januarnacht 1946 glücklich gerettet: keine Handelsware der üblichen Art, kein Allerweltsprodukt, sondern eine alte, goldene Taschenuhr, ein Meisterstück aus dem

19. Jahrhundert. Sie kann sogar in der Dunkelheit die Zeit anzeigen; auf einen Knopfdruck hin schlagen nacheinander drei Glocken an. Sie zählen die Stunden, die Viertelstunden, dann die Minuten. Ich habe diese Uhr von meinem Karziner Großvater geerbt, der sie wiederum von seinem Vater übernahm, von dem preußischen Staatsminister Robert von Puttkamer. Und dem wurde sie einst von dem alten Kaiser Wilhelm geschenkt; der kaiserliche Namenszug ist in den Deckel eingraviert. Im Kontrast zu den »neuen Kleidern« des Märchens heißt darum dieses Erbstück bei uns: »Des Kaisers alte Uhr«.

Die geht jetzt also auch verloren. Noch einmal läßt sie ihr Glockenspiel hören; es klingt mir wie Weinen ins Ohr, wie ein Rufen nach Rettung. Und für Augenblicke schafft sie im Toben sich Ruhe. Doch dann wieder mit »Uri«-Gebrüll, inzwischen des Triumphes, tragen die Banditen sie auf Nimmerwiedersehen davon. Meine Reaktion ist eine schallende Ohrfeige, die ich Marie verpasse, halb aus Wut über den Verlust, halb oder vielleicht mehr noch als Antwort auf die eigene Hilflosigkeit. Natürlich heult Marie nun erst recht, im Wettstreit mit dem Kind. Ich schreie sie an: »Sei endlich still!« Schließlich machen wir uns gemeinsam daran, die verwüstete Stube wieder aufzuräumen.

Dieser Vorfall bringt einen Entschluß zur Reife, an den ich mich in nächtlichen Überlegungen allmählich, aber bisher nur mit Zögern herangetastet habe: Ich werde eine Erkundungsfahrt in den Westen unternehmen, um festzustellen, wie es dort aussieht und ob wir irgendwo eine sichere Zuflucht finden können. Wir wissen ja nichts über die Verhältnisse »in Deutschland« oder »im Reich«, nichts über den Fortgang des Krieges und das Kriegsende jenseits von Oder und Elbe. Wir haben keine Vorstellung davon, wie die Engländer oder die Amerikaner regieren und in ihrem Machtbereich mit der Bevölkerung umgehen. Ich werde dann zurückkehren, und ein positives Ergebnis meiner Erkundungen vorausgesetzt, werden wir ausreisen, sobald die wärmere Jahreszeit das halbwegs ohne Lebensgefahr für uns und für das Kind möglich macht.

Als ich Mutter von meinem Entschluß erzähle, zögert sie zunächst, verständlich genug. Immer denkt sie an Vater Jesko in Danzig. Wie geht es ihm, was soll aus ihm werden? Aber ohnehin können wir nichts für ihn tun. Ob und wann man ihn jemals entläßt, steht in den Sternen. Wenn es aber eine Entlassung gibt, mag sie ihn ebensogut gleich in den Westen führen. Schieben die Polen nicht alle, die sie loswerden möchten, in geschlossenen Transporten gezielt in die Ferne ab? Und kommt es nicht entscheidend darauf an, daß wir Vater dann einen Ort bieten, an dem es wirklichen Schutz und eine Chance zur Erholung gibt?

Unsere Wohnung in Rumbske wird das niemals mehr sein, das hat dieser letzte Überfall nur zu eindringlich demonstriert. Wie lange überhaupt ist hier das Überleben noch möglich? Maries Weisheit gilt noch immer und unerbittlich: Der Mensch muß essen. Aber Maries Fleischtöpfe sind leer, beim Zukkervorrat läßt sich das Ende schon absehen. Und wie lange wohl dürfen wir noch auf Kartoffeln oder auf Mehl hoffen? Wo soll man etwas stehlen, wenn es gar nichts mehr gibt?

Im Herbst sind die Gutsfelder bereits zum zweiten Male unbestellt geblieben; auch fürs Frühjahr ist wenig zu erwarten. Denn ohne Maschinen und Traktoren, ohne Pferde und Vieh, ohne Saatgut und Dünger läßt sich nichts ausrichten. Wahrscheinlich wird der Mangel grausam regieren, vielleicht eine schreckliche Hungersnot über das geplünderte Land branden, wie man sie bisher nur aus alten Berichten vom Dreißigjährigen Krieg kannte. Wehe den Besiegten! Die Deutschen werden die letzten sein, denen man dann etwas abgibt – und die Kinder die ersten, die sterben.

Immer weniger besitzen wir im übrigen noch, das für Notverkäufe taugt, allenfalls unsere Pelzmäntel. Doch genau die bilden eine letzte, die eiserne Reserve zur Finanzierung der Ausreise.

Mutter stimmt schließlich zu, und ich beginne mit meinen Vorbereitungen. Seltsamerweise spielt in unseren langen Gesprächen eines überhaupt keine Rolle: das Risiko der Ausreise und die Möglichkeit, überhaupt zurückzukehren. In diesem Punkt zeigt Mutter eine Ruhe und eine Zuversicht, die keinen Zweifel duldet; gegen alle Ängste, die bei meinen Märschen nach Stolp, bei der Verhaftung in Glowitz oder wann immer bei irgendwem aufkamen, hat sie stets nur so knapp wie bestimmt erklärt: »Libussa kommt wieder.« Und das, wahrhaftig, verspreche ich ihr.

Von Stolp bis Stettin

Unsere Pelze als die einzigen noch verbliebenen Wertgegenstände: Wie schon bei ihrem Einmarsch haben sich dafür die Russen auch seither nie interessiert; für sie bleiben es schlichte Gebrauchsartikel, über die sie selbst reichlich und im Zweifelsfall weit besser als die Deutschen verfügen. Mutter besitzt einen schönen Nerzmantel, ich habe meinen Bisampelz. Der Nerz muß unbedingt aufbewahrt werden, damit wir ihn später zu Geld machen können; schließlich wollen die neuen Herren am Wegschaffen der lästigen »Eingeborenen« auch noch verdienen. Aber den Bisam trage ich jetzt nach Glowitz und verkaufe ihn für ein paar hundert Złotys an die Frau des polnischen Bürgermeisters, zu der ich trotz des Zwischenfalls mit dem Teppich den Kontakt nie habe abreißen lassen. Meine »Kriegskasse« ist damit einigermaßen gefüllt.

Sonst sind die Vorbereitungen rasch erledigt. In meinen betagten, von Flicken verzierten Trainingsanzug werden zweitausend Reichsmark eingenäht. Sie stammen aus der eisernen Gutskasse, die wir noch vor dem Treck unter dem Wurzelwerk einer alten Eiche im Park vergruben. Und den Rucksack füllt ein Brotvorrat, der diesmal mit richtiger, für Złotys erstandener Hefe und ohne einen Zusatz von Birkenrinde gebacken wird, in der Hoffnung, daß er nicht so schnell verschimmelt. Viel mehr gibt es nicht zu tun; am 2. Februar 1946 breche ich auf zur Reise ins Unbekannte, so als sei ich ein zweiter Mr. Stanley auf der Suche nach dem im dunkelsten Afrika verschollenen David Livingstone.

»Laß mir zwei Monate Zeit«, sage ich beim Abschied zu Mutter. »Und mach dir keine Sorgen. Spätestens zu meinem Geburtstag am 5. April bin ich zurück.«

»Natürlich, Kind, ich weiß es.« Mutters unbewegtes Gesicht ist gewiß dazu bestimmt, mir oder uns beiden Mut zu machen.

Ein paar Tage später erschien übrigens der polnische Bürgermeister im Gärtnerhaus, um sich bei Mutter zu erkundigen, wo ich denn sei. Denn natürlich hatte sich die Nachricht von meiner Abreise im Dorf wie ein Lauffeuer verbreitet.

»Sie ist in den Westen gefahren. Sie will sehen, wie es da ist. Und dann kommt sie wieder und holt uns ab.«

»Nach Deutschland?« Der Mann staunte. Und lachte: »Kein Wiedersehen, bestimmt nicht! Raus ja, aber rein? Nein, nie zurück, nie. Ganz unmöglich, streng verboten, streng bewacht! – Wollen wir wetten?«

»Sehr gern. Denn, Herr Bürgermeister: Sie werden die Wette verlieren. Auf zwei Monate? Nur, es tut mir leid: Ich habe nichts einzusetzen.«

Wieder ein schallendes Gelächter: »Macht nichts, macht nichts, abgemacht! Wenn die Tochter siegt über Polen, dann ich komme zur Feier mit Huhn!«

Die erste Nacht verbringe ich bei der Großmutter in Karzin. Die schreibt rasch noch Briefe an ihre beiden Töchter und den Sohn im Westen, ohne Umschläge allerdings, aber die kann ich ja besorgen, wenn ich am Ziel bin. Sehr früh am nächsten Morgen marschiere ich weiter nach Stolp und zu der Dienststelle, die ich schon vor Monaten mit Hannah Brandt besucht habe. Diese Dienststelle gibt es nicht mehr, aber ich werde an ein anderes Gebäude, an ein polnisches Amt und dort an eine Tür mit deutscher Inschrift verwiesen: »Ausreise«. Dahinter, am Schreibtisch mit der weiß-roten Fahne eine tadellose Uniform, so neu und so glatt gebügelt wie das Gesicht. Nicht einmal eine Spur von Akzent verrät den Polen. Welch ein Wechsel der Umstände, was für ein Lebenslauf mag sich hinter dieser Fassade wohl verbergen?

»Guten Tag, bitte setzen Sie sich. Sie wollen Pomorze verlassen?«

»Ja, das heißt ...« Was soll man da sagen, kann von »wollen« überhaupt die Rede sein?

»Haben Sie Papiere, irgendwelche Unterlagen, mit denen Sie sich ausweisen können?«

Das einzige, was ich bei mir habe, ist eine Bescheinigung von der Typhusimpfung im letzten Sommer; nicht einmal mein Name steht darauf. Doch das genügt offenbar. Wahrscheinlich ist nur wichtig, daß die Leute überhaupt ausreisen; mein Name samt Geburtsnamen, das Geburtsdatum und der Geburtsort werden notiert, der letztere in seiner neuen, polonisierten Fassung: Rumsko statt Rumbske. Alles geschieht auf Treu und Glauben. Oder hat der Mann von mir gehört, kennt er mich irgendwie?

Er sieht mich lange und forschend an. Dann ein unergründbares Lächeln: »Unterschreiben Sie, hier. Und hier noch einmal; es muß seine Ordnung haben, Sie verstehen? – Ich lese Ihnen vor, was Sie unterschreiben: ›Ich reise freiwillig und für immer aus Polen nach Deutschland aus. Ich weiß, daß mir die Rückreise verboten ist und daß ich mich strafbar mache, wenn ich sie versuche.‹ Richtig?«

Ich nicke stumm.

»Ausgezeichnet. Und jetzt einhundertfünfzig Złotys bitte. – Vielen Dank. Hier ist Ihre Ausreisegenehmigung. Und jetzt zur Bahn.« Ein Blick zur Uhr, noch ein Lächeln: »Ihr Zug fährt um zehn Uhr vierzehn, nicht wahr? Bitte beeilen Sie sich. Angenehme Reise.« Dazu, kostenfrei, eine preußisch knappe Andeutung von Verbeugung.

Nach wenigen Minuten schon stehe ich wieder auf der Straße, mit meinem bestempelten Papier in der Hand, höchst verblüfft: Läuft tatsächlich alles so glatt? Soll das Hörensagen von Schikanen und Ausplünderungen sich als bloßes Gerücht erweisen, als böswillige Erfindung? Zehn Uhr vierzehn: Das war die Abfahrt des D-Zugs in Friedenszeiten. Erste, zweite und dritte Klasse, Speisewagen. In Stettin gegen zwei Uhr nachmittags, Ankunft in Berlin, Stettiner Bahnhof, fünfzehn Uhr achtunddreißig. Unser Zug: bequem von Rumbske aus zu erreichen, sehr praktisch für den späteren Nachmittag schon in Berlin, für eine Verabredung in den Abend hinein.

Die altvertraute Bahnhofstraße, Bürgerfassaden von der Gründerzeit bis zum Jugendstil. Hier der Balkon von Tante Melanie, meine sommerliche Schlafstatt. Dort rechts, ganz am Ende der Straße, das Bahnhofshotel. Früher haben wir da bei der Heimkehr aus der großen Welt manchmal übernachtet, weil die letzte Kreisbahn längst abgefahren war. Aufbruch in Berlin, Stettiner Bahnhof Punkt vier Uhr nachmittags, Ankunft in Stolp einundzwanzig Uhr vierundzwanzig. Endstation.

»Halt, Papiere!« Überall stehen die Leute von der Miliz, die den Bahnhof abriegeln; es wimmelt von ihnen, als sei die höchste Alarmstufe ausgerufen worden oder eine Mobilmachung im Gange. Ich zeige meine gerade erworbene Bescheinigung. »Fahrkarte kaufen!« Der Ton wird barscher. Man führt mich an einen Schalter; wieder sind einhundertfünfzig Złotys zu bezahlen; mein halbes Vermögen ist nun schon dahin. Eine Fahrkarte erhalte ich übrigens nicht. Dann geht es weiter auf den Bahnsteig, gleich mit doppeltem Geleit, als sei ich ein ertappter Verbrecher, der nichts im Sinn hat als seine Flucht.

Tatsächlich: Da steht schon der Zug. Vorläufig fehlt ihm allerdings die Lokomotive. Und nicht gerade friedensmäßig sieht er aus, widersprüchlich ist er zusammengesetzt: vorn Personenwagen mit vernagelten Fenstern, hinten Viehwaggons. Dazu ein Kontrast, der unheimlich wirkt: Vor den Personenwagen herrscht buntes Treiben, ein Kommen und Gehen, Zurufe, Lärm überhaupt und Gelächter. Hinten Totenstille; dorthin führt man mich. Der polnische und der deutsche Zugteil! Eine Waggontür wird aufgerissen: »Einsteigen!« Tür zu. Die Dunkelheit trifft wie ein Schlag.

Als die Augen sich endlich eingewöhnt haben, erkenne ich im Dämmerlicht, das durch Ritzen und Fugen dringt: Der Waggon ist voll von Menschen. Vielleicht vierzig mögen es sein oder auch fünfzig, Greise und Kinder und Frauen. Frauen vor allem, alte wie junge. Überall Gepäck: Koffer, ein paar Kisten, Kartons, verschnürte Bündel. Denn außer mir wollen wohl alle diese Menschen ihre Heimat endgültig verlassen; was ihnen blieb und was sie nur tragen können, haben sie bei sich. In der Wagenmitte türmt sich das Gepäck zu einem ganzen Berg. Zum Ausstrecken ist für niemanden Platz, bloß zum Sitzen mit angezogenen Beinen. Vorsichtig über die Koffer und die Beine hinweg bahne ich mir einen Weg von der Tür fort zur Wand hin, von dem Instinkt getrieben, möglichst weitab vom Eingang in der hintersten Höhlenecke Schutz zu suchen und den Rücken gedeckt zu halten. Unter manchem Knurren und Murren der Nachbarn, die sich noch enger aneinander drängen müssen, kauere ich mich schließlich hin wie alle übrigen.

Warten, daß etwas geschieht, daß der Zug endlich anruckt und abfährt. Stolp in Hinterpommern, unser stolzes »Klein-Paris«: Wenn ich als Kind diesen Ausdruck hörte, habe ich immer gedacht: Wieso klein? Mit Rumbsker Maßstäben gemessen wirkte die Stadt doch riesig; es gab richtige Straßenbahnen und im Kaufhaus Zeeck einen Fahrstuhl. Im Krieg las man dann an einem Kurswagen für Urlauber der Wehrmacht tatsächlich, als seien das die beiden Pole unserer Welt: »Stolp – Paris«.

Heute schreiben wir den 3. Februar 1946. Für die Jahreszeit ist es eher mild als kalt; die Außentemperatur mag bei null Grad oder knapp darüber liegen. Ein alberner Spruch geht mir durch den Kopf: »Besser warmer Mief als kalter Ozon.« Wie wahr. Denn unsere drangvolle Enge bietet immerhin den Vorteil, daß die menschliche Ausdünstung Wärme erzeugt, bis hart an den Schweiß. Aus der Ferne dringt gedämpft der polnische Lärm.

Eine Stunde vergeht, eine zweite, vielleicht schon die dritte. Weil niemand eine Uhr hat, kann keiner die Zeit messen. Aber wie stets in besonderer Ungeduld, in der heimlichen Anspannung auf das, was kommen mag, schleicht sie quälend langsam dahin.

Zum Zeitvertreib und zur Ablenkung Sprüche im Kopf, Gereimtes:

»Wir sitzen alle im gleichen Zug
und reisen quer durch die Zeit.
Wir sehen hinaus. Wir sahen genug.
Wir fahren alle im gleichen Zug.
Und keiner weiß, wie weit.«

Erich Kästner. Verbrannt und verboten in den Jahren, als die Bahnhofstraße von Stolp Hitler-Straße hieß, dennoch heimlich weitergegeben, gelesen, geliebt. Ich krame in meinem Gedächtnis, ich sage mir auf, was es hergibt, vom ›Maskenball im Hochgebirge‹ bis zum bitteren Kehrreim für »die andere Möglichkeit«:

»Wenn wir den Krieg gewonnen hätten ...«

Plötzlich ein heftiger Stoß. Schrecksekunde, Erleichterung: Die Lokomotive ist da. Sie pfeift und pfeift; wahrscheinlich muß sie die Passagiere des vorderen Zugteils erst zusammenrufen. Doch dann, endlich, setzt sich der Zug langsam in Bewegung. Eigentlich sollte jetzt eine Kapelle spielen: ›Muß i denn, muß i denn/zum Städtele hinaus ...‹ Mein Wintertraining macht sich bezahlt, Verse sprudeln hervor, Freiligraths Auswandererlied, das mit den Worten beginnt:

»Ich kann den Blick nicht von euch wenden,
Ich muß euch anschaun immerdar;

Wie reicht ihr mit geschäft'gen Händen
Dem Schiffer eure Habe dar!«

Die Güterwagen rattern, stampfen, schüttern, sie rütteln uns gründlich durch. Kein D-Zug-Komfort der Polsterklasse, nein, wahrhaftig nicht. Aber wichtig ist nur die Bewegung nach Westen.

Die bekannten Stationen, Schlawe zuerst. Und schon wieder Gereimtes im Kopf, die Albernheit:

»Seht nach oben! Fipps der Brave,
Hält das Kind, was fest in Schlawe.«

»Wieso denn ›in Schlawe‹?« fragte mein kleiner Bruder, als ich ihm Wilhelm Buschs Affengeschichte vorlas und die Bilder zeigte. Er hatte »im Schlafe« heimatkundig mißverstanden.

Köslin und bald Belgard. Jedesmal fällt Licht in unsere Dämmerung, und noch ein paar Menschen mehr werden in die Enge des Waggons hineingepreßt. Doch sei es drum: Vorwärts, jetzt vielleicht gleich bis nach Stargard! Unser Nachmittags-D-Zug in Friedenszeiten jedenfalls, der schon aus Ostpreußen kam, Punkt acht ab Königsberg, dann Elbing, Dirschau und Danzig, pflegte die einhundertelf Kilometer in stolzem Schwung durchzufahren, Schivelbein und Labes und sogar Ruhnow mißachtend: eine Stunde und einundzwanzig Minuten. Ich packe mein Brot aus und esse behaglich. Ich frage mich, woher die bösen Gerüchte wohl stammen mögen, die von den Schrecken der Ausreise reden. Es muß sich tatsächlich um Erfindungen handeln, denn wenn niemand zurückkehrt, kann es auch keine Augenzeugen geben.

Noch immer viel zu früh ist inzwischen die Dunkelheit eingefallen. Irgendwo auf freier Strecke verlangsamt sich die Geschwindigkeit mehr und mehr, bis zum Schrittempo herab. Die Lokomotive heult Signale, als bitte sie um freie Fahrt oder tue sich wichtig: Aufgepaßt, ich komme! Und dann hält der Zug.

Ein Schuß kracht, sehr nahe und sehr laut, Angriffssignal für heiseres Gebrüll, die Tür wird aufgerissen, vielstimmig der Aufschrei der Angst, Blendlaternen, eine Horde stürmt, brandet herein, wüste Gestalten, soweit sie gegen das Licht im Gewirr und Getümmel überhaupt zu erkennen sind, Männer nicht bloß, sondern Halbwüchsige auch – und Frauen, rasende Weiber, vielleicht die Schlimmsten von allen: kreischend geifernd zuschlagend wegreißend. Schüsse schon wieder, Pistolen dicht über die Köpfe hinweg, in der Enge des Raums wie Kanonenschläge, Betäubung, Messer und Äxte sogar, Fäustewirbel, Fußstöße, Niedertreten, Trampeln über, auf, in die Leiber, immer dieses Gebrüll und das Angst- und das Schmerzensgeschrei. Die Koffer und Kisten, die Kartons, die geschnürten Bündel bekommen Flügel. Sie fliegen hinaus und davon. Die Horde ihnen nach, die Tür rasselt zu.

Finsternis und Stille. Sehr weit aus der Ferne pfeift

die Lokomotive ihr Signal, der Zug ruckt an und rumpelt dahin, als sei nichts gewesen. Ein kühler Beobachter der Szene, mit der Stoppuhr in der Hand, hätte wahrscheinlich den Kopf geschüttelt: Was den Betroffenen höllisch endlos erschien, ist in Wahrheit blitzschnell abgelaufen. Drei oder vier Minuten vielleicht, allenfalls fünf.

Keuchen, stoßweise, aber nur wenig und leises Weinen. Jemand kotzt. Eine Kinderstimme: »Mammi, Mammi, wo bist du?« Und ein alter Mann, so als sei er schon wieder ein Kind und als hinge daran seine Welt, sein Leben, jammert und jammert: »Mein Tuschkasten, mein Tuschkasten, mein Tuschkasten ...«

Ich habe die Schreckensminuten noch gut überstanden. Den Rücken gegen den Rucksack und den Rucksack gegen die Wand gepreßt, mit den Füßen am Boden festgestemmt, die Hände zum Schutz vor den Leib haltend, ist mir nichts geschehen. Ohnehin ging es um die Traglasten, und ich habe keine. Aber die Hoffnung, daß die Gefahr vorüber ist, sieht sich bitter getäuscht. Dies war nur ein Anfang, der Auftakt des Unheils. Neue Überfälle folgen – und sie erweisen sich als weitaus schlimmer.

Erstens nämlich läuft ihnen von jetzt an eine Springflut von Angst voraus. Wenn die Lokomotive ihre Signale pfeift, der Zug seine Fahrt verlangsamt und zum Stillstand kommt, schlägt das Herz wie ein Hammer, der Atem geht flach und gepreßt, der ganze Körper verkrampft. Einmal bemerke ich, wie meine Zähne aufeinander klappern, und vermag nichts dagegen.

Manchmal auch ein falscher Alarm. Die Lokomotive pfeift, der Zug bremst ab und hält, weil wir eine der regulären Stationen erreichen. Dann sind es die Männer von der Miliz, die die Türen öffnen und mit ihren Taschenlampen in die Waggons hineinleuchten. Sie fragen, obwohl sie gewiß die Antwort längst kennen: »Gab es Überfall?« – »Ja, ja. Überfall«, tönt es verzagt und bittend zurück, auf Schutz hoffend. Doch nur blanker Hohn, ein rauhes Lachen ist die Antwort, während die Tür schon wieder zugeschoben wird.

Zweitens gilt fortan der Angriff nicht mehr dem Gepäck, weil keines mehr da ist, sondern den Menschen selbst. Mäntel und Jacken werden herunter-, Kleider vom Leib gerissen, Körper gierig abgegriffen auf der Suche nach Schmuck oder Geld, nach allem, was Wert haben könnte. Beim zweiten Überfall verliere ich meinen Rucksack mit dem ganzen Proviant, beim dritten den Restbestand an Złotys, beim vierten meine Stiefel. Fast ein Jahr lang, seit dem ersten Tag des Trecks, bei den Märschen nach Stolp, auf allen meinen Wegen hatten sie mich sicher getragen.

Endlich Stargard und ein längerer Aufenthalt. Keine Verse tauchen jetzt mehr auf, sondern bloß noch bittere Gedanken: Alles scheint wohlorganisiert, ein Ablauf nach Plan, im Einverständnis zumindest mit der Miliz und abgestimmt zwischen Eisenbahnern und Bandenführern. Wie denn sonst würde der Zug präzise zum Rendezvous mit dem Überfall seine Fahrt verlangsamen, wie sonst mit seinen Signalen sich ankündigen und genau am passenden Ort zum Halten kommen? Oder warum, wenn man verhindern wollte, was geschieht und wovon man doch weiß, warum gibt es den Schutz nicht, warum keine Zugbegleiter mit Waffen? Nein: Nicht ein Zufall oder das Unvermögen, sondern der Vorsatz ist hier am Werk.

Gedanken auch und stumme Fragen voraus, zum vorderen Zugteil hin: Wie eigentlich reagieren die Leute dort auf die Schreckensszenen, auf das Unheil in ihrem Gefolge? Sagen sie: Endlich sind die dran, die Deutschen? Stimmen sie ein in den Hohn: Es geschieht denen recht? Oder regt sich, bei einigen zumindest, eher das Mitleid, etwas wie Schauder und Scham?

Es ist grundfalsch, wenn wir unsere ganze harmlose Seele mit Gemüt, wenn wir unsere Gutmütigkeit, unseren Idealismus, in fremde Völker hineintragen... Ehrlich, anständig, treu und kameradschaftlich haben wir zu Angehörigen unseres eigenen Blutes zu sein und zu sonst niemandem. Wie es den Russen geht, wie es den Tschechen geht, ist mir total gleichgültig. Das, was in den Völkern an gutem Blut unserer Art vorhanden ist, werden wir uns holen, indem wir ihnen, wenn notwendig, die Kinder rauben und sie bei uns großziehen. Ob die anderen Völker in Wohlstand leben oder ob sie verrecken vor

Hunger, das interessiert mich nur soweit, als wir sie als Sklaven für unsere Kultur brauchen, anders interessiert mich das nicht. Ob bei dem Bau eines Panzergrabens zehntausend russische Weiber an Entkräftung umfallen oder nicht, interessiert mich nur soweit, als der Panzergraben für Deutschland fertig wird. Wir werden niemals roh oder herzlos sein, wo es nicht sein muß; das ist klar. Wir Deutsche, die wir als einzige auf der Welt eine anständige Einstellung zum Tier haben, werden ja auch zu diesen Menschentieren eine anständige Einstellung einnehmen, aber es ist ein Verbrechen gegen unser eigenes Blut, uns um sie Sorge zu machen und ihnen Ideale zu bringen …

Ich will hier vor Ihnen in aller Offenheit auch ein ganz schweres Kapitel erwähnen. Unter uns soll es einmal ganz offen ausgesprochen sein, und trotzdem werden wir in der Öffentlichkeit nie darüber reden … Ich meine jetzt die Judenevakuierung, die Ausrottung des jüdischen Volkes. Es gehört zu den Dingen, die man leicht ausspricht. – »Das jüdische Volk wird ausgerottet«, sagt ein jeder Parteigenosse, »ganz klar, steht in unserem Programm, Ausschaltung der Juden, Ausrottung, machen wir.« Und dann kommen sie alle an, die braven achtzig Millionen Deutschen, und jeder hat seinen anständigen Juden. Es ist ja klar, die anderen sind Schweine, aber dieser eine ist ein prima Jude. Von allen, die so reden, hat keiner zugesehen, keiner es durchgestanden. Von Euch werden die meisten wissen, was es heißt, wenn hundert Leichen beisammen liegen, wenn fünfhundert daliegen oder wenn tausend daliegen. Dies durchgehalten zu haben und dabei – abgesehen von Ausnahmen menschlicher Schwäche – anständig geblieben zu sein, das hat uns hart gemacht. Dies ist ein niemals geschriebenes und niemals zu schreibendes Ruhmesblatt unserer Geschichte.

Die Weiterfahrt, unsere vorläufig letzte Etappe: Hinter Stargard gibt es keine Überfälle mehr; ohnehin dürfte kaum etwas übrig sein, was sie noch lohnt. Nach einiger Zeit kündigen Schrittempo und dumpfes Rumpeln etwas anderes an als Gewalt: die Oderbrücken. Und wenig später, tief in der Nacht inzwischen, erreichen wir Stettin.

Nachtmahr in Scheune

Liegt die polnische Herrschaft nun hinter uns, sind wir »ins Reich«, nach Deutschland entlassen? Diese Hoffnung erweist sich rasch als trügerisch. Kein deutscher Zug wartet am anderen Bahnsteig, keine Lokomotive der Reichsbahn auf unsere Waggons. Zwar werden der vordere und der hintere Zugteil jetzt entkoppelt. Aber niemand öffnet uns die Türen. Man hört nur und erkennt schemenhaft durch die

Ritzen hindurch das Auf und Ab der Bewacher. Ein neues, ein langes und banges Warten beginnt. Später wird rangiert, vorwärts und rückwärts, hin und her, unentschieden, wie es fast scheint: so als wisse man nicht, was man mit diesen Waggons und ihrer kläglichen Menschenfracht eigentlich anfangen solle. Und dann geht es aus dem Bahnhofsgelände und aus dem Stadtgebiet von Stettin wieder hinaus.

Schließlich doch der Endpunkt; Halten, die Türen werden aufgerollt, ein Hin und Her von Taschenlampen, Blinzeln ins Licht, lautes Rufen: »Aussteigen! Aussteigen, raus, schnell!« Mühsames Aufstehen, steifbeinig, alle Glieder schmerzen. Nach und nach quellen die Elendsfiguren, die Greise, Frauen und Kinder auf die Rampe hinaus. Ringsum die Miliz mit Maschinenpistolen. »Schneller, schneller, zu zweien aufstellen!« Kolbenstöße. Warum nur in solchen Situationen immer das Anschreien, das Gebrüll, die Gewalt? Was kann dadurch bewirkt, was soll verhindert werden? Woher diese Ansammlung der wilden und verzerrten, der bösen, brutalen Gesichter?

Ein Schneetreiben hat eingesetzt; Schauder von Kälte im schneidenden Wind. Von der Miliz umkreist, setzt sich die Kolonne von vielleicht vierhundert Menschen in Bewegung. Irgendwo ahnt man Gebäude. »Scheune, die Zuckerfabrik«, raunt jemand, der sich offenbar auskennt. Immer noch, immer wieder die Kolbenstöße, immer das Gebrüll, polnisch zumeist und nicht zu verstehen. Oder doch, für das junge Mädchen, das neben mir geht: »Briefe«, flüstert sie, »bloß keine Briefe. Wer sie hat, wird schwer bestraft – als Spion.« Ich zerreiße, was ich von der Großmutter mithabe, und streue die Schnitzel in eine Hecke hinein, die wir gerade passieren.

Jetzt Mauern und die Gebäude. Unsere mühsame Schlange windet sich nach rechts und nach links, um Ecken herum, über Trümmer hinweg, Stufen hinauf und hinunter, als gelte es, uns die Orientierung zu rauben, die wir ohnehin nicht haben.

Schließlich eine Tür: »Rein hier, schnell!« Die Tür fällt ins Schloß. Wir schieben uns tastend umher, suchen nach einer Wand zum Anlehnen, nach einem Platz vielleicht etwas abseits, um uns hinsetzen zu können, ohne getreten zu werden. Irgendwann beginnen die Augen ihren übermüdeten Dienst: Aus der Höhe, durch geborstene Fenster weht mit Schneegestiebe eine Ankündigung von Dämmerlicht herein. Wir erkennen eine völlig kahle, sehr große Halle. Viel zu groß ist sie selbst für die Körperwärme von vierhundert Menschen; wenn man sich auf dem Beton ausstreckt und nach Schlaf sucht, nistet sich bald die Kälte ein und zwingt zum Aufstehen, zur Bewegung. Für die Notdurft hat man in einer Ecke ein paar Kübel aufgebaut. Aber die sind längst überfüllt; wer weiß, wann sie zum letzten Mal geleert wurden. Ein infernalischer Gestank geht von dem Platz aus.

Warten und warten – vergeblich. Nichts geschieht. Ein Kind wimmert nach Brot, das niemand ihm geben kann. Sonst ist es sehr still; allenfalls da und dort einmal ein Flüstern. Die Stunden kriechen zwischen Dösen, Einnicken und Hochschrecken auf ihrer Schneckenspur; wie es gekommen ist, schleicht sich im langen Dämmern das Tageslicht wieder davon.

Das junge Mädchen, das in der Kolonne neben mir ging, hat sich seitdem an mich gehalten. Ich sage zu ihm: »Wenn es dunkel ist, geht es irgendwann weiter. Wir wollen an die Tür, damit wir als erste dran sind.«

»Nein, nein, bloß nicht. Wer weiß, was das wird.«

»Es wird noch schlimmer, wenn wir warten und warten und von den andern dann hören, daß es schlimm war. Besser gleich am Anfang und durch, daß wir es hinter uns haben.« Das Mädchen zittert; ich nehme es in den Arm und schiebe es behutsam an die Tür heran.

Tatsächlich: Es muß wohl erst finster werden zur angemessenen Behandlung. Die Tür rasselt auf, das Blendlicht, das Gebrüll: »Zu zweien aufstellen, schnell!« Ich nehme das Mädchen an der Hand. Wieder ein Irrweg: der Hof, Ecken, Gänge, Treppen; überall die Miliz und die Kolbenstöße wie beim Viehtreiben zum Schlachthof. Schließlich ein Raum, von Kerzenlicht halbwegs erhellt. Hinter einem langen Tisch sitzt der uniformierte Herrscher der Stunde. Er hat ein Buch vor sich. Und Schmuck und Geldstapel, vermutlich von denen, die früher schon hier durchgeschleust wurden.

»Ausziehen! Da, schnell!« Eine Art Wandschirm

steht vor der Seitenwand. Nur ist er so gedreht, daß der Mann am Tisch uns genau beobachten kann. Nicht »bis aufs Hemd«, sondern auf die nackte Haut müssen wir uns ausziehen und all unsere Kleider zwei Männern zuwerfen, die Messer aus ihren Stiefeln holen und routiniert mit der Arbeit beginnen: Alles wird rücksichtslos aufgeschnitten, keine Naht bleibt verschont. Mein ganzes Geld kommt zutage und landet auf dem Tisch, die zweitausend Mark, die den Ansturm der Banden zwischen Belgard und Stargard noch überdauert hatten. Dann fliegen die Kleider auf einen Lumpenberg, der ebenfalls von unseren Vorgängern stammen dürfte.

»Schnell, anziehen, schnell, schnell!« Ich raffe zusammen, was ich nur raffen kann: ein paar Wäschestücke, meinen Trainingsanzug oder was von ihm übrig ist, einen Bindfaden, um die Hose halbwegs zu halten. Und sogar ein Paar Schuhe, ziemlich zerfetzt zwar und eigentlich zu groß, aber besser gewiß, als barfuß zu sein auf den weiten Wegen, die noch kommen mögen.

Nun tritt das Buch in Aktion: »Unterschreiben, hier, daß die Wertsachen und das Geld ordnungsgemäß abgeliefert wurden.«

Ordnungsgemäß! Aber wer will hier unsere Identität, wer den Namen je nachprüfen? Ich schreibe, wie es mir gerade in den Kopf schießt: »Mathilde Gomorrha« – und ich gebe mir Mühe, es leserlich zu tun, ordnungsgemäß.

Doch was helfen alle guten Vorsätze gegen die

Versuchungen des Augenblicks? Der Mann hinter dem Tisch schaut weg, er starrt interessiert zu den beiden Frauen hinüber, die als nächste hereingeführt wurden und sich inzwischen ausziehen. Mit einem raschen Griff bringe ich zwei Fünfzig-Mark-Scheine wieder an mich.

»Raus jetzt!« Noch einmal das Spießrutenlaufen, das Gebrüll und die Stöße, ein weiter, weiter Weg. Manchmal werden wir auch kurz angehalten und von Kopf bis Fuß abgeleuchtet; überall lungern finstere Gestalten herum, die uns durchdringend, abschätzend mustern. Wir geraten in einen dunklen Raum, dessen Größe sich im Widerhall der zukrachenden Tür nur ahnen läßt.

»Hast du die gesehen«, flüstert das Mädchen, »diese Kerle? Wie die lauern! Bestimmt haben die uns schon ausgesucht. Und dann ...«

»Still, sei doch still!« Ich taste mich an der Wand entlang: Gibt es vielleicht einen Ausweg? Ich ertaste eine Fensterhöhle, niedriger als in der Halle, in der wir den Tag verbrachten; eigentlich nicht sehr schwer kann es sein, sich dort hinaufzuziehen. »Hier, es geht raus hier. Wir versuchen es. Draußen gibt es bestimmt etwas zum Verstecken!«

»Nein, nein, nein!« Sie zittert wieder, sie schluchzt, kein Zureden vermag etwas auszurichten. Immer nur die Wiederholung: »Nein, nein.« Die Angst lähmt sie, die Übermüdung vielleicht, ein Ausrinnen der Kraft, selbst noch aktiv zu sein. Das Risiko außerdem: Wie hoch liegt die Halle denn, ging es nicht über Stufen in sie hinein, vielmehr hinauf, wie tief kann man stürzen? Wird man in einem geschlossenen Hof landen? Oder genau vor den Füßen eines Wachpostens?

Es hilft nichts, ich muß es allein wagen. So sehr hoch wird die Halle einer ländlichen Zuckerfabrik schon nicht liegen. Ich ziehe mich also in das Fenster hinauf und horche für zwei, drei Minuten: Bestimmt würde sich ein Posten in der Kälte bewegen. Nichts ist zu hören, aber auch nichts zu sehen. Vorsichtig hangele ich mich hinaus und lasse mich fallen.

Ein Plumps nur, kein Absturz: Dieser Raum lag tatsächlich beinahe zu ebener Erde. Und kein Anruf folgt, kein Lichtstrahl greift an. Ich taste mich vorwärts, entgegengesetzt zu der Richtung, aus der die »Schnell, schnell«-Rufe und die Aufschreie zu hören sind. Ein Stück Mauer, eine Hecke, dann freies Feld. Oder nein: Im Schneelicht tauchen seltsame Schatten auf, zwei, drei Ungetüme, Urzeitechsen. Es sind Panzer, die hier ihr Schicksal ereilte; ob deutsche oder russische, bleibt erst einmal ungewiß. Und gleichgültig.

Noch nie habe ich mit Panzern etwas zu tun gehabt, doch die Bilder aus Wochenschauen, von den Siegesberichten aus Polen, Frankreich, Afrika, Rußland haften: Man muß da hinaufklettern und von oben durch eine Klappe, einen Deckel hinein. Und die Bilder halten, was sie versprechen. Das eine der Ungetüme, das am wenigsten zerstört scheint, wird mir zur Herberge; sogar einen Sitzplatz bietet es in seinem Inneren an. Aufatmend lasse ich mich nieder: Hier wird mich bestimmt niemand suchen und finden.

Freilich: Vom Eiseshauch in Stahlsärgen war in den Siegesberichten niemals die Rede. Die Kälte dringt rasch durch meine dürftige Kleidung und verdrängt sogar den beißenden Hunger. Wäre das Mädchen doch nur mitgekommen, daß wir uns aneinander hätten wärmen können! Bald bin ich völlig durchgefroren. »Kind, du wirst dir den Tod holen«, hätte man früher bei solch einem Mißverhältnis von Bekleidung und Temperatur zu hören bekommen. Nur das Schreien, das von Zeit zu Zeit herüberdringt, aus der Ferne zwar, aber deutlich genug – dieses Schreien sagt mir, daß ich das kleinere Übel gewählt habe.

Als der Morgen dämmert, schaue ich durch ein gezacktes Loch in der Seitenwand, durch Sehschlitze, schließlich aus der Turmluke vorsichtig hinaus. An den Kreuzen erkenne ich zunächst: Es sind deutsche Panzer. Die übrigens hat man als Wracks in den Wochenschauen auch niemals zu sehen bekommen, nur immer die anderen, den geschlagenen, vernichteten Feind. Etwas später taucht eine Menschenkolonne auf, unsere Kolonne, gar nicht so weit entfernt. Sie marschiert zum Bahngelände. Nur zwei Milizsoldaten gehen diesmal als Führer vorweg, sonst gibt es keine Bewachung mehr. Eilig klettere ich aus meinem Versteck und schleiche mich an, renne im Schutz der langen Hecke geduckt vorwärts. Gerade noch vor der Rampe, die das Bahngleis flankiert, komme ich heran und reihe mich ein.

Sah man je eine solche Ansammlung von Jammergestalten? Jede einzelne stellt als ferne Erinnerung an ordentliche Bekleidung nur noch Fetzen zur Schau. Die Haare hängen wirr herab, alle Gesichter sind eingefallen und grau vor Erschöpfung, sofern nicht Blutflecken und dunkel unterlaufene Prellungen ihnen Farbe verleihen. Eine Frau hat nichts als ein Hemd an und hält in ihren Armen ein völlig nacktes Kind. Ich entdecke auch meine Gefährtin. Sie hockt auf dem Boden, die Hände um die Knie geschlungen, und wiegt den Oberkörper hin und her. Ein stoßweises Schluchzen würgt sie, ohne daß noch Tränen fließen. Sie ist nicht ansprechbar.

Was der Mensch braucht

»Ein Zug, ein Zug!« Alle springen auf. Tatsächlich: Da dampft aus dem trüben Dunst einer heran. Er gewinnt Konturen, er bremst, er hält genau vor uns an der Rampe. Keine Viehwaggons außerdem, sondern ein richtiger Personenzug, auch wenn die meisten Fenster mit Pappe und mit Brettern vernagelt sind.

Ein Mann steigt heraus – nein, ein Beamter, ein

Schaffner der Reichsbahn, wie er im Buche steht: ordentliche Uniform, seine Dienstmütze sehr korrekt auf dem Kopf und die Diensttasche umgehängt, saubere Stiefel. Er steigt aus – und hebt die Hände wie einer, der sich ergeben will. Denn er ahnt wohl schon, was ihn jetzt erwartet, er fürchtet den Ansturm, weiß, daß vierhundert Menschen ihn berühren, umarmen, abküssen möchten; täglich oder jeden zweiten Tag macht er diese Fahrt. »Es ist gut, es ist ja gut, es wird alles gut«, ruft er, der Vater in einer Schar verlorener Kinder. Und: »Steigt nur ein, einsteigen bitte, gleich fahren wir, nach Hause!«

Wirklich nach Hause? Die Menschen zögern, sie fragen verschämt: »Aber wir können doch nicht... Wir haben kein Geld mehr, wie sollen wir die Fahrkarten bezahlen?« Es ist seltsam, eigentlich verrückt: Die Herrscher, die Reiche kommen und gehen, ganze Welten, alle Himmel stürzen nieder, aber dieser deutsche Ordnungssinn bleibt unerschüttert bestehen. Kaum begegnen wir einem Beamten, rastet er ein, wie es sich gehört. War es nicht Lenin, der einmal höhnte, die Deutschen würden, falls sie Revolution machen und einen Bahnhof stürmen sollten, sich erst Bahnsteigkarten kaufen? Oder 1918 der König von Sachsen, der, als ihm gemeldet wurde, daß Revolution sei und Leute mit roten Fahnen auf das Schloß zumarschierten, fassungslos ausrief: »Ja, dürfen die das denn?«

Der Schaffner lacht und läßt sein weißes Haar sehen; er nimmt die Dienstmütze in die Hand, ganz unvorschriftsmäßig, wie um seine Autorität zu sänftigen, winkt damit, spielt den Jahrmarktschreier: »Extratour, meine Herrschaften, Gratisvergnügen! Bitte einsteigen, Extratour...« Das wirkt. Wir klettern in den Zug, streichen staunend mit der Hand über richtige Sitzbänke. Bloß die Gepäcknetze sind eigentlich überflüssig. Und kaum ist die Lokomotive auf die andere Zugseite umrangiert, geht es schon los. Die Zeit fliegt auf einmal, obwohl der Zug sehr vorsichtig dahinschleicht; im Nu, so scheint es, sind wir in Angermünde.

Hier freilich endet nicht nur der Zug, sondern zugleich das Gefühl, betreut zu sein und fast einen Vater zu haben. Niemand ist da, der uns erwartet und guten Rat erteilt. Keine Bahnhofsmission, kein Rotes Kreuz schenkt Kaffee oder eine warme Suppe aus. Ein Zug nach Berlin? Ja, vielleicht, später... Die Schicksalsgemeinschaft der vierhundert Menschen löst sich so unvermittelt auf, wie sie entstanden ist.

Den Wartesaal gibt es noch, ausgeräumt allerdings. Nur die fest eingebaute Theke erinnert an bessere Zeiten. Ich lege mich dahinter auf den Fußboden. Schwäche fliegt mich an, überwältigt mich, aus Übermüdung und grimmig beißendem Hunger, aus der Anspannung und jetzt der Entspannung gemischt. Ich denke – oder vielmehr mein ganzer Körper ist es, der plötzlich aufgibt und sagt: Es geht nicht mehr; nur noch liegen und liegenbleiben, vielleicht sterben. Nie, nie mehr aufstehen.

Ein kräftiger Rippenstoß; ich öffne mühsam die

Augen. Ein Russe steht da, baumlang und breitschultrig. Mit seinem Stiefel hat er ausprobiert, ob ich noch lebe. Er sieht mich an, wie ich ihn. Er fragt: »Du, Frau, Hunger?«

Hunger ist gar kein Ausdruck. Reichlich zwei Tage ist es wohl her, seit ich zuletzt etwas gegessen habe, wenig genug übrigens, im Gefühl, mit meinem Vorrat sparsam umgehen zu müssen. Aber ich bin zu schwach, um zu antworten.

Doch dieser Russe versteht auch ohne Worte. Aus seiner Hosentasche zieht er einen Kanten Brot und reicht ihn mir herunter. Sauber ist der wahrhaftig nicht. Taschenwolle krümelt daran und wer weiß was sonst noch. Was tut es? Ich richte mich halbwegs auf, ich nehme das Brot, ich beginne zu kauen. Und ich kann mich kaum erinnern, daß mir je etwas so geschmeckt hätte. Für eine Weile schaut der Russe noch zu, dann nickt er und geht.

Was eigentlich braucht der Mensch? Einen Bissen Brot nur – und jemanden, der versteht, der zur richtigen Zeit am rechten Ort ist, der dich ansieht und fragt: »Du, Frau, Hunger?«

Meine Schwäche ist wie weggeblasen. Und, Wunder über Wunder, gerade wird ein Zug nach Berlin bereitgestellt. Wie es sich gehört, löse ich diesmal eine Fahrkarte und steige ein.

»Ooch so 'n armes Kriegsopfer«

In Berlin kenne ich mich aus. Jahre habe ich hier verbracht, als Schülerin zuerst im Königin-Luise-Stift, während die Brüder das Arndt-Gymnasium in Dahlem besuchten. Später dann, während des Krieges, arbeitete ich beim Auswärtigen Amt im Abhördienst für die Nachrichtensendungen aus London.

Unwillkürlich schweifen die Gedanken zurück: Was da nicht alles passierte! Diese Sensation zum Beispiel, die nächtliche Meldung, die niemand glauben wollte und keiner weiterzuleiten wagte: daß der »Stellvertreter des Führers« in England gelandet sei. Schon wenig später hatten die Berliner ihren Spottvers fertig:

> »Seit Jahren tönt's in Stadt und Land:
> ›Wir fahren gegen Engeland!‹
> Doch wenn mal einer wirklich fährt,
> dann wird er für verrückt erklärt.«

Zuletzt habe ich diese Stadt im Herbst 1944 gesehen. Ruinen gab es damals schon reichlich. Aber ein Menschenalter, ein Jahrhundert scheint seitdem vergangen zu sein. Wie also soll man da noch seinen Weg finden? Jede Orientierung versagt in den Trümmerwüsten, in denen nur ab und an ein Ofenrohr aus dem Boden das unterirdische Leben von Höhlenbewohnern verrät. Sehr mühsam muß ich mich vorwärts fragen. Aber das Berliner Mundwerk funktioniert wie immer:

»Nach Steglitz wollen Se, Stubenrauchplatz? Nee, Frollein, det weeß ick nich. Det is doch hinterm Mond, wa?« – »Hör' ick richtig, Stubenrauchplatz? Soll det nich Stubbenrauch heißen, mit die zwei B wie beim ›Bibbern‹? Überall is det, wenn Se bloß Wurzeln aus de Erde reißen. Am besten im Jrunewald.«

Am Stubenrauchplatz in Steglitz wohnen die Biedermanns – falls das Haus, falls die Wohnung noch steht, falls die Bewohner noch leben. Müde vom langen Marsch komme ich mit dem letzten Dämmerlicht dort an. Tatsächlich: Das Haus steht, das Türschild sagt »A. Biedermann«, und Tante Deten öffnet meinem Klopfen.

Die Biedermanns sind nicht bloß überrascht, sondern ziemlich entsetzt: wohl über meine Aufmachung zunächst und dann über die Aussicht, ich könnte ihnen zur Last fallen. Sie haben von ihrer Wohnung nur noch ein Zimmer behalten und sehr wenig zu essen. Ich kann sie beruhigen: Gleich am folgenden Morgen werde ich weiterziehen. Ich bekomme eine Graupensuppe und schlafe, in eine Dekke gerollt, auf dem Bettvorleger.

Mein nächstes Ziel liegt in Zehlendorf. Da wohnt Ilse Hagens, eine alte und gute Freundin meiner Mutter. Sei es, weil ich halbwegs ausgeschlafen bin, sei es, weil in den südwestlichen Bezirken die Zerstörungen nicht so stark sind: Das Erinnerungsvermögen setzt wieder ein, und ich finde meinen Weg ohne Schwierigkeiten. Milinowskistraße Nr. 12: Gottlob steht auch dieses Haus. Als sei nie etwas gewesen, erscheint auf mein Klingeln hin Gretchen in der Tür. Gretchen Voigt, aber eigentlich kurz und klar immer nur Gretchen, wie Marie bei uns: eine vertraute Erscheinung. So lange sich denken läßt, gehört sie zu Tante Ilse als die Köchin, das Stubenmädchen, die Haushälterin und Vertraute in einer Person – eine jener »Perlen« von der guten alten Art, die ihr ganzes Leben mit einer Familie verbrachten, Treue um Treue, oft über mehrere Generationen hin, bis sie unmerklich selbst in die Familie eingewachsen waren, mit der sie sich vollkommen identifizierten.

»Guten Tag, ich ...« Die Tür fällt ins Schloß und schneidet mir jäh das Wort ab.

Noch einmal das Klingeln, eindringlicher; Gretchen erscheint wieder, noch abweisender diesmal, und hält mir stumm ein Fünfzig-Pfennig-Stück entgegen. »Nein, nein, ich möchte bitte Frau von Hagens sprechen!«

Im oberen Stockwerk öffnet sich ein Fenster, und Tante Ilse schaut heraus: »Wer sind Sie denn, was wünschen Sie?«

»Tante Ilse, ich möchte zu dir, ich bin Libussa aus Rumbske!«

»Mein Gott, ist das denn möglich, wie siehst du denn aus?«

Die Frage ist mehr als berechtigt. Als ich im Haus bin und mich zum ersten Mal im Spiegel betrachte, kann ich sie nur wiederholen: Libussa, wie siehst du denn aus? Verfilztes Zottelhaar, verdreckt, das eine Auge dunkel verschwollen, das Lumpenkostüm: Als Stadt- oder Landstreicherin würde ich ein Modell abgeben, wie es sich Studenten einer Kunstakademie oder die Filmateliers in Babelsberg origineller nicht wünschen könnten.

Sich waschen dürfen, an einem Tisch mit Tischtuch, von Porzellan und mit Silberbesteck essen, eine Couch zum Schlafen haben und warm zugedeckt werden! Gretchens überwältigende Betreuung setzt ein, nach der Szene an der Haustür mit verdoppeltem Eifer. Aber sei es nun als Nachwirkung der Panzernacht von Scheune, sei es, weil ich in diese Betreuung hinein mich fallen lassen kann – im Grunde zum ersten Mal überhaupt seit einem Jahr –: Ich bekomme hohes Fieber; Schweißausbrüche und Schüttelfrost wechseln sich ab. Erst nach einer Woche bin ich halbwegs wieder ansprechbar; ich erzähle meine pommerschen Geschichten und erfahre im Austausch etwas von deutschen Zuständen, von Besatzungsmacht und Besatzungszonen, von den Alliierten in Berlin. Und vom Potsdamer Abkommen, in dem es heißt, daß die deutsche Bevölkerung aus den Gebieten jenseits von Oder und Neiße ausgesiedelt werden soll – wörtlich: »in geregelter und humaner Form«. Statt als Landstreicherin sollte ich vielleicht noch eindrucksvoller für die Praxis dieser Regelung Modell stehen.

Nach zehn Tagen fühle ich mich zwar immer noch

recht klapprig auf den Beinen, aber mit der Ungeduld wächst die Energie. Viel kostbare Zeit habe ich schon verloren; ich muß weiter. So gut es geht, hat Gretchen inzwischen meinem Trainingsanzug aufgeholfen, ihn mit Flicken besetzt oder unterlegt. Um mich vor neuen Unterkühlungen zu schützen, erhalte ich einen blütenweißen Seidenschal, ein Prachtstück seiner Gattung, der früher einmal zu einem Frack gehörte. In seiner makellosen Eleganz paßt er zu meiner sonstigen Kostümierung wie das Tüpfelchen auf dem i. Ich erhalte im übrigen gute Ratschläge von Leuten, die schon häufiger zwischen Berlin und den westlichen Besatzungszonen gereist sind.

Es gibt Züge, jedenfalls bis nahe an die Grenze der russischen Zone heran. Sie mögen heruntergekommen, langsam und qualvoll überfüllt sein, mit Menschentrauben noch auf den Trittbrettern, doch mir macht das wenig aus, und das Gedränge bietet sogar Vorteile: Kontrolleure, die Ausweise oder Reisegenehmigungen sehen wollen, werden mich kaum erwischen. Angesichts der Menschenströme, die sich überall durchs Land schieben, scheinen die Möglichkeiten wirksamer Kontrollen ohnehin begrenzt zu sein, verglichen etwa mit der panischen Überprüfungswut, mit all den Geboten und vor allem Verboten, mit denen die Herrscher des Tausendjährigen Reiches fast bis zuletzt – oder ganz besonders zuletzt! – über jede Bewegung in der Bevölkerung wachten. Das Chaos hat eben auch seine Vorzüge.

Vor der Grenze wuchern die Gerüchte: Wie Jäger

an Wildwechseln, so heißt es, still und bewegungslos wartend, lauern die Russen den Überläufern auf. Es gibt aber »Schlepper«, die gegen viel Geld, gegen eine Stange Zigaretten oder sonstige Wertsachen sicheres Geleit versprechen. Ich kann freilich niemandem etwas bieten, und meine früheren Erlebnisse als Jagdbegleiterin, meine späteren auf den Schleichwegen nach Karzin oder Stolp warnen: je mehr Menschen, desto größer der Lärm. Erst recht muß das für Gruppen gelten, die schwerfällig gepäckbeladen und blindlings hinter ihrem Führer herstolpern, der sich dann doch aus dem Staub macht, sobald es hart auf hart kommt und Verantwortung eingefordert wird. Weiß Gott: Diese bittere Erfahrung braucht keinen neuen Anschauungsunterricht. Also beginne ich meinen Pirschgang ganz allein und erreiche ohne Zwischenfall das Gebiet, das die Engländer auf ihren Patrouillenfahrten mit aufgeblendeten Scheinwerfern markieren.

Im Morgenlicht finde ich eine Straße. Da die Sonne hinter meinem Rücken aufgeht, ist es nicht schwer, die Richtung nach Westen einzuschlagen. Wenig später taucht ein Lastwagen auf. Ich winke, er hält, und ich darf einsteigen. Der Fahrer, ein älterer, gemütlich dicker Mann, verlangt nicht mehr, als daß ich ihn unterhalte, um sein Einschlafen zu verhindern. Damit kann ich dienen; mein Erzählproviant würde, mindestens, bis hoch hinauf nach Holstein reichen. Immerhin fahren wir bis Hannover. Nebenher lerne ich neue Begriffe kennen, den »Anhalter« zum Beispiel.

Wie auf sein Stichwort hin steht einer da: ein ziemlich abgerissener Mann mit einem kleinen Kind. Mein Fahrer hat nichts mit ihm im Sinn, denn er findet meine Geschichte schon spannend genug. Aber ich wecke seine väterlichen Gefühle: »Sehen Sie nur, das arme Kind in seinem dünnen Mäntelchen!« Draußen ist es naßkalt; überall liegen noch Reste von Schnee. Der Fahrer brummt vor sich hin und hält dann doch. Der Mann mit dem Kind kommt indessen eilig heran – und verblüfft und beehrt mich mit formvollendeter Verbeugung samt Handkuß. Im herrlich rollenden Baltisch stellt er sich vor: »Jestatten, Keyserling.« Wie eigentlich reagiert man auf das gänzlich Unerwartete mit der angemessenen Würde? Sie zu wahren wird nicht gerade leichter, als das Gedächtnis prompt den Blödelreim, den Spottvers hervorholt:

»Als Gottes Atem leiser ging,
schuf er den Grafen Keyserling.«

Vielleicht sollte jemand einmal, vorsorglich für die künftigen Gelegenheiten, einen Knigge über das gute Benehmen in finsteren Zeiten und bei Weltuntergängen verfassen.

Unterdessen läuft alles wie am Schnürchen. In Hannover erreiche ich, vom wilden Gedränge abgesehen, ohne Umstände und Aufenthalt einen Zug nach Hamburg; schon in diesem Zug bekomme ich genaue Anweisungen für die Weiterfahrt mit der S-

Bahn zum »Anhalter«-Bahnhof in der Richtung nach Neumünster und Kiel.

Zwei Männer sitzen mir in der S-Bahn gegenüber. Während ich aus dem Fenster schaue, raunt der eine dem anderen zu, laut genug, daß ich es verstehen kann: »Kiek mal, ooch so 'n armes Kriegsopfer.« Spree-Athener an der Alster! Ich muß nun wirklich lachen, denn augenblicklich fühle ich mich pudelwohl: Ich habe es geschafft, und von den Abenteuern bin ich erst einmal beurlaubt. Für die Kommentare aber zu den finsteren Zeiten dürfte man nur Berliner engagieren. Eine Geschichte fällt mir ein, die Mutter manchmal erzählte, aus der Zeit nach dem verlorenen Krieg – dem ersten unseres glorreichen Jahrhunderts –, aus der Zeit der Inflation, der Skandale, der Schieber: Während der »Grünen Woche« findet in Berlin irgendein Galaempfang der feinen Gesellschaft statt, die Herren im Frack und die Damen in entsprechend großer Garderobe. Gegen Mitternacht beschließt man, zum Sechstagerennen zu wechseln. Und während man in eine Sektloge geführt wird, tönt hoch vom Heuboden die Berliner Stimme: »Kiek mal, da lofen dreißig Jahre Zuchthaus!«

Wie hieß das doch: »Nach einem verlorenen Krieg müssen Komödien gespielt werden.« Und zwar mit dem ganzen gebotenen Ernst einer wirklichen Komödie.

Eine Reise nach Pommern

Der süße Duft der Freiheit

In einer Badewanne, im heißen Wasser liegen, sich dehnen und dösen, gleich danach mit der völlig unnötigen Aufforderung »Laß es dir schmecken!« einen Krug heißer Milch, eine Platte belegter Brote vor sich sehen mit Wurst, Schinken, Eiern: Welch ein Luxus ist das, welch Füllhorn der Zivilisation! So ungefähr müssen Fronturlauber sich gefühlt haben, beschenkt mit drei kostbaren Wochen randvoll mit den Anlässen zum Genießen, zum Staunen und zur Dankbarkeit für das, was es noch gibt.

Für mich gibt es erst einmal meinen Bruder. Was für ein Glück wird es für Mutter bedeuten, wenn sie das erfährt: Der Krieg, der zwei ihrer Söhne verschlang, hat den dritten, den letzten gnädig verschont. Er ist hier, am vorsorglich verabredeten Ort; bald nach der Kapitulation wurde er aus der Gefangenschaft entlassen. Was aber wiegt in solchem Wiederfinden noch das Verlorene? Schon schmiedet er Pläne für einen neuen Anfang, fürs Abitur und das Studium, für seinen Weg in die Zukunft.

Für drei Wochen gibt es indessen auch Anlässe genug, sich zu wundern. Wie die Leute hier jammern und klagen! Dieses Gutshaus in Holstein, gleich hinter der Ostsee, ist natürlich bis unters Dach vollgestopft mit Menschen wie jedes Haus, jede noch so winzige Kammer, jeder brüchige Verschlag überall im Lande. Also jammern die Besitzer über die Nichtbesitzer, die Einheimischen über die Flüchtlinge, die ihnen angeblich alles wegnehmen. Die Flüchtlinge ihrerseits klagen über das Unverständnis, über die Kälte, den Geiz, den Hochmut der Einheimischen.

Wer überdies mit den Rationen eines »Normalverbrauchers« auskommen soll, wer weder auf dem Lande und von der Landwirtschaft lebt, noch das »Vitamin B«, seine Beziehungen zu Bauern, Bäckermeistern oder Behörden einsetzen kann, der muß mühsame Hamsterfahrten unternehmen, forttauschen, was er noch hat, oder riskante Spiele spielen bei dem Versuch, auf dem Schwarzen Markt etwas zu ergattern. Das Geld ist kaum mehr etwas wert; die wirkliche Währung heißt jetzt »Chesterfield« oder »Lucky Strike«.

Ach – so höre ich –, und dann erst die Besatzungsmächte, diese Herren Sieger auf hohem Roß, seien es Engländer oder Amerikaner, die mir nichts, dir nichts Wohnungen beschlagnahmen, das Umfärben von Uniformen verlangen und zu allem Unheil auch noch Fragebogen austeilen, die Mitgliedschaften und das Verhalten von gestern betreffend! »Ich bitte Sie, meine Liebe: Was wußten wir denn, was konnte man tun? Eigentlich war ich ja immer dagegen; immer – wenn es ging – habe ich ›Guten Tag‹ statt ›Heil Hitler!‹ gesagt. Aber was blieb einem übrig, als mitzumachen? Nein, wirklich: Diese Herren haben von nichts eine Ahnung.«

Innerhalb der Spazierzone trifft der poetisch gestimmte Naturfreund Bekannte, die ihn am Jackenknopf festhalten und, trotz Feld, Wald und Wiese ringsum, in durchaus naturfremde Gespräche verwickeln, und ehe er sich's recht versieht, wird der Dialog zum Monolog, zum politischen Plädoyer. »Ich habe mich zwar von meiner jüdischen Frau scheiden lassen«, erklärt ihm einer, »aber die Trennung wäre auch in normalen Zeiten unvermeidlich gewesen. Unglückliche Ehen gibt es ja schließlich nicht nur unter der Diktatur. Außerdem habe ich ihr, solange es möglich war, Geld geschickt.« Der Mann steht zwischen hohen Bäumen, als seien sie der Hohe Gerichtshof. Er verteidigt sich ungefragt. Er übt. Er trainiert sein Alibi. Er sucht Zuhörer, um die Schlagkraft seiner Argumente zu kontrollieren. Die Bäume und der Spaziergänger, den er trifft, müssen ihm zuhören. Er beantragt Freispruch. Dann geht er weiter. Die Angst und das schlechte Gewissen laufen hinter ihm her.

Der nächste, dem man begegnet, versichert, daß er, obwohl er kürzlich noch das Parteiabzeichen getragen habe, nicht in der Partei gewesen sei. »Ich war nur Anwärter«, sagt er. »Mitglied bin ich nie geworden, obwohl sich dann vieles für mich einfacher gestaltet hätte. Wenn Sie wüßten, was ich alles versucht habe, um nicht Mitglied zu werden! Es war, weiß Gott, nicht leicht, sich aus der Geschichte herauszuhalten!« Wir stehen auf einem Feldweg. Und drüben auf einem Bauernhof kräht der Hahn ...

Der dritte, und auch ihn kennt man nur flüchtig, wird noch zutraulicher. Er öffnet nicht nur sein Herz, sondern, bildlich ausgedrückt, auch die Hose. Er hat, trotz der Nürnberger Gesetze, zuweilen mit einem jüdischen Mädchen geschlafen, und nun hört er sich um, ob dieser Hinweis auf seine damals strafbaren Vergnügungen den nötigen politischen Eindruck erweckt. Schließlich hat er ja, als es verboten war, mit einer Jüdin gemeinsame Sache gemacht! Ja, hat er sich denn da nicht, wenn auch nur in der Horizontale, als Staatsfeind betätigt? Könnte ihm, überlegt er, die sündige Vergangenheit künftig nicht vielleicht von Nutzen sein? Er sucht in meinem Blick zu lesen, wie ich den Fall und die Chancen beurteile. Daß ich ihn für ein Ferkel halte, läßt ihn kalt.

Die Wege durch Wald und Feld ähneln Korridoren eines imaginären Gerichtsgebäudes. Die Vorgeladenen, mehr oder weniger kleine Halunken, gehen nervös hin und her, warten, daß der Polizeidiener ihren Namen ruft, und ziehen jeden, der vorbeikommt, ins Gespräch. »Wer weiß, wozu es gut ist«, denken sie.

Schlimme Zustände, Klagen ohne Ende. Und alles mag relativ sein. Aber spüren die Leute überhaupt, was sie noch oder wieder haben? Daß wenigstens hier im Westen das Ende des Krieges auch ein Anfang des Friedens, eine Chance, eine Befreiung ist, weil Willkür und Gewalt ihre Herrschaft verlieren wie die Schrecken des Winters unterm Tauwind des Frühlings? Kündigt nicht dies uns den süßen Duft der Freiheit an, daß statt der Führerbefehle und Banditenkommandos wieder Regeln gelten, auf die Verlaß ist, die Regeln des Rechts? »Gerechtigkeit erhöhet ein Volk«, heißt es in der Bibel, »aber die Sünde ist der Leute Verderben.«

Inzwischen wird mir reichlich und von allen Seiten Rat zuteil, unerbetener durchweg und stets mit ähnlichem Kehrreim: »Bleib hier, fahr auf keinen Fall wieder zurück, das ist sinnlos, es geht doch nicht, man wird dich bestimmt verhaften und in ein Straflager schicken, womöglich nach Sibirien.« Niemand ist da, der mir wie Mutter sagt: »Selbstverständlich, du schaffst es.« Blei im Gepäck: Was soll ich damit anfangen? Denn daß ich zurückfahre, weil Mutter, Marie, mein Kind auf mich warten, das versteht sich von selbst, dazu braucht es gar keinen Rat und erst recht nicht diese neunmalklugen Warnungen.

Da man mich vom vorsätzlichen Verderben nicht abbringen kann, bekomme ich immerhin Handfestes: eine Windbluse und eine Skihose aus Vorkriegszeiten, festes Schuhwerk, einen Rucksack samt nahrhafter Füllung. Und ein wichtiges Papier, das allerwichtigste in dieser Zeit und Zone: die Zuzugsgenehmigung für meine Familie und Marie; die Hausherren auf dem Gut in Holstein garantieren das Zimmer.

Dornröschen in Angermünde

Mein erstes Etappenziel ist ein Dorf bei Braunschweig, nahe an der Zonengrenze. Der Zufall – oder was immer sonst sich da einmischen mag – hat mir die Adresse zugespielt: Hier wohnt jetzt meine Cousine Otti von Veltheim mit ihrer Mutter Dorothea, genannt Tante Dolly. Es sind die Enkelin und die Tochter von Onkel Gerhard und Tante Lena, den »alten Glowitzern«.

Otti und Tante Dolly sind zwar bei Verwandten untergekommen, aber so, wie es den Umständen dieser Jahre entspricht: über eine Stiege hinauf in einer halbwegs zur Wohnbarkeit hergerichteten Dachkammer. Das Fragen, das Erzählen beginnt. Otti ist zunächst gar nicht da, sondern irgendwo unterwegs, im Beruf des neuesten Zeitalters als Schmugglerin über die Zonengrenze hinweg, mit amerikanischen Zigaretten in den Osten und mit Strümpfen aus Chemnitz oder wer weiß was sonst und woher in den Westen. Doch es heißt, daß sie bald, in dieser Nacht noch zurückkehren soll. Tatsächlich taucht sie auf, kaum daß ich in ihr Bett gestiegen bin.

Bei frisch gebrühtem Kaffee beginnt das Erzählen von vorn. Es mündet im Unerwarteten, denn als ich bei der Kindstaufe und damit, wieder einmal, bei Onkel Gerhard angekommen bin, steht Otti plötzlich auf und erklärt: »Du gehst nicht allein, ich komme mit! Ich hole die Großeltern da heraus, allein schaffen sie es nicht.«

Nein, gewiß nicht. Onkel Gerhard ist ein Greis von siebenundachtzig Jahren und Tante Lena beinahe erblindet. Aber unversehens verkehrt sich das Rollenspiel, das in den vergangenen Wochen so oft ablief; jetzt bin ich es, die warnt, die umstimmen will und die Gefahren, das drohende Unheil, alle Möglichkeiten des Scheiterns in den schwärzesten Farben malt. Tante Dolly, zu Tode erschrocken, schließt sich mir an. Es nützt nur nichts; hoch aufgerichtet sitzt Otti da, bereit, sich in die Brandung zu werfen: eine Frau, etwas jünger als ich und mädchenhaft glühend vor Eifer, sportlich durchtrainiert im übrigen nicht allein als Grenzgängerin; bis zum Kriegsende hatte sie Remonten, junge Pferde, für die Wehrmacht zugeritten. Ich sehe mich mit meinen eigenen Waffen geschlagen: Je mühsamer und gefährlicher es ist, desto mehr muß man doch denen helfen, die es selbst nicht können.

»Und soll ich vielleicht für die nächsten fünfzig Jahre damit leben, daß ich die Großeltern im Stich gelassen habe? Also, Schluß der Debatte. Gleich morgen abend gehen wir los. Und jetzt wird geschlafen.«

Das tue ich gern und in Wahrheit höchst zufrieden. Das Abmahnen hat mein Gewissen erleichtert; was nun bleibt, ist das Glück, eine Gefährtin zu haben. Zu zweit ist alles leichter; man kann sich Mut machen, trösten und helfen. Wie sagt doch der Dichter: »Arm in Arm mit dir...« Ach, zum Teufel mit dem Zitierwahn des Winters; jetzt geht es dem Frühling entgegen.

Der nächtliche Gang über die Zonengrenze bietet wenig Probleme. Otti kennt alle Schleichwege bis zur jenseitigen Bahnstation. Der Tag dämmert noch kaum, da sitzen wir schon wohlbehalten im Zug nach Berlin. Der füllt sich von Aufenthalt zu Aufenthalt zwar rasch zur drangvollsten Enge; Schwärme von Menschen mit Sack und Pack, mit ihrer dürftigen oder üppigen Hamsterfracht, streben der hungernden Metropole zu. Aber wieder einmal gilt, daß die Masse vor Kontrollen bewahrt.

Oder doch nicht? Jeder weiß natürlich, was es mit diesem Ameisengewimmel auf sich hat, sogar die Obrigkeit. Als der Zug einen Vorort von Berlin erreicht und zum Halten kommt, ist er auf einmal von Polizei umstellt. »Alles aussteigen!« Flüche, Geschrei, panisches Rennen um Rettung, das von den Postenketten ohnmächtig zurückprallt.

Auch wir haben Bannware bei uns, etwas Schnaps und – vor allem – anderthalb Stangen amerikanischer Zigaretten, dreihundert Stück: jenes kostbare Gut, die harte, überall anerkannte Währung, mit der wir uns unseren Weg ins Ungewisse zu erkaufen hoffen. Sie muß um jeden Preis gerettet werden.

Was tun? Vor der breiten Treppe, die zum anderen Bahnsteig, zur S-Bahn hinüberführt, haben die Polizisten sich an den Händen gefaßt. Wie, wenn wir uns unter dieser Sperrkette plötzlich hindurchdukken und loslaufen? Andere werden gewiß folgen, aber wir könnten die ersten sein. Und nicht die, sondern die letzten beißen bekanntlich die Hunde. Kein Wort scheint nötig, die Augensprache genügt: Hinunter unter die Arme und Hände und dann auf und davon! Im Ansturm der Nachdrängenden reißt die Postenkette; wütendes Kommandogebell und Pfeifengeschrill um Verstärkung, vielfüßiges Laufen, Verwirrung. Doch im Nu liegt das Getümmel hinter uns, und wir erreichen den Bahnsteig der S-Bahn.

Leider ist es nicht wie im Kino: Kein Zug steht da, in den man gerade noch hineinspringt, während die Türen sich bereits zur Abfahrt verschließen, den Verfolgern zum Hohn. Bloß ein halbzerstörtes Bahnsteighäuschen gibt es, eine Bank darin, zwei kichernde junge Leute darauf; wir tauchen unter sie hinab. Flüstern von oben:

»Ne Schachtel Amis, und ihr kriegt S-Bahn-Karten. Die braucht ihr jetzt.«

Zwei Gewitzte offensichtlich, die sich auf ihr schnelles Geschäft verstehen. In Windeseile wird der Handel vollzogen, und wir tauchen unschuldsvoll wieder auf, gerade zur rechten Zeit. Denn Bahnpolizisten erscheinen, leuchten in jeden Winkel, wollen genau dies sehen: Fahrkarten für die S-Bahn. Wer sie vorweisen kann, bleibt unbehelligt. Den anderen hilft weder Betteln noch Fluchen; unerbittlich werden sie zurückgetrieben. Dann kommt der Zug und bringt uns in die Stadt.

Noch einmal die Milinowskistraße in Zehlendorf,

die Obhut von Ilse Hagens und Gretchen Voigt. Der nächste Tag ist Erkundungen gewidmet, bis in die Ruinenlandschaft am Stettiner Bahnhof: Hält dieser Name noch, was er verspricht, gibt es irgendwelche Möglichkeiten für die Reise nach Pommern? Die Antwort ist überall gleich und stets eindeutig: Nein, nein.

Immerhin: Im Zufall des Herumfragens treffen wir auf eine junge Frau, die etwas anzubieten hat. Sie stammt aus Ostpreußen, sie wurde von dort nach Rußland, nach Sibirien verschleppt. Doch eine schwere Erkrankung brachte ihr die Entlassung. Den Entlassungsschein hat sie noch, ein kyrillisch beschriftetes Papier mit höchst eindrucksvollen Stempeln. Weil das ostpreußische Heimatdorf unerreichbar geworden war, wird kein Zielort genannt, sondern bloß gesagt, daß die Entlassung »nach Hause« erfolgt. Die Frau ist bei Verwandten in Berlin untergekommen, längst ordentlich gemeldet und mit dem normalen Ausweis versehen; das russische Papier braucht sie nicht mehr. Vielleicht können wir etwas damit anfangen? Wer weiß. Auf jeden Fall wird es nicht schaden, und so wechselt dieser Entlassungsschein seinen Besitzer – versteht sich: gegen die begehrte Packung »Lucky Strike«.

Wenn schon nicht Stettin, dann wenigstens Angermünde. Von dort pendelte ja der Zug über die Demarkationslinie nach Scheune; dorthin brechen wir nach einer zweiten Übernachtung auf, von Tante Ilse innig umarmt, von Gretchen rührend mit Broten versorgt, die wir um keinen Preis ablehnen dürfen, obwohl sie gewiß nicht vom satten Munde, sondern von den ohnehin kargen Rationen eines »Normalverbrauchers« abgespart sind.

Von Berlin nach Angermünde: Kaum eine Stunde brauchte man in Friedenszeiten für diese Strecke, mit Zwischenaufenthalt in Eberswalde. Jetzt geht es erst einmal überhaupt nicht los, so sehr der Pfeifenmann mit seiner grünen Kelle und roten Mütze sich müht. Der Zug ruckt nur ein wenig, sei es als Zeichen des guten Willens oder als Notsignal einer altersgeplagten Lokomotive: Das ist nun wirklich nicht mehr zu schaffen, wie soll man denn Dampf machen mit solchem Grus, der nur von fern an richtige Kohle erinnert? Schließlich, nach drei vergeblichen Anläufen, beginnt eine asthmatische Schleichfahrt mit langen Pausen zum Atemholen auf jeder Station und oftmals sogar auf der freien Strecke. Gottlob gibt es keine Berge, sonst müßten die Passagiere wohl noch schieben. Am Ziel ist längst die Nacht eingefallen. Zum zweiten Mal in wenigen Wochen bleibt nur der baufällige Wartesaal von Angermünde und mein sozusagen bereits angestammter Schlafplatz hinter der Theke.

»Aufwachen!« Fußtritte, Gebrüll, erschrockenes Hochfahren: Kein freundlicher Russe diesmal mit einem Kanten Brot in der Hosentasche, sondern zwei grimmige Gestalten, die Maschinenpistolen im Anschlag. »Los – mitkommen – schnell, schnell – Verhaftung – Verhör!« Zwei junge Mädchen hat man zuvor schon eingefangen, und zu viert werden wir abgeführt, hinaus ins Ungewisse. Oder vielmehr: Nur zu bald läßt sich absehen, worum es eigentlich geht und was uns erwartet. Denn der Weg führt keineswegs in die Stadt, wo die Kommandantur oder das Gefängnis liegen dürften, sondern in die Gegenrichtung, am Güterbahnhof entlang, an Lagerhallen und Maschinenschuppen vorbei. Wohin also? Irgendwo abseits im Finsteren wird wohl eine Scheune oder ähnliches warten. Und niemand wird Zeuge sein, niemand sehen und hören, was da geschieht.

Keine Lichter, kein Bahnhof mehr, sondern bloß noch der Schienenstrang. Der erste Bewacher vorweg, dann die beiden Mädchen, dann Otti und ich, dann der zweite Mann. Der Abstand zu ihm wächst unversehens, er bleibt stehen, man hört ihn reden, Gelächter klingt auf. Wahrscheinlich hat er Kumpane getroffen, die er zum Mitkommen ermuntert. Auch Otti und ich lassen uns unmerklich zurückfallen. Der Posten an der Spitze marschiert unbeirrt weiter, er sieht sich nicht um, weil er dicht hinter sich die anderen Mädchen hört. Rechts ein Zaun, danach eine steile Böschung. Und Lücken im Zaun. Ein Druck der Hände, ein Rippenstoß: Wir springen, kugeln die Böschung hinunter, ins Dunkle hinab – und genau in dornige Brombeerbüsche hinein.

Mögen sie stechen, schrammen, uns zerkratzen, wie sie wollen, sie bieten Deckung, während oben der Lärm losbricht: Rufen und Rennen, Angstgeschrei der Mädchen, Schüsse. Aufblinken von Taschenlampen. Wir bleiben unentdeckt. Wir liegen flach im Gebüsch, an den Boden gepreßt. Wir warten, bis wieder Ruhe eintritt und die Stimmen, die Schritte sich entfernen. Wir rühren uns nicht; wer weiß, ob da über uns einer lauert.

Wie lange wohl im Dornengerank? Angestrengtes Lauschen – und ein seltsames Gedankenwandern zugleich:

»Im Augenblick aber, wo sie den Stich empfand, fiel sie auf dem Bett nieder, das da stand, und lag in einem tiefen Schlaf. Und dieser Schlaf verbreitete sich über das ganze Schloß: Der König und die Königin, die eben heimgekommen und in den Saal getreten waren, fingen an einzuschlafen und der ganze Hofstaat mit ihnen. Da schliefen auch die Pferde im Stall, die Hunde im Hof, die Tauben auf dem Dach, die Fliegen an der Wand, ja, das Feuer, das auf dem Herde flackerte, ward still und schlief ein ...«

Aber keine hundert Jahre vergehen für dieses Mal. Eine Handvoll Minuten vielleicht, dann kriechen wir vorsichtig ins Freie, schleichen erst geduckt, laufen dann querfeldein um sichere Entfernung, bis die Atemnot zum Anhalten zwingt. In weitem Bogen kehren wir zur Stadt zurück, tasten an Türen, um rasch von der Straße zu kommen; womöglich sind Streifen unterwegs. Schließlich finden wir einen unverschlossenen Eingang. Dahinter, in einem Flur auf bitterkalten Steinstufen, verbringen wir den Rest der Nacht. Erst jetzt merken wir, wie gründlich zerkratzt wir sind, wie überall im Haar, in der Haut, in den Kleidern noch die Dornen stecken. Doch in die Mühsal, sie zu entfernen, mischt sich, jetzt erst, ein Gefühl von Triumph – und beinahe etwas wie Dankbarkeit: Genau dieses Stachelgerank bedeutete Rettung.

»Es ging aber in dem Land die Sage vom schönen schlafenden Dornröschen, denn so ward die Königstochter genannt, also daß von Zeit zu Zeit Königssöhne kamen und durch die Hecke in das Schloß dringen wollten. Es war ihnen aber nicht möglich, denn die Dornen, als hätten sie Hände, hielten fest zusammen, und die Jünglinge blieben darin hängen, konnten sich nicht wieder losmachen und starben eines jämmerlichen Todes.«

Zuckerfracht und Dampfkartoffeln

»Mädchen, um Himmels willen, macht bloß, daß ihr fortkommt, die halbe Nacht haben die nach euch gesucht!«

Der Bahnhofsvorsteher, zu dem wir am Morgen vordringen, sagt uns das mit allen Zeichen des Entsetzens.

»Wir wollen ja auch verschwinden – nach Stettin. Wann gibt es einen Zug?«

»Nach Stettin? Seid ihr verrückt? Wo leben wir denn? Nein, nein, es gibt keine Züge.«

Stettin liegt gerade dreiundsechzig Bahnkilometer entfernt, aber die Reaktion wäre gewiß kaum anders ausgefallen, wenn wir eine Fahrkarte zum Mond verlangt hätten.

»Und wie ist das mit Güterzügen?«

Was für eine Frage an einen deutschen Beamten! Er rückt ein Lineal und die Brille zurecht, stemmt sich vom Schreibtisch zurück; er probt sein Hoheitsgesicht: »Also, Herrschaften, erstens einmal: Güterzüge sind für Güter da und nicht für Personen. Zweitens: Es gibt auch keine Güterzüge. Das heißt, manchmal doch... Aber nur russische. Verstanden? Schlagt euch das aus dem Kopf und verschwindet endlich.«

Russische Züge! Wie kommt man da nur heran? Wir halten kurzen Kriegsrat und beschließen, in die Höhle des Löwen zu gehen, zur Kommandantur. Schließlich haben wir doch einen Entlassungsschein »nach Hause«, und vielleicht siegt die Frechheit.

Der Kommandant, zu dem wir nach einigem Hin und Her vorgelassen werden, ist ein freundlicher Mann. Wort- und vor allem gestenreich erklären wir ihm unser bitteres Schicksal als Heimkehrer aus Sibirien, die ihre Familien im Kreise Stolp in Pommern wiedersehen wollen, aber von den Polen daran gehindert werden, sie zu erreichen. Dieser Hinweis wirkt wahre Wunder; der Herr Kommandant nickt eifrig: »Ja, ja. Polen schlecht, sehr, sehr schlecht. Aber Russen gut. Nur Russen fragen. Russen immer helfen gegen Polen.«

Da kommt wohl Uraltes und immer Neues zwischen zwei Nachbarvölkern zum Vorschein, die derzeit doch als Waffengefährten, als brüderlich Verbündete gelten. Der Kommandant schreibt etwas auf unser Papier und versieht es mit Unterschrift und Dienststempel. Daß dieser Entlassungsschein bereits reichlich betagt und nur für eine Person ausgestellt ist, übersieht er oder übergeht es.

»Also, nie vergessen: Russen gut, Russen helfen.«

Wir scheiden mit der gestenreichen Versicherung, das immer schon gewußt zu haben und es stets zu beherzigen. Im Gefühl, daß uns nun nichts mehr aufhalten kann, marschieren wir gleich darauf zum Bahngelände zurück.

Tatsächlich: Da steht ein langer Güterzug, von russischen Posten bewacht. Wir schwenken unser Papier und fragen wieder nach dem Kommandanten. Der kommt heran, ein großer Junge in Leutnantsuniform, vielleicht achtzehn oder neunzehn Jahre alt. Wieder zeigen wir den Entlassungsschein und erzählen die traurige Geschichte von den verlorenen Heimkehrern, in ihrer zweiten Fassung bereits so bewegt, daß sie uns selbst fast zu Tränen rührt. Was wir dann erfahren, elektrisiert: Der Zug hat Zuckersäcke geladen, die im Stettiner Hafen auf ein Schiff verfrachtet werden sollen. Ob wir mitfahren dürfen? Wir verteilen Zigaretten. Warum nicht? Der Leutnant lacht, seine Leute lachen, sie zeigen auf ein Bremserhäuschen: »Da, da – gut zum Fahren!«

So ist es, so könnte es zumindest sein: Diese altmodischen Gehäuse, die wie große Nistkästen an ihren Waggons kleben, wirken beinahe gemütlich; neben der Bremskurbel gibt es sogar ein Brett, das man zum Sitzen herunterklappen kann. Um die Bremsen zu probieren, müßten wir allerdings erst einmal fahren, und dazu fehlt die Lokomotive.

Inzwischen drängen die lachenden, eifrig auf uns einredenden Soldaten heran, wohl nicht nur der Zigaretten wegen, deren reißender Absatz unseren Vorrat bedenklich dahinschmelzen läßt. Sie scheinen ausprobieren zu wollen, wie viele Menschen in solch ein Häuschen gleichzeitig hineinpassen. Je länger, je mehr wird das ungemütlich; hinterm Lachen und Schwatzen spüren wir Bedrohung. Darum kämpfen wir uns wieder ins Freie hinaus und setzen uns etwas abseits auf die Geleise.

Endlich, endlich dampft die Lokomotive herbei und schiebt noch einen Waggon vor sich her. Bei den acht deutschen Eisenbahnern, die das Zugpersonal bilden, könnte das Erscheinen von Marsmenschen kaum größere Verblüffung auslösen als unser Auftreten: »Das darf doch nicht wahr sein, da bleibt einem glatt die Spucke weg. – Kinder, Kinder, seid vernünftig, bleibt zu Hause. – Wie stellt ihr euch das bloß vor? So etwas hat noch keiner versucht. – Es geht schief, es kann nur schiefgehen, die machen Hackfleisch aus euch!«

Und so weiter: Es gibt gar kein Unheil, das uns nicht in den glühendsten oder vielmehr dunkelsten Farben ausgemalt wird. Doch davon abgesehen tauchen keine Einwände auf. Wenn die Russen damit einverstanden sind, daß wir mitfahren, warum nicht? »Der Iwan befiehlt, wir folgen« – ironische Abwandlung vergangener Parolen. Außerdem werden wir Abwechslung in den eintönigen Dienst bringen; auch unsere Zigaretten sind nicht zu verachten. Schließlich und nicht zuletzt keimt eine Art von Schelmenehrgeiz: Vielleicht gelingt es tatsächlich, den Polen ein Schnippchen zu schlagen.

»Also, Mädchen, wenn ihr euch unbedingt ins Unglück stürzen wollt, an uns soll es nicht liegen.«

Der Waggon, den die Lokomotive mitbrachte, ist das Quartier der Eisenbahner, mit acht Betten darin, je zweistöckig übereinander; es wird uns als Nachtasyl angeboten. Natürlich nehmen wir dankbar an. Und warum nicht solch ein doppelstöckiges Bett benutzen? Ein Teil der Männer hat ja ständig Dienst. »Schlafwagenqualität, ihr werdet sehen, fast wie im Vorkrieg.«

Eigentlich könnte unsere Reise nach Pommern jetzt beginnen. Die Lokomotive hat diesmal reichlich Dampf, Dampf im Überfluß geradezu, den sie von Zeit zu Zeit abblasen muß; weil sie einen russischen Transport schleppen soll, ist ihr Tender mit richtiger Kohle statt mit schäbigem Grus beladen. Aber die Abfahrt läßt auf sich warten; die Signale stehen ehern auf Rot.

»Da seht ihr, Mädchen, wie das geht«, sagt grimmig einer der Eisenbahner. »Wahrscheinlich sind sich die Herrschaften mal wieder nicht einig. Die

Polen gönnen den Russen ihre Beute nicht; sie sagen, daß eine Weiche klemmt oder eine Brücke blockiert ist oder wer weiß was sonst. Oder das Schiff, auf das wir verladen sollen, ist noch gar nicht da. Ach, hol' sie doch alle der Teufel.«

»Und inzwischen schieben wir Kohldampf«, ergänzt ein zweiter. »Wir dürfen uns den Magen verrenken. Immer bloß am Zucker lecken, das ist verdammt kein Zuckerschlecken.«

Dem Manne kann geholfen werden. In einiger Entfernung winkt ein Berg Kartoffeln, von einem russischen Posten bewacht. Ganz harmlos schlendern Otti und ich zu ihm hinüber; Otti bietet ihre Gesprächskunst und eine »Lucky Strike« auf, während ich, hinterrücks, meinen vorsorglich entleerten Rucksack in Windeseile mit Knollen fülle und dann wieder entschwinde. Otti folgt nach, als die Zigarette verraucht ist.

Jetzt haben wir die Herzen unserer Männer restlos gewonnen: »Mädchen, ihr seid Klasse!«

»Aber es sind doch bloß rohe Kartoffeln.«

»Kein Problem.« Die Kartoffeln werden in ein Sieb gefüllt und unter ein Ventil der Lokomotive gehalten. Im überheißen Dampf sind sie im Nu ebenso sauber gewaschen wie appetitlich gegart. »Bitte sehr: Eins-a-Dampfkartoffeln von der Deutschen Reichsbahn. Mitropa-Qualität, mindestens!« Auch eine Dose mit Salz ist im Waggon vorhanden, und es gibt eine prächtige Mahlzeit. Sogar für den nächsten Tag bleibt noch ein Vorrat.

Etwa zwei Stunden mögen vergangen sein, da springen die Signale auf Grün; die Lokomotive pfeift: »Einsteigen, wir fahren!« Freilich nicht für lange. Ein Aufenthalt folgt dem anderen; jedes Nebengleis ist offenbar dazu bestimmt, unsere Geduld auf die Probe zu stellen.

Als die Dunkelheit hereinbricht, fordern die Russen uns auf, in ihren Wagen zu kommen: »Frau, Wodka trinken, Wodka sehr, sehr gut.« Wir lehnen so höflich und so bestimmt ab, wie wir nur können, und versuchen, uns zu verdrücken. Doch derart billig kommen wir nicht davon; einer besonders verfolgt uns hartnäckig. Wir flüchten auf die Lokomotive und nach ein paar Sekunden auf der anderen Seite wieder herunter am Zug entlang, indessen der Lokführer Abfahrtssignale tutet und erst rückwärts und dann möglichst schwungvoll wieder voraus rangiert. Otti, etwas vor mir, springt in eine halboffene Waggontür hinein. Sie versucht, mich nachzuziehen. Doch schon ist der Russe heran und packt meine Beine. Zerreißprobe zwischen Himmel und Hölle, zwischen Zucker und Bahndamm vielmehr, Strampeln, ein Stiefeltritt nach hinten ... Der Russe verschwindet mit einem Fluch. Gleich darauf rangiert der Zug nicht bloß, sondern er fährt wirklich an.

Heftiges Luftholen und Ringen um Fassung. Denn für den Augenblick sind wir zwar gerettet, aber wir wissen, daß es sich um eine heikle Balance auf Messers Schneide handelt. Falls wir unsere Bewacher ernstlich verärgern, können sie uns einfach aus dem Zug werfen – oder am Ziel an die Polen ausliefern. Aus der Idylle im Schlafwagen wird jedenfalls nichts; für den Rest der Nacht wechseln wir bei jedem Aufenthalt unseren Standort, so rasch und so heimlich, wie es irgend möglich ist.

Am nächsten Morgen allerdings, noch immer weit von Stettin entfernt, scheint alles wieder ganz harmlos zu sein. Der Leutnant und seine Soldaten genießen die Frühstückszigaretten, die wir verteilen. Einer fragt: »Frau, schön geschlafen?« Gutmütiges Gelächter ringsum. Am meisten lacht der Verfolger vom Vorabend, der sein Mißgeschick mit Sportsgeist erträgt: »Frau, Stiefel sehr gut!« Wer soll sich da bloß auskennen?

Dreiundsechzig Eisenbahnkilometer von Angermünde bis Stettin, vielleicht siebzig bis zum Hafen! Wir brauchen dafür den halben Tag, die ganze Nacht und vom folgenden Tag noch einmal den größeren Teil. In den letzten Stunden, an und hinter der polnischen Demarkationslinie, zeigen die Russen, was sie wert sind. Kaum hält der Zug, schwärmen sie aus, ihre Maschinenpistolen im Anschlag, als seien auch sie nun in Feindesland. Sie lassen niemanden an den Zug heran. Aus der Sicherheit des Vorüberfahrens zeige ich Otti die Zuckerfabrik von Scheune und den zerschossenen Panzer, der mir Zuflucht geboten hat.

Jetzt sind wir also wohlbehalten in Stettin, genauer im Hafengebiet. Aus einiger Entfernung grüßen das ehrwürdige, jetzt ausgebrannte Schloß der Pommernherzöge aus dem Greifengeschlecht und das preußische Verwaltungsgebäude hoch auf der Hakenterrasse herüber. Irgendwo dort oben hat einmal der Urgroßvater gewohnt und regiert, von dem »des Kaisers alte Uhr« herstammte. Nach seiner Zeit als Minister war er der Oberpräsident von Pommern, 1891 bis 1899: Als Kind hat Mutter ihn oft besucht und später manchmal von dem imponierenden alten Mann mit seinem schönen weißen Bart erzählt.

Inzwischen regieren ganz andere Herren, und sie zu besuchen scheint wenig ratsam. Es gilt erst einmal, ein schwieriges Problem zu lösen. Denn wir befinden uns nicht einfach im Hafengebiet, sondern in einem besonderen, streng abgeriegelten Bezirk: im Freihafen, der jetzt den Russen vorbehalten ist. Die Eisenbahner zum Beispiel dürfen dieses Gebiet nicht verlassen; bis zur Rückfahrt müssen sie in ihrem Wohnwaggon warten. Überall an den Zugängen und den provisorisch hergerichteten Brücken stehen polnische Zollbeamte oder Leute von der Miliz, die blinde Passagiere – und noch dazu deutsche – sofort verhaften würden.

Was also tun? Unsere Freunde wissen auch keinen Rat, sie schütteln nur den Kopf: »Wir haben ja gleich gesagt, daß es schiefgeht.« Und weil sie uns ins Herz geschlossen haben, bieten sie ihre Art von Hilfe an: »Seid vernünftig, wir verstecken euch und bringen euch wieder nach Hause.« Nach Hause? Aber wo ist das? Wir wollen ja nicht zurück nach Angermünde, sondern vorwärts nach Stolp.

Doch ein Rettungsengel ist prompt zur Stelle. Der russische Leutnant kommt, um sich zu verabschieden; er muß sich bei seiner Dienststelle in der Stadt melden. Und er versteht sofort, was uns solches Kopfzerbrechen bereitet; er lacht wie immer: »Kein Problem! Ich Frau verhaften, dann zu Kommandantura.« Er holt seine Maschinenpistole, bringt sie in Anschlag, strafft sich selbst – grinsend – zu drohender Haltung: »Los, los, schnell, schnell!« So traben wir vor ihm her, pflichtschuldigst betrübt und mit hängenden Köpfen. Von den polnischen Posten bekommen wir im Vorüberhuschen nur unflätige Flüche und hämisch aufmunternde Zurufe zu hören: Zwei deutsche Frauen werden ihrem verdienten Schicksal zugeführt. Der Leutnant flucht herzhaft zurück und treibt uns noch mehr zur Eile an. Als wir dann sämtliche Kontrollpunkte passiert haben und uns irgendwo an einer Straßenecke voneinander verabschieden, möchten wir diesen großen Jungen in der gefürchteten erdbraunen Uniform am liebsten umarmen. Aber die Verhältnisse verbieten es; schon schauen die Passanten forschend herüber.

Bombenkrieg und Eroberung haben Stettins Altstadt fast völlig zerstört; wir sehen die Ruine der

Jakobikirche. Doch schon regt sich ein neues Leben; viele Menschen eilen geschäftig hin und her. In einem Trümmerfeld ballen sie sich zu Trauben zusammen: das Zentrum des Schwarzhandels. Für melancholische Betrachtungen bleibt ohnehin keine Zeit. Der Abend ist nicht mehr fern, und höchst dringend müssen wir unser nächstes Problem lösen: ein Quartier finden, um von der Straße zu kommen. Nirgendwo in der polnischen Zone dürfen sich die Deutschen nach Anbruch der Dunkelheit noch frei bewegen. Wenn wir dann einer Streife in die Arme laufen, ohne Papiere und ohne die Möglichkeit, eine Wohnung oder Arbeit nachzuweisen, wird man uns verhaften und ins Gefängnis stecken.

Wie finden wir eine Zuflucht? Am besten wird es wohl sein, sich an andere Deutsche zu wenden, die doch irgendwo wohnen müssen. Man erkennt sie sofort an ihrer schäbigen Kleidung, an ihrer scheuen, gedrückten Art, sich zu bewegen. Besiegte, so scheint es, brauchen selbst auf der Straße weit weniger Platz als die, die als die Sieger sich breitmachen.

Diese unter ihrem grauen Schultertuch fast verborgene Frau zum Beispiel, die gerade um die Ecke huschte und jetzt auf uns zukommt... Kurz entschlossen sprechen wir sie an. Während wir hastig erklären, worum es geht, mustert sie uns stumm in verständlichem Mißtrauen. Als sie jedoch hört, daß wir soeben aus dem Westen uns eingeschmuggelt haben, als Otti zum Beweis eine Packung »Lucky Strike« sehen läßt, ändert sich ihre Haltung fast schlagartig –

und wiederum höchst verständlich: Jeder hier lebt von Gerüchten, keiner weiß, wie es »drüben« wirklich aussieht und was sich dort vielleicht erhoffen läßt. Die Chance, etwas aus erster Hand zu erfahren, will niemand verpassen, dem sie sich bietet. Könnten wir frei umherreisen, um unsere Informationen an den Mann oder die Frau zu bringen, wir würden auf Händen durchs Land und in die Häuser getragen, wie in diesem Augenblick: »Also nein, wie sich das trifft! Ja, ich habe etwas, ein Stück weiter ein großes Gebäude« – sie nennt uns den polnischen Straßennamen. »Etwas beschädigt, aber es wird hergerichtet, von deutschen Kriegsgefangenen. Die Russen wollen da ihre Kommandantur einrichten. Noch steht alles leer, ich halte nur Wache, ich bin die Putz- und Portiersfrau. Kommt in einer Stunde, dann bin ich da, ich muß nur schnell noch einen Weg machen.«

Kaum haben wir uns für den Augenblick getrennt, werden wir selbst angesprochen. Ein schwer zu klassifizierender Mann mittleren Alters fragt uns nach einem Nachtasyl. Natürlich sind nun wir höchst mißtrauisch: Woher, wohin und warum? Der Mann erzählt, daß er eigentlich Tscheche und in Böhmen zu Hause sei. Nur, leider, habe es ihn in die deutsche Wehrmacht verschlagen – und an der Alster, in Hamburg warte seine Braut auf ihn. Und dann, mit einer angedeutet knappen Verbeugung, stellt der Mann sich vor: »Heinrich Graf Kinsky.«

»Wie bitte? Mit dem General in der Familie, der bei Wallenstein eine Rolle spielte?«

Die zweite Verbeugung: »Obrist, nicht General, gnädige Frau, nur Obrist. Und vor dreihundertundzwölf Jahren, am fünfundzwanzigsten Februar, mit meinem Feldherrn in Eger ermordet.«

»Dafür sind Sie aber noch ziemlich lebendig«, platzt Otti heraus – was mit einer dritten Verbeugung quittiert wird.

»Und was um Himmels willen machen Sie jetzt? Hier, in diesem kaputten Stettin?«

»Man schlägt sich durch in solchen Zeiten. Sie kennen doch unseren Nationalhelden, den braven Soldaten Schwejk? Gerade haben die Polen mich angestellt, als Lastwagenfahrer für Ferntransporte.«

»Ferntransporte? In welche Richtung?«

»Der Westen ist leider versperrt – vorläufig. Also nach Osten. Gleich morgen nach Danzig.«

Das freilich läßt uns mindestens in dem Maße aufhorchen wie vorher die deutsche Frau, als sie erfuhr, daß wir frisch aus dem Westen eingereist sind. Der Köder wirkt, und die Angel hakt sich fest; dieser Graf mag uns noch so böhmisch vorkommen und echt sein oder auch nicht: Einen solchen Wink des Schicksals dürfen wir auf keinen Fall ausschlagen. Nachtquartier gegen Mitnahme?

Die vierte Verbeugung: »Gewiß, auf mein Ehrenwort. Und für ein sicheres Versteck im Laderaum, wenn unterwegs die Papiere kontrolliert werden, dafür verbürge ich mich.«

Noch ein Wink des Schicksals, ein Vorzeichen, wie es sich besser nicht denken läßt: Unsere Wirtin heißt Frau Glück. Natürlich ist sie erst einmal gar nicht erbaut, als wir ihr den dritten Gast vorstellen. Aber ihre Neugier siegt. Und was sie zu bieten hat, wirkt überwältigend: ein weitläufiges Gebäude mit langen Korridoren und vielen leeren Räumen. Wir wählen ein Zimmer im Untergeschoß, das gleich zweifach Vorteile bietet: ein Waschbecken mit Wasserleitung, die sogar funktioniert, und einen rückwärtigen Ausgang. Falls eine russische Patrouille oder die polnische Miliz hereinpoltert, können wir da hinaus unauffällig verschwinden und irgendwo in den umliegenden Ruinen Zuflucht suchen.

Zunächst aber erscheinen die deutschen Kriegsgefangenen, die hier arbeiten. Sie staunen uns an, wie in Angermünde die Eisenbahner uns angestaunt haben: »Mädchen, daß ihr das geschafft habt, hier nach Stettin herein ... Mich laust der Affe: Nach Osten wollt ihr, über die Oder, bis nach Stolp? Kinder, Kinder, wenn das bloß gutgeht.«

Und dann ist es wie Weihnachten. Bevor sie fort müssen in ihr für die Nacht verschlossenes Lager, schleppen die Männer vom Dachboden, aus Abstellkammern oder Kellerverschlägen herbei, was da aufbewahrt liegt: eine alte Couch, Tisch und Stühle, einen Kanonenofen samt Rohr, das in die Fensterhöhle hinausgeleitet wird, Holz zum Heizen. »Macht's gut, bis morgen!«

Frau Glück fragt uns Löcher in den Leib: Wie lebt man denn nun bei den Engländern, den Amerikanern? Gibt es da alles im Überfluß? Wie im Märchen ist es dort drüben, nicht wahr? Als sie eine »Lucky Strike« probiert, schließt sie die Augen und sagt ehrfürchtig: »Ja, die haben wirklich Kultur.« Bald freilich müssen wir die Neugier vertrösten: In der wohligen Wärme, die der eiserne Ofen verbreitet, fallen uns unwiderstehlich die Augen zu. Schließlich haben wir uns in Angermünde und im Zug nach Stettin zwei Nächte um die Ohren geschlagen. Dem Grafen wird die Couch zugewiesen, und wir strecken uns unter einer Decke von Frau Glück auf dem Fußboden aus. Wir schlafen tief und fest; der Notausgang würde wahrscheinlich nichts nützen, denn kein noch so drohendes Türenschlagen, Stiefelpoltern oder Waffengeklirr könnte uns jetzt wecken. Aber gottlob bleiben wir unbehelligt.

Ein Ausweis zuviel oder:
Zauberstab und Wahrsagerin

Wir schlafen und schlafen, weit in den Morgen, bis in den Vormittag hinein. Als wir endlich aufwachen, hämmern und sägen im Obergeschoß schon wieder die Kriegsgefangenen. Unser Frühstück besteht aus heißem Wasser zum trockenen Brot.

Auch unser Graf hat verschlafen. Müßte er nicht längst bei seiner Dienststelle sein, sich pünktlich dort melden? Nein, er zeigt keine Eile: »Wissen Sie, meine Damen, die Polen sind keine Preußen, ihrer heiligen Jungfrau sei Dank. Außerdem muß der Lastwagen erst einmal beladen werden. Es ist immer noch früh genug, ihn abzuholen.«

Vielleicht. Weil er aber unsere Skepsis, unser sofort aufflackerndes Mißtrauen spürt, zeigt der brave Soldat Schwejk seinen Ausweis – oder vielmehr gleich zwei Dokumente: ein russisches und ein polnisches. »Kilki« steht da, nicht »Kinsky«. Nun ja, das mag zu den Kriegslisten dieser Zeit zählen; dem proletarischen, nicht dem adligen Stammbaum gehört die Stunde. Schließlich kommt sogar noch ein drittes Papier zum Vorschein: ein englisches. Der Himmel oder wahrscheinlich mehr noch der Teufel wird wissen, was das bedeutet und welche Abart von Gültigkeit sich darin versteckt. Doch unser Mißtrauen wird eher verstärkt als besänftigt. »Ein Ausweis zuviel«, meint Otti trocken.

Daraufhin zieht der Mann, buchstäblich aus dem Ärmel, seine Trumpfkarte hervor: einen Zauberstab. »Verehrteste, sehen Sie hier. Ein altes Erbstück meiner Familie, immer vom Vater an den Sohn weitergegeben. Sehr wertvoll also und im Augenblick praktisch mein ganzer Besitz.«

Wahrhaftig, ein seltsames Gebilde: Der schlanke Stab aus gedunkeltem Rosenholz, mit Schildpatt eingelegt, ist ungefähr dreißig bis fünfunddreißig Zentimeter lang. Drei silberne Ringe zieren ihn. Und in der Mitte wie an den beiden Enden glänzt Schnitzwerk aus Elfenbein: an der einen Seite so etwas wie eine Krone, unter der zwei rundgeschliffene Katzenknochen klappern, an der anderen Seite eine Hand mit ausgestrecktem Zeigefinger, vermutlich als Schwurhand zu verstehen. »Wie gesagt: ein alter, ein sehr alter Familienbesitz.«

»Vielleicht schon aus Wallensteins Lager?«

Die bereits gewohnte Verbeugung: »Ich will es nicht abstreiten. Und nicht beschwören: Die Anfänge verlieren sich im dunkeln. Jedenfalls ist dieser Zauberstab im Lauf der Zeiten schon oft verlorengegangen oder gestohlen worden. Aber immer kehrte er zu seinem rechtmäßigen Besitzer zurück. Der Finder, erst recht natürlich der Dieb, gerät in einen Abgrund von Ängsten hinein, in solch ein Entsetzen, daß ihm gar nichts übrig bleibt, als den Stab schleunigst zurückzugeben.«

»Und was kann man – rechtmäßig – damit anfangen?«

»Zum Beispiel hypnotisieren. Im übrigen bitte ich um Verständnis: Das Schweigen, das Geheimnis gehört hier zur Wirkung. Und zur Familienehre. Doch was ich sagen möchte: Ich gehe jetzt und lasse Ihnen mein Erbstück zum Pfand.«

»Um Himmels willen ...«

»Wie gesagt: zum Pfand. Stab und Besitzer bleiben nie getrennt. Bis gleich ...; in zwei, spätestens in drei Stunden bin ich zurück, mit dem Lastwagen vor der Tür.«

Gesagt und getan, eine letzte Verbeugung. Wir

warten gespannt die zwei, die drei Stunden ab. Wir warten bis zum Nachmittag, bis in den Abend. Kein Herr Kilki oder Graf Kinsky kehrt jemals zurück.

»Da ist was faul, das habe ich gleich gewußt: Dem Kerl ist nicht zu trauen«, bemerkt weise Frau Glück. »Ganz kalt lief es mir herunter, als ich ihn sah. Ein Gott-sei-bei-uns. Hinkte er nicht auf dem einen Fuß?«

Davon jedenfalls haben wir nichts bemerkt. »Ein Ausweis zuviel«, sagt Otti noch einmal. »Wahrscheinlich haben sie ihn gefilzt und den dann gefunden. Womöglich haben sie den ehemaligen Angehörigen der Wehrmacht entdeckt. Oder noch Schlimmeres: Agent, Spion, SS, Gestapo? Irgend so etwas. Und dann, Heinrich: Gute Nacht.«

Ich weiß: Diese Geschichte klingt so sonderbar, so absolut phantastisch, daß kein seriöser Erzähler oder Romanschreiber sie verwenden dürfte. Aber sie ist wahr, ich kann das nicht bloß beschwören, sondern belegen: Noch heute, nach mehr als vierzig Jahren, halte ich den Zauberstab in Verwahrung. Im übrigen hat er mir nie Unbehagen oder gar Angst bereitet.

Im Augenblick freilich schreibt die Welt nicht das Jahr 1987, sondern den 30. März 1946; wir hocken in unserer Stettiner Kellerbehausung. Vermutungen über das Woher und Wohin des Zaubermeisters werden ohnmächtig ratlos hin und her gewälzt. Vielleicht taucht er doch noch auf; vielleicht war nur die Ladung nicht fertig, oder der Lastwagen hat einen Motorschaden und muß repariert werden. Aber was sollen wir tun, wenn er nicht wieder auftaucht? Auf jeden Fall bleibt uns kaum etwas übrig, als erst einmal abzuwarten.

Frau Glück besitzt ein Kartenspiel. Wir borgen es aus, um uns die Zeit zu vertreiben. Wir legen Patiencen oder spielen Sechsundsechzig. Manchmal bleibt einer der Kriegsgefangenen, die immer wieder hereinschauen, zu einer kurzen Skatrunde. Schließlich, spät am Abend, beim Schein einer Kerze, die ebenfalls Frau Glück beigesteuert hat, verfalle ich auf die Idee, Otti die Karten zu legen. Selbstverständlich tue ich das mit jedem nur denkbaren Brimborium, mit dem gehörigen Aufwand und Umstand an Geheimniskrämerei, schon unserer Wirtin zuliebe, die gebannt zuschaut – und die mich, eben damit, am Ende dazu verführt, sogar den Zauberstab, von dem sie noch nichts weiß, hervorzuziehen und über den Karten kreisen zu lassen. Im Halbdunkel weist der Elfenbeinfinger seiner Schwurhand auf Könige und Damen, auf Buben und Asse.

Es versteht sich, daß wir zu den schönsten Ergebnissen gelangen: »Otti, du wirst eine Reise machen. Nein, nicht die im Augenblick ist gemeint, sondern eine danach. Die große Reise über ein großes Wasser. Sieh nur, hier... Ja, und was ist denn das? Diese Zuneigung, die Konjunktion zwischen der Herzdame und dem Herzbuben! Otti, ich sehe einen Mann in dein Leben treten. Schön ist er, glutäugig und dunkel gelockt. Und reich noch dazu: Sieh dort...«

Und so weiter. Frau Glück verschlägt es schier die

Sprache; vor Aufregung wagt sie kaum noch zu atmen, nur gepreßt bringt sie hervor: »Nein, nein, ist es denn möglich? Bitte, könnten Sie... Bitte, ich möchte doch auch...«

Warum nicht? Längst schon hat diese gute Frau ihr Leben ausgebreitet, uns ihre Hoffnungen und Herzenswünsche anvertraut. Darum fällt es nicht schwer, sie zunächst mit Hinweisen auf Vergangenes zu verblüffen, um sie dann um so sicherer in die blühenden Gärten einer noch verborgenen, aber bereits nahen Zukunft zu leiten. Sie scheidet beglückt und fast ehrfürchtig: »Gute Nacht, ich werde das nie vergessen!«

»Gute Nacht, liebe Frau Glück.«

Diese nächtliche Szene, eigentlich bloß als Zeitvertreib gedacht, hat unerwartete Folgen. Am nächsten Morgen, offenbar gleich nach Sonnenaufgang, ist Frau Glück in die Stadt geeilt, um ihren Freunden und Bekannten von der großen Wahrsagerin mit dem Zauberstab zu berichten, die die Zukunft enträtselt. Kaum haben wir unser Frühstücksbrot gekaut, das sich aller Sparsamkeit zum Trotz bedenklich dem Ende zuneigt, steht sie schon wieder vor uns: Ob ich nicht, bitte, ihr zuliebe, den Freundinnen und einem guten Bekannten, dem Herrn Hermann, auch einmal weissagen möchte? Von da an gibt es kein Halten mehr, ein im Übermut geworfener Schneeball löst eine Lawine aus. Die Freundinnen und Bekannten tragen die Nachricht anderen Freundinnen und Bekannten zu, der Besucherstrom setzt ein und reißt nicht mehr ab.

Man kann es verstehen. Wir Menschen wissen von der Zukunft, aber wir kennen sie nicht. Damit müssen wir leben, sei es aus dem Glauben oder aus der Skepsis. Oder aus dem Aberglauben: Je unsicherer die Zeiten und je bedrohlicher die Lebensumstände, je geringer das Vermögen, aus eigener Macht unseren Weg zu bestimmen und ungefähr abzuschätzen, was der nächste Tag wohl bringen wird, desto dringender das Bedürfnis, sich den Sternen, dem Vogelflug und Knöchelwurf, dem Kaffeesatz oder den Karten anzuvertrauen. Desto größer zugleich die Bereitschaft, sich führen oder verführen zu lassen, falls nur jemand zur Hand ist, der zwar keineswegs in der Zukunft, aber in unseren Ängsten und Hoffnungen, in den Tiefen und Untiefen des Herzens zu lesen vermag.

Genau darin steckt allerdings ein Problem. Wir kennen Frau Glück, nicht aber all diese Leute, die ihr nun folgen. Darum muß die Sache gehörig organisiert werden. Otti empfängt die Besucher in einem Nebenraum und verkürzt ihnen die Wartezeit durch Gespräche. Denn die Wahrsagerin ist noch beschäftigt, oder sie braucht Zeit zur Meditation und zur Einstimmung auf den Gast. Das Äußere, die Dekoration ist ebenfalls wichtig: Das Fenster wird mit der Schlafdecke verhängt, die Kerze entzündet; mit einem weit in die Stirn vorgebundenen Kopftuch verschatte ich meine Augen.

Bin ich bereit? Otti erkundet es und raunt mir zu, was sie erfahren hat. Im Grunde bereitet dieses Aushorchen wenig Schwierigkeiten; schon im voraus werden die Besucher von ihren Kümmernissen aufgewühlt und möchten sich von der Seele reden, was sie bedrückt. Doch ein hohes Maß an Konzentration bleibt stets gefordert; man muß in den Gesichtern lesen und in der bekömmlichen Mischung von Konkretem und andeutend Allgemeinem den rechten Ton treffen. Am Abend fühle ich mich völlig erschlagen.

Otti versteht es im übrigen, unsere Tätigkeit in die angemessenen kommerziellen Bahnen zu lenken. Natürlich stellt sie keine direkten Forderungen. Um so eindringlicher deutet sie an, daß man je nach den persönlichen Möglichkeiten die große Wahrsagerin unterstützen sollte, die selbst viel zu sehr in den Tiefen des Seherischen versunken ist, um ans irdisch Notwendige, an des Leibes Notdurft und Nahrung überhaupt noch zu denken. Und so strömt bald herbei, was wir brauchen: Lebensmittel, die unsere Versorgungsprobleme beenden und Frau Glück in die Rolle der Köchin aufrücken lassen – und Geld. Das Geschäft blüht, unsere Kasse füllt sich zusehends mit Złotys.

»Schluß für heute!« erkläre ich müde am Abend des vierten Wahrsage-Tages.

»Nein, nein«, flüstert Otti mir zu, »noch einer. Gib dir Mühe, reiß dich zusammen. Ein Mann von der polnischen Post. Bahnpost sogar, mittlerer oder höherer Rang. Wenn einer uns in den Zug nach Stolp helfen kann, dann der.«

Polen, die mehr oder minder gut Deutsch sprechen, Frauen vor allem, sind schon seit dem zweiten Tag unter unseren Besuchern aufgetaucht. Wie tief die Gräben zwischen den Völkern vorläufig sein mögen, im Alltag des Zusammenlebens wachsen die Bekanntschaften. Brücken der Erfahrung und manchmal schon der Vertrautheit entstehen. Über solche Brücken wandert die Nachricht von der Deuterin der Zukunft. Oft handelt es sich um Menschen, die ihre Angehörigen suchen: Der Krieg, die Verfolgung, die Verschleppung riß Familien auseinander, ließ die Männer und Brüder, die Eltern, die Kinder plötzlich verschwinden. Ob sie noch leben, ob man sie wiederfinden wird? Finstere Geschichten von der erlittenen Gewalt, bewegende Schicksale; die Tränen fließen reichlich. Das Unheil, wahrhaftig, hat nicht bloß und nicht zuerst die Deutschen getroffen, sondern sie selbst haben es gegen die anderen, die angeblichen »Untermenschen« in Bewegung gebracht. Oft fällt es mir schwer, die Maske zu wahren, statt einfach zu sagen: Ich weiß nicht, wo Wladyslaw jetzt ist, aber ich hoffe mit Ihnen, daß Sie ihn finden.

Ich gebe mir also Mühe, ich reiße mich zusammen. Ein älterer, gesetzter Mann sitzt vor mir, der seine beiden Söhne und eine Tochter sucht. Wieder ein Leben voll von den Wunden und Narben unseres ruhmreichen Jahrhunderts: Der Mann stammt aus Posen; im Ersten Weltkrieg war er deutscher Soldat, und auch im Zweiten hat er gekämpft, diesmal allerdings im polnischen Widerstand. Seine Kinder wurden fortgerissen zur Zwangsarbeit »im Reich«. Und wieder plagen mich in meiner Rolle die Skrupel. Nachdem aber unsere Sitzung zur Zufriedenheit verlaufen ist, beginnt die umgekehrte Ratsuche: Kann er uns zu einer Fahrt nach Słupsk, nach Stolp, verhelfen?

»Züge verkehren, der nächste gleich morgen um zehn. Sie hinzubringen, das ist nicht schwierig. Und dann... Dann gehört eben etwas – wie sagt man? etwas Dusel dazu. Haben Sie denn Geld für die Fahrkarten?« Wir zählen unsere gebündelten Einnahmen vor. »Das reicht. Gut, geben Sie her. Ich kaufe die Fahrkarten, und morgen früh hole ich Sie ab.«

Natürlich ist das ein Risiko. Der Mann kann spurlos verschwinden wie vor ihm der böhmische Graf. Doch was bleibt uns übrig, als unsere Kugel ins kreisende Glücksrad zu werfen und auf den Treffer zu hoffen? Frau Glück freilich ist untröstlich: Noch nie gab es bei ihr so aufregende Tage, noch nie fühlte sie sich als Mittelsperson zur Außenwelt derart wichtig. Und von den Lebensmitteln, die ins Haus strömten, hatte auch sie ihren Nutzen. Zum Abschied bereitet sie ein wahres Festmahl.

Am Morgen geht dann alles ganz schnell und reibungslos. Der Post- oder Bahnpostbeamte erscheint; er drückt uns die Fahrkarten und mit einem Lächeln zwei polnische Zeitungen in die Hand: »Zur Tarnung – Partisanenweisheit.« Er geleitet uns zum Bahnhof, durch die Sperre hindurch, an den überall patrouillierenden Milizleuten vorbei auf den Bahnsteig, wo der Zug schon wartet, dessen Wagenschilder mit der verheißungsvollen Ankündigung versehen sind: »Szczecin – Słupsk – Gdansk.« Dann, nach einem Kopfnicken, verschwindet der Mann.

Wir finden ein Abteil, in dem nur eine bieder wirkende alte Frau sitzt, eine Bäuerin vielleicht. Wir drücken uns in die Eckplätze und entfalten die Zeitungen. Die Fenster sind mit Brettern vernagelt, aber durch die Ritzen hindurch erkennt man draußen das Auf und Ab der Polizeistiefel, die gefürchteten Uniformen. Nach und nach füllt sich der Zug, auch unser Abteil. Die Spannung steigt und steigt; unter einer trüben Beleuchtung tanzen die Buchstaben und Wörter auf dem dürftigen Zeitungspapier vor meinen Augen wie Irrlichter.

Endlich die Rufe des Schaffners und die Pfiffe der Lokomotive zur Abfahrt. Wir fahren, schneckenhaft langsam allerdings, im Schrittempo fast. An den Oderbrücken Rudel von Schwerbewaffneten. Nicht

Polizei, sondern Soldaten, feldmarschmäßig. Stahlhelme und Maschinengewehre hinter Sandsäcken. Gibt es denn Verschworene, Werwölfe, Partisanen aus dem deutschen oder dem polnischen Untergrund, die Anschläge planen? Eine Frage ohne Antwort, schon vorüber: Auf dem sicheren hinterpommerschen Ufer beschleunigt der Zug.

Stargard und ein langer, ein viel zu langer Aufenthalt; auf dem Bahnsteig mehr Uniformen als Menschen in Zivil. Als wir weiterfahren, erscheint der Schaffner, der die Fahrkarten kontrolliert. Kein Problem. Doch gleich darauf, als wir gerade ein wenig aufatmen und uns zublinzeln: das Alarmsignal schwerer Schritte. Die Miliz, die Ausweise sehen will!

Blitzschnell sind Otti und ich in tiefen Schlaf gesunken, die Zeitungen vor dem Gesicht. Aber das Herz hämmert, daß alle es hören müßten, und das Genick verkrampft eiskalt, als werde es schon gepackt. Erinnerungsfetzen jagen: Wenn das jetzt ein deutscher Zug wäre, im Krieg, mit Deutschen als den Herren, dann gäbe es keine Gnade. Gleich ob die Halbzivilisten in ihren Ledermänteln oder die Wehrmachtstreifen unterm Stahlhelm, die »Kettenhunde« mit dem Blech vor der Brust, sie würden uns unbarmherzig hochrütteln: »Kontrolle, Ausweise, Urlaubsschein, Marschpapiere!« Doch inzwischen sind nicht mehr die Deutschen, sondern Polen am Werk; der Schlaf der Gerechten wird respektiert.

Nach einiger Zeit »erwachen« wir wieder und

schauen uns an. Nach meinem Eindruck hat sich Ottis Gesicht nicht bloß kreideweiß, sondern grünlich verfärbt. »Und du erst, du hättest dich im Spiegel sehen sollen!« bekomme ich später zurück. Unwillkürlich brechen wir unsere letzte Packung »Lucky Strike« an und rauchen in tiefen Zügen.

Vielleicht ist das ein Fehler; alle Mitreisenden blicken auf und schnuppern das ungewohnte Aroma. Mein Nebenmann spricht mich an. Fragt er nach Streichhölzern? Ich reiche sie ihm, eine Zigarette dazu. Es funktioniert. Um den drohenden Fallstricken zu entgehen, verbringen wir die Stunden abwechselnd mit demonstrativem Schlafen oder mit Zeitunglesen. Sind jemals Nachrichten und Kommentare, die man gar nicht zu entziffern vermag, so durchdringend studiert worden? Warum nur kann dieser Zug sich nicht beeilen, wozu die endlosen Aufenthalte? Der D-Zug in Friedenszeiten brauchte bis zum Ziel dreieinhalb Stunden; inzwischen reicht das nicht einmal für die halbe Strecke. Acht, neun, zehn Stunden vergehen, schon verdämmert der Tag.

Und dann doch: Stolp in Sicht. Kurz vor dem Bahnhof stoppt der Zug; die Signale an der Einfahrt stehen auf Rot. Geht es womöglich darum, erst eine Absperrung der Miliz zu postieren, die die Verfemten, die Reisenden ohne Ausweis noch im Ziel abfängt? Nein, es muß nicht so sein, für Haltesignale gibt es viele Erklärungen. Wahrscheinlich spielt uns bloß die am Schrecken geübte Phantasie ihre Streiche. Aber warum etwas riskieren? Blicke genügen zur Verständigung, wir springen auf, ergreifen die Rucksäcke, wenden uns zur Tür. Plötzlich tönt eine Stimme, deutsch: »Fräulein, besser die andere Seite.«

Wir erstarren, wenden uns zurück – alle sehen uns an, alle lachen herzhaft, alle rufen im Chor: »Auf Wiedersehen!«

Der Trick mit der Zeitung hat also die lange Fahrt nicht überdauert; die Mitreisenden haben längst durchschaut, wer wir sind.

Wie einfach wäre es gewesen, uns auszuliefern! Bei jedem der vielen Zwischenaufenthalte hätte ein Wink an die wartende Miliz genügt. Doch keiner hat gewinkt, niemand hat uns verraten. Wenn es darauf ankommt, Jagdherren um ihre Beute zu prellen, wenn die jeweiligen Machthaber – und seien es die eigenen – beschwindelt und überlistet werden sollen, dann ärgert das die Polen nicht, sondern es macht ihnen Spaß.

»Danke, vielen Dank, auf Wiedersehen! Do widzenia!« Wir springen ins Freie.

In der Dämmerung und fast schon der Nacht ist es nicht schwer, das Bahngelände zu umgehen und unentdeckt zu verschwinden. Nach dem langen Stillsitzen in dauernder Gespanntheit tut es gut, sich zu bewegen. Ich stürme voran, während Otti vergeblich mahnt: »Langsamer, langsamer, Vorsicht, beim Pirschen muß man sich Zeit lassen.« Ach was! Hier bin ich dutzendfach auf dem Marsch gewesen, hier kenne ich jeden Gefahrenpunkt und jede Deckung. Zwölf Kilometer bis Karzin; kurz vor Mitternacht klopfen wir bei der Großmutter und Hannah Brandt ans Fenster. Erstaunen, Begrüßung und Rührung, ein knapper Bericht. Dann schlafen wir auf dem harten »Russenlager«, als sei es ein Himmelbett.

Der nächste Morgen, die letzte Etappe: noch zwanzig Kilometer Fußwanderung. Es ist ein Apriltag, wie man ihn nur wünschen kann. Die Sonne scheint milde, ein Duft von Frühling würzt die Luft, Rotkehlchen perlen ihre Lieder, die Amseln flöten, und sogar Lerchen tirilieren bereits. An den Dörfern vorüber: Lankwitz und Sorchow, Silkow-Schwerinshöhe und Gutzmerow. Der Bahnhof von Bandsechow längst ohne Bahn, von den Geleisen verlassen. Dann unser Wald, der Wossek. Schon tauchen die ersten Häuser von Rumbske auf.

Der Einzug, unser Weg durchs Dorf von einem Ende zum anderen gerät zur Sensation. Alle laufen herbei, der Ruf »Sie ist da, Libussa ist wieder da!« eilt voraus, die Frauen, die in der Brennerei Kartoffeln schälen, werfen ihre Messer fort und stürmen heran, Marie vorweg. Alle wollen mich und auch Otti umarmen, wenigstens uns die Hände schütteln, jeder möchte Fragen stellen und Antwort bekommen: Wie war es, wie sieht es drüben aus, in Deutschland, im Reich? »Später, bitte, später, es bleibt so viel Zeit zum Erzählen!« Kaum läßt sich noch vorwärts kommen.

Mutter, längst benachrichtigt, wartet still auf der Bank vor dem Gärtnerhaus, ihre Enkelin, mein Kind auf dem Schoß. Natürlich umarmt sie mich innig und bewegt. Aber rasch gewinnt sie ihre Fassung zurück. »Kind, das wurde aber auch Zeit«, sagt sie. Und: »Alles, alles Gute zum Geburtstag.« Tatsächlich, ich habe es ganz vergessen: Dies ist der 5. April, genau das Datum, das ich mir für die Rückkehr gesetzt hatte.

Kaum sind wir im Haus, kaum hat Marie das Kaffeewasser aufgesetzt, klopft es an die Tür. Der polnische Bürgermeister steht da, lachend mit einem Sack in der Hand: »Tochter gut, Huhn gut. Wette verloren, leider. Tochter hat gesiegt über Polen. Sehr, sehr gut.« Er überreicht mir den Sack mit formvollendetem Handkuß: »Tochter, das Siegeshuhn.«

Das Federvieh hat seinen Namen weg, er haftet fortan: Tochter, das Siegeshuhn. In der frohen Erwartung, daß es Eier legen werde, bekommt es des Nachts seinen Platz auf dem Dachboden, zum Schutz gegen Marder oder sonstiges Diebsgesindel. Tagsüber dagegen darf es – »getüdert«, mit einem Bindfaden um den Fuß angepflockt – hinter dem Haus nach Herzenslust Regenwürmer aus dem Laub scharren. Aber bald stellt sich heraus, daß es seine fruchtbare Zeit längst hinter sich hat. Tochter, das Siegeshuhn, wandert in den Kochtopf, das älteste, zäheste Exemplar seiner Gattung, das der Herr Bürgermeister auftreiben konnte. Es schmeckt uns trotzdem.

Nachspiel

Von Pommern nach Holstein

Seit ich aus dem Westen zurück bin, plagt mich ein seltsamer Zwiespalt, ein Gefühl von Fremdheit trotz aller Nähe. Es ist kaum zu erklären: In Rumbske, Kreis Stolp in Pommern, bin ich geboren und aufgewachsen. Hier war ich zu Hause, hier kenne ich Weg und Steg, die Bäume und die Menschen; seit Kindertagen vertraute Gerüche wehen mich überall an. Ich weiß, wie es in den Wohnungen aussieht, sei es bei Emil Priedigkeit oder der Oma Kreft, beim »ganz ollen« oder dem jüngeren Vietzke. Und fast für ein Jahr fühlte ich mich, trotz allem, auch in der Gärtnerwohnung halbwegs zu Hause.

Doch seit ich weiß, daß ich in Holstein die Sicherheit für mein Kind finden werde, die es hier nicht mehr gibt, habe ich bloß noch die Ausreise im Kopf. Man kann nicht zu Hause sein, nicht Heimat finden ohne ein Maß an Geborgenheit; es bleibt dann nur, bitter genug, der Weg in die Fremde – und, vielleicht, von dort her ein Traum: die Erinnerung an das, was einmal war.

Im Gedanken an die Ausreise ängstigen mich freilich die eigenen Erlebnisse, von denen ich Mutter nur in sehr gemilderter Form erzähle, um sie nicht zu belasten. Dauernd kehren die Bilder des Schreckens zurück: die Überfälle auf den Zug, die Nachtmahr von Scheune. Was kann man tun? Ich berate mit Otti, und unser erstes Ergebnis ist, daß wir die Höhe des Sommers abwarten wollen. Je kürzer die Nächte, desto besser, denn die Finsternis ist der Schutzlosen Feind.

Etwas später hören wir von einer neuen Entwicklung: Polnische Güterverwaltungen entstehen, und in Zipkow – einem der Dörfer, das zum Kirchspiel von Glowitz gehört – soll bereits ein Direktor regieren. Im übrigen soll er ein umgänglicher Mann sein. Kann er uns vielleicht helfen, womöglich mit einer nützlichen Bescheinigung versehen? Wir machen uns auf den Weg, das zu erkunden.

Tatsächlich: Es gibt diesen Direktor. Als der neue Herr hat er sich im Gutshaus eingerichtet – und er empfängt uns als Herr: mit dem Handkuß eines polnischen Kavaliers. Ein schlanker Mann, etwa fünfzig Jahre alt, eine gepflegte Erscheinung. Dazu noch spricht er ein vorzügliches Deutsch: »Bitte, meine Damen, nehmen Sie Platz. Womit kann ich dienen?«

Ehe indessen die Unterhaltung in Gang kommt, wird mein Blick von dem Schreibtisch gebannt. Ein vertrauter, ein überraschender Anblick: Dieser Tisch stammt aus Rumbske, aus Mutters Zimmer: Eleganz des Empire. Nicht alles ist also zum Raub der Flammen geworden, einiges wurde gerettet und hat zu neuer Bestimmung gefunden.

Der Herr Direktor versteht meinen Bann, noch bevor ich etwas gesagt habe. Eine Handbewegung, ein Lächeln: »Ja, dieser Tisch. Ich habe ihn hier vorgefunden. Er ist schön, nicht wahr? Und eine Erinnerung ist er, fast ein Erbstück auch für mich... So nämlich sah es bei uns aus – damals, bevor die Deutschen kamen.«

Otti weist inzwischen auf das Ahnenbild an der Wand: »Und das, Herr Direktor, ist ein Puttkamer aus Glowitz.«

Wieder das Lächeln: »Ich weiß. Genau darum hängt das Bild jetzt hier; es gibt Puttkamers unter meinen eigenen Vorfahren.«

Welch eine Begegnung! Für den Augenblick schwinden die Mauern des Wahns, die das moderne Zeitalter zwischen den Völkern aufrichtete. Um so mehr bedauert der Herr Direktor, uns nicht helfen zu können; die Ausreise in den Westen liegt weit jenseits seiner Zuständigkeit. Immerhin erhalten wir eine wertvolle Adresse: »Ein guter Bekannter und ein leitender Mann bei der Eisenbahnverwaltung in Słupsk – Verzeihung, in Stolp.«

Wir wandern also nach Karzin und von Karzin nach Stolp; wir finden den Eisenbahner. Was wir erfahren, läßt Hoffnungen keimen. Die Ausreise ist inzwischen neu organisiert worden. Irgendwo in den hohen Rängen, in denen über Schicksale entschieden wird, hat es offenbar Auseinandersetzungen, um nicht zu sagen einen handfesten Krach gegeben. So jedenfalls läßt es sich aus den Andeutungen zusammenreimen: Die Engländer weigerten sich, stets nur ausgeplünderte Elendsgestalten aufzunehmen; für einige Zeit wurden die Transporte völlig gestoppt. Jetzt wird die Umsiedlung Zug um Zug über ein neues Lager bei Stettin abgewickelt. »Nicht mehr Scheune, nein, sondern Neu Torney.« Wenn man sich bei der zuständigen Miliz meldet und für den Abtransport registrieren läßt, dann wird alles seinen ordentlichen, geregelten Gang gehen.

»Und ganz ohne Überfälle?«

»Ja, garantiert.«

Das klingt fast zu gut, um wahr zu sein. Doch was bleibt uns übrig, als aufs Beste zu hoffen? Unser nächster Weg führt zur Miliz nach Glowitz, bei der ich zum Anspucken an den Pranger gestellt wurde; kaum ein Jahr ist das her. Jetzt werden wir ohne Schwierigkeiten für die Ausreise registriert; nicht einmal eine Gebühr wird uns abverlangt. Es heißt nur, daß wir uns ein paar Wochen gedulden müßten, die Wartelisten seien schon lang. »Sie erhalten dann Nachricht, drei Tage im voraus.«

Inzwischen treffen wir unsere Vorbereitungen. Erst einmal wird Mutters Nerzmantel an die Frau Bürgermeister von Glowitz verkauft. Das ist zwar ein miserables Geschäft, aber was hilft es? Ins »Reich« würden wir das Wertstück schwerlich retten, und den Ertrag an Złotys brauchen wir dringend. Wir können damit Mehl und richtige Hefe kaufen, um vor der Abreise Brot zu backen, das nicht sofort verschimmelt, dazu noch Töpfe mit

Schmalz. Ein kleiner Geldvorrat mag außerdem wichtig werden, wenn es unterwegs darauf ankommt, jemanden zu bestechen oder etwas zu erstehen.

Als nächstes gehen wir daran, den Kinderwagen zu präparieren. Er bekommt einen doppelten Boden, unter dem unsere Sparbücher verschwinden, außerdem alles Geld, das wir aus der eisernen Gutskasse noch besitzen: 8400 Reichsmark. Der hohle Rohrbügel des Kinderwagens, der zum Schieben dient, wird mühsam ab- und wieder anmontiert, nachdem er Mutters Perlenkette aufgenommen hat.

Schließlich setzen wir eine Art von Testament auf; es bestimmt, was Grete Krupps, Fräulein Rahn und Oma Kreft aus unserer Hinterlassenschaft erhalten. Die mag zwar, an normalen Maßstäben gemessen, dürftig sein, jetzt aber haben Betten und Stühle, Kochtopf und Bratpfanne einen unschätzbaren Wert. Marie steht indessen vor einer schweren Entscheidung: Wem nur soll sie ihr kostbares »Erbstück« anvertrauen? Am Ende fällt die Wahl auf Frau Vietzke, als Dank dafür, daß sie Claudia das Leben gerettet hat.

Ach, und dann die schweren Wege zum Abschied, nach Rowen und durch Rumbske. Überall fließen die Tränen. Wird es jemals ein Wiedersehen geben? Niemand spricht es aus, aber jeder weiß: Zumindest bei den alten Menschen ist das kaum zu erwarten. Als Mutter von ihren Besuchen bei den alten Vietzkes und bei den Hesselbarths zurückkehrt, bleibt sie lange stumm; jedes Wort könnte sie die Fassung kosten. Marie dagegen sagt, was sie fühlt: »Das ist nicht zum Aushalten.«

Aber wir müssen es aushalten. Wir sitzen auf gepackten Koffern, genauer, auf einem Handkoffer und drei Rucksäcken. Zusammen mit dem Kinderwagen, der Bettwäsche und Handtücher aufnehmen soll, genügt das für unsere spärliche Habe. Doch nichts geschieht. Die Tage, die Wochen vergehen, schon ist es Juli. Schließlich kommt eine Frau aus Glowitz mit der Nachricht, daß Otti, Onkel Gerhard und Tante Lena zur Abreise aufgerufen wurden. Glowitz ist eines, die umliegenden Dörfer sind ein anderes; wir werden in verschiedenen Listen geführt und können nicht zusammen reisen. Und natürlich erst recht nicht mit den Karzinern.

Dann, endlich, erscheint ein Mann von der Miliz mit dem Marschbefehl: Morgen in Neu-Klenzin, pünktlich bis zwölf Uhr mittags, keine Minute später! Nach der Ankunft weist man uns allerdings in den ehemaligen Gasthof, und zwei Tage vergehen, in denen niemand sich um uns kümmert, schon gar nicht um die Verpflegung. Es ist nur gut, daß wir Złotys haben, mit denen ich in den nahen Geschäften von Glowitz einkaufen kann. Andere, die sich mit uns einfinden, müssen schon von ihren kargen Vorräten zehren. Erst am dritten Tag fährt ein Trecker mit Anhänger vor und bringt uns nach Stolp. Noch einmal verbringen wir eine Nacht in einem großen und kahlen Raum, in einem weitläufigen Gebäudekomplex, der sich über und über mit Aussiedlern füllt. Am Morgen des vierten Tages wird eine lange, mühselig gepäckbeladene Kolonne zum Bahnhof geführt.

Der Zug: keine Zweiteilung für die Sieger und die Besiegten diesmal, sondern ausschließlich Viehwaggons für die Deutschen. Viel Zeit vergeht mit Namensaufrufen und der Aufteilung auf die Waggons. Als wir abfahren, ist der Nachmittag angebrochen. Und dieser Zug scheint eine Art von negativem Rekord aufstellen zu wollen. Quälend langsam schleicht er dahin, mit endlosen Zwischenaufenthalten auf jeder Station. Zwei Tage und zwei Nächte braucht er bis zum Ziel für 237 Bahnkilometer: Fußgängertempo, fünf Kilometer pro Stunde als Durchschnitt.

Immerhin: Die Türen bleiben unverschlossen, auf den Stationen dürfen wir ausschwärmen. Die erste Sorge gilt der Notdurft, die zweite dem Wasser, denn wir durchfahren heiße Hochsommertage. Oft bleibt die Suche vergeblich; die Leitungen liegen trocken, die Pumpstationen funktionieren nicht mehr. Dabei muß man höllisch aufpassen, um die Abfahrt nicht zu versäumen, die in einer Stunde oder in der nächsten Minute erfolgen kann. Einmal gerate ich an den schwenkbaren Wasserkran, aus dem die Lokomotiven versorgt werden. Ohne viel Hoffnung ziehe ich an der Schnur, prompt rauscht ein Wasserfall herab, und ich stehe als begossener Pudel da, zum allgemeinen Gelächter. Aber frisch geduscht ist schon halb gebadet.

Unsere Durchschnittsgeschwindigkeit steht im krassen Gegensatz zu dem meist ruckartigen Anfahren oder Abbremsen des Zuges, das in unserem Waggon ein halb tragisches, halb komisches Problem verursacht. Denn zu den Mitfahrern gehört ein Gelähmter im Rollstuhl, der selbst nicht bremsen kann. Jedesmal beim Beschleunigen oder Verzögern schießt er quer über die Ladefläche, als »Einmanntorpedo«, wie Mutter sagt, nicht gerade lebens-, aber doch verletzungsgefährlich für ihn und für andere. Zwar verfällt jemand auf die naheliegende Idee, die Räder mit Gepäckstücken festzukeilen. Aber irgendwie machen sie sich stets wieder frei, gerade dann, wenn alle dösen und keiner darauf gefaßt ist. Unversehens saust der »Torpedo« los; nicht immer gelingt es, ihn rechtzeitig abzufangen, bevor er gegen die Wand kracht.

Zu den Mitfahrern gehört auch ein seltsam stummes Paar neben uns: zwei junge Leute mit einem Kind. Es dauert eine Weile, bis ich das hartnäckige Schweigen begreife: Es handelt sich um Polen, nicht um Deutsche; sie haben sich unter die Verfemten geschmuggelt, um den neuen, den eigenen Herren zu entrinnen. Im Augenblick fällt es schwer, das zu verstehen. Aber ich erinnere mich an die Fahrt mit Otti im verbotenen Zug von Stettin nach Stolp: Wie vertraut sind mir die Ängste unter dem Schweigen! Darum nicke und lächle ich dem Paar aufmunternd zu, so oft sich eine Gelegenheit bietet. Irgendwann merken die beiden, was ich ausdrücken will, und lächeln zurück.

Zwei Tage und zwei Nächte bis zum Etappenziel, stets in der heimlichen Anspannung, in der nicht zu besiegenden Angst vor Überfällen! Doch in diesem entscheidenden Punkt erweist sich als wahr, was der Bahnbeamte in Stolp versprochen hat: Wir bleiben gnädig verschont.

Das Durchgangslager von Neu Torney zeigt sich als ein von Stacheldraht umzäuntes Gelände mit einigen Häusern und Baracken. Es ist hoffnungslos überfüllt, die Übernahme Zug um Zug zum Weitertransport läuft keineswegs wie geplant; für die Neuankömmlinge bleibt vorerst der Platz unter freiem Himmel. Ich mache mich auf die Suche: Womöglich finde ich Otti, die ja nur wenige Tage Vorsprung hat; vielleicht hat sie inzwischen eine Unterkunft organisiert. Tatsächlich: Otti ist noch da. Irgendwoher hat sie sich eine Armbinde mit dem Rot-Kreuz-Zeichen beschafft – und mit deren Hilfe ein Zimmer zur Unterbringung der Großeltern. In diesem Zimmer finden nun auch wir Aufnahme, gerade noch rechtzeitig vor einem heftigen Gewitter mit Sturmböen, Hagel und Wolkenbruch.

Der Anspruch auf einen Pflegeplatz wurde von Otti freilich nicht erschwindelt. Onkel Gerhard nämlich ist am Ende seiner Kraft, und er ist verwirrt: Leiblich trat er die Reise an, aber sein Geist blieb in Glowitz zurück. Otti fühlt sich tief unglücklich, sie macht sich Vorwürfe: Darf man einem alten Baum die Wurzeln abhauen, war nicht das Abwarten geboten, um ihn in der heimischen Erde ruhen zu lassen?

Ich versuche, sie zu trösten: »Du hast getan, was du konntest, mehr als alle anderen, mit den besten Absichten.«

Gewiß. Doch was hilft das, wenn der alte Mann jetzt nach seinem Kutscher und Kutschwagen ruft, weil er in die Felder fahren und die Reife des Roggens prüfen will?

Der Lagerzaun hat Löcher, und er wird kaum bewacht. Schon in der ersten Nacht schlüpfe ich hinaus, um die Umgebung zu erkunden. Ich gerate auf einen Friedhof, den Fliegerbomben oder Granaten umgepflügt haben; neben gestürzten Kreuzen stoße ich an Knochen und Schädel. Im Mondlicht der zweiten Nacht vergrabe ich hier einen Lederbeutel mit dem Geld und dem Schmuck aus dem Kinderwagen; vielleicht kann man auf diese Weise den polnischen Kontrollen ein Schnippchen schlagen. In der dritten Nacht grabe ich den Schatz beschämt wieder aus; ich mußte feststellen, daß die Abreisenden vom Lagertor aus direkt – und dann streng bewacht – zu ihrem Zug geleitet werden. Den Kinderwagen ohne brauchbares Werkzeug wieder instand zu setzen kostet viel Mühe und mehrere Fingernägel.

Viel wichtiger ist etwas anderes: Am Rande des Lagers bieten fliegende Händler zu gehörig oder ungehörig überhöhten Preisen feil, was wir brauchen: Brot und Butter, Milch und Obst. In diesem Falle hat sich also unsere Vorsorge, der Tausch von Mutters Nerzmantel gegen Złotys, wirklich gelohnt. Mit den Einkäufen können wir die eigenen, rasch schwindenden Vorräte wieder auffüllen, während sonst der Hunger umgeht. Täglich werden im Lager nur eine Wassersuppe und sehr wenig Brot ausgeteilt.

Nach zweieinhalb Wochen werden Onkel Gerhard, Tante Lena und Otti zur Abreise aufgerufen. Ich helfe beim Gepäcktragen bis zu der Grenzlinie, die ich nicht, noch nicht überschreiten darf. Beim Abschied sieht der sehr alte Glowitzer mich lange an. Seine Verwirrung löst sich noch einmal. Er erkennt mich, er sagt: »Meine Schwester Elisabeth, das ist doch deine Großmutter, nicht wahr? Grüße sie bitte. Ich werde sie bald besuchen, ganz bestimmt.« Nicht Frau Liebe ist gemeint, sondern die »eiserne Gräfin«, die schon vor Jahren starb.

Drei Wochen in Neu Torney, einem Vorort von Stettin: Endlich ist auch unser Tag gekommen. Hinter dem Lagerausgang sind in einer Gasse aus Stacheldraht die Tische zur Gepäckkontrolle aufgebaut. Mutter und Marie dürfen ziemlich rasch passieren, aber ich bin verdächtig. »Jeder Kinderwagen ein Tresor«, schnauzt der erfahrene Zöllner, »Kind raus«. Das hat, mit Verlaub, nicht nur seine Windel vollgeschissen, sondern – nach der unregelmäßigen Ernährung der letzten Zeit von einem leichten Durchfall geplagt – auch die unter ihm liegenden Tücher. Es stinkt erbärmlich. Angeekelt wendet der Zöllner sich ab: »Deutsches Schwein – weiter!« Nun denn ...

Der Zug, unser Zug, diesmal mit Wagen, die für Menschen und nicht fürs Vieh gemacht sind, mit neu eingesetzten Fensterscheiben sogar. »Herzlich willkommen!« hat man mit Kreide an manche Türen geschrieben, und die Abteile sind mit frischem Grün geschmückt.

Welch ein Wandel! Wir fahren nach Lübeck. Dort werden wir zur »englischen Begrüßung« ausgeladen, wie jemand mit dem Megaphon uns mitteilt. Im Freien unter Bäumen sind Tische und Bänke aufgestellt. »Bitte nehmen Sie Platz!« Schon tragen Helfer die Teller und dampfende Schüsseln herbei. Für die Erwachsenen gibt es eine kräftige Fleischsuppe, für die Kinder einen süßen Grießbrei und warme Milch. Anschließend wird ihnen überreicht, was sie gewiß noch niemals gesehen haben: eine Banane. Ein Junge allerdings wehrt sich verzweifelt gegen diese Gabe, ein echter Pommer offenbar, nach dem Motto: Wat der Buer nich kennt, dat fret hei nich.

Wunder über Wunder. Noch während des Essens wandert ein englischer Offizier von Tisch zu Tisch. Er fragt: »Geht es Ihnen gut, werden Sie auch satt? Bitte, greifen Sie zu, es ist genug da.« Ich sehe, daß viele Menschen in Tränen ausbrechen, und manche versuchen, diesem ungewohnten Vertreter der Sieger die Hand zu küssen. Nur mühsam kann er das abwehren. Fröhlich winkt mir inzwischen vom Nebentisch das junge polnische Paar zu, von seinen Ängsten befreit.

»Bitte einsteigen zur Weiterfahrt ins Aufnahmelager!«

Einsteigen? Aber warum und wohin? Wir sind doch schon nahe am Ziel. Der offenbar zuständige deutsche Beamte redet von einem Ort irgendwo bei Hannover.

»Das ist doch die falsche Richtung, wir wollen nach Holstein.«

»Ausgeschlossen, ganz unmöglich, Schleswig-Holstein ist für den Zuzug gesperrt.«

»Hier ist meine Zuzugsgenehmigung.«

Daß jemand seine Zuzugsgenehmigung gleich mitbringt, ist wohl noch nie vorgekommen; für Augenblicke scheint der Mann verwirrt. Doch er faßt sich rasch, Begriffe wie »ordnungsgemäßes Verfahren« und »Länderquoten« hageln auf mich ein. Alles klingt fremd und verwirrend, alles muß so schnell gehen; die Lokomotive pfeift schon zur Abfahrt. So lasse ich mich überrumpeln; wir steigen ein und fahren in die falsche Richtung.

Das Aufnahmelager dient nur als Durchgangsstation und zur vorläufigen Registrierung. Bald heißt es, daß wir weitergeschickt werden sollen ins »endgültige« Lager – und wieder in die falsche Richtung, weit nach Westen diesmal, nach Wipperfürth. Aber nun habe ich mich gefangen, nun reicht es. Es gibt keinen Stacheldraht mehr und keine Bewachung; man rechnet mit der deutschen Disziplin, statt mit uns: Eigenmächtig verlassen wir das Lager und reisen, wie wir es wollen. Von der Mühsal in überfüllten Zügen abgesehen gibt es keine Schwierigkeiten. Am 8. August 1946 erreichen wir unsere neue Herberge.

Einige Wochen später werde ich von Otti erfahren, daß an diesem Tag Onkel Gerhard in Wipperfürth gestorben ist.

Als Zaungast in Leipzig

Wir wohnen in zwei kleinen Zimmern und sind mit dem Notwendigen versorgt. Gewiß, alles bleibt sehr bescheiden. Unser Tisch, die Stühle und Betten wurden aus längst fortgeräumten Beständen irgendwo von Dachböden zusammengesucht; die Koch-»Hexe« auf dem Flur macht ihrem Namen Ehre: Sie kombiniert ihre äußere Schlichtheit mit der heimlichen, manchmal unheimlichen Tücke des Objekts. Aber große Ansprüche stellen wir ohnehin nicht. Um den kommenden Winter müssen wir uns wenig Sorgen machen; für den eisernen Ofen werden aus dem umliegenden Wald die Buchenkloben ausreichend geliefert. Sie zu zerspalten und kunstgerecht zu stapeln, haben wir längst gelernt. In der Nachbarschaft wohnen die Grafen Reventlow; der Graf war im Ersten Weltkrieg ein Regimentskamerad von Vater Jesko, und die Gräfin hilft uns mit Kartoffeln, Bohnen oder Hafergrütze, obwohl ihr eigenes großes Haus längst von Flüchtlingen überquillt. Für Marie finde ich bei immer noch wohlhabenden Freunden in Hamburg bald eine Stellung.

Aber je mehr wir uns in der neu gewonnenen Sicherheit einleben, desto stärker wächst die Sorge um Vater Jesko. Noch nie, seit er von Stolp nach Danzig verlegt wurde, haben wir ein Lebenszeichen von ihm erhalten.

Und wie steht es mit unseren Nachrichten, dringt wenigstens einmal zu ihm durch, daß wir in den Westen umsiedelten? In Schleswig gibt es ein Büro, das sich auf die Übersetzung von Briefen ins Polnische und auf ihre Beförderung spezialisiert hat. Doch ob sie ihr Ziel jemals erreichen, weiß keiner zu sagen.

Viel Zeit kosten die Bittgänge zu den Behörden. Kann man Bezugsscheine bekommen für ein Kleid, einen Mantel, ein Paar Schuhe? Wir besitzen ja kaum noch etwas, das zum Anziehen taugt; ein Chanson von Erich Kästner, das soeben die Runde macht, beschreibt die Lage exakt:

»In den letzten dreißig Wochen
zog ich sehr durch Wald und Feld.
Und mein Hemd ist so durchbrochen,
daß man's kaum für möglich hält.
Ich trag Schuhe ohne Sohlen,
und der Rucksack ist mein Schrank.
Meine Möbel hab'n die Polen
und mein Geld die Dresdner Bank.
Ohne Heimat und Verwandte,
und die Stiefel ohne Glanz, –
ja, das wär nun der bekannte
Untergang des Abendlands!«

Die Behörden zeigen sich zugeknöpft: »Entweder ein Kleid oder ein Mantel, das ist das Äußerste!«

»Für zwei Erwachsene und ein Kind? Und die Schuhe?«

»Ausgeschlossen, schlagen Sie sich das aus dem Kopf.«

Also nehme ich die in anderthalb Jahren antrainierte Gewohnheit des Herumstreunens wieder auf: Vielleicht läßt sich irgendwo etwas Brauchbares auftreiben. Allerdings marschiere ich nicht mehr, sondern ich reise – falls man die Fahrten mit stets qualvoll überfüllten Zügen so nennen darf. Oder das »Anhaltern« mit Lastautos, deren Fahrer alle paar Kilometer in ihrem Holzgasgenerator stochern müssen.

Aber weil ich selbst keine Waren anbieten kann, wird gerade die Mühsal des Reisens über mehr oder weniger weite Entfernungen zu meiner Verdienstquelle. Das sieht etwa so aus: Jemand vertraut mir in Hamburg einen silbernen Leuchter an, um ihn bei dem Bekannten eines Bekannten in Cuxhaven gegen Fischkonserven umzusetzen. Als Botenlohn erhalte ich selbst ein paar Konserven. Mit denen fahre ich nach Kassel. Das liegt schon in der amerikanischen Zone, und der nahrhafte Fisch steht dort hoch im Kurs. Dagegen sind die amerikanischen Zigaretten verhältnismäßig preiswert. Indem ich noch etwas Geld zusetze, erhalte ich eine ganze Stange. Die Zigaretten sind wiederum in der russischen Zone besonders rar und besonders begehrt, und in Chemnitz gibt es die Strümpfe, die sich ein Schuhmachermeister im ländlichen Holstein für seine heiratsfähige Tochter als Mitgift wünscht. Er liefert dafür, handgefertigt, die tadellos strapazierfähigen Schuhe, die ich dringend brauche. Und so fort: Ich transportiere einen Seesack von Berlin in den Westen; ich stoße bis nach Marktheidenfeld bei Würzburg vor, wo bei Tante Annemarie – Mutters Schwester – Frau Liebe und Hannah Brandt inzwischen Asyl gefunden haben. Erst der Winter erzwingt eine Pause.

In diesem Winter 1947 fallen nun die Temperaturen so tief wie seit Jahren nicht mehr. Wir wagen uns kaum noch aus dem Haus, weil der einzige und dünne Mantel, den wir auf Bezugsschein erhielten, für solche Kälte kaum taugt. Um so mehr wandern die Gedanken: Wie mag es jetzt in Danzig aussehen? »Nicht traurig sein, dort viel besser, Heizung im Winter«, hatte mir der Gefängniskommandant von Stolp versichert, als Vater Jesko verlegt worden war. Doch die Zweifel sind niemals verstummt.

Die Wochen, die Monate ziehen dahin. Sogar dieser grimmige Winter vergeht, der Frühling hält Einzug, der Frühsommer schon. Eines Morgens werde ich aus dem Schlaf geklopft: ein Telegramm! Ich lese: »Baron Puttkamer in russischem Lager Leipzig. Müller.«

»Müller« sagt mir nichts; wahrscheinlich handelt es sich um einen Mitgefangenen, der entlassen wurde. Aber das Telegramm elektrisiert: Ist es nicht ein Ruf um Hilfe? Mein Entschluß steht sofort fest: Ich werde nach Leipzig fahren. Ob sich dort etwas erreichen, ob sich überhaupt ein Kontakt herstellen läßt, bleibt offen und eher fraglich. Doch man muß es versuchen.

Meine Freunde in Hamburg, bei denen ich eine Zwischenstation einlege, geben mir etwas Wertvolles mit: eine Adresse. In Leipzig wohnt Fräulein Küchenmeister, die in Schloß Sommerswalde einmal die Kindererzieherin war. Im übrigen verläuft die Reise ohne Zwischenfall; die heimlichen Wege über die Zonengrenze kenne ich längst.

Am Ziel muß ich mich durch Trümmerlandschaften hindurchfragen, doch das angegebene Haus blieb glücklich verschont. Fräulein Küchenmeister zeigt sich zunächst sehr abweisend und ängstlich. Was geschieht, wenn ich den Russen in die Quere gerate, wenn man mich verhaftet und dann die Kontaktadresse entdeckt? Erst meine Zusicherung, daß ich Namen und Anschrift nicht aufgeschrieben, sondern im Kopf habe und daß darum niemand etwas erfahren kann – und wahrscheinlich mehr noch die beiden Dosen aus einem Care-Paket, die man mir in Hamburg mitgab –, bewirken einen Umschwung. In der winzigen Wohnung, die das Fräulein mit seiner Schwester teilt, darf ich auf dem Fußboden schlafen.

Das russische Lager ist offenbar stadtbekannt. Ich finde es ohne Schwierigkeiten; jeder, den ich frage, weist mir den Weg zu dem Vorort, in dem es sich befindet. Ein umzäuntes Barackenlager, vor dem die Straße entlangführt; langsam und möglichst harmlos spaziere ich vorüber. Stacheldraht und das Auf und Ab russischer Posten: Da läßt sich schwerlich herankommen. Aber wie sieht es an der Rückseite aus?

Ein Bahngelände und eine Böschung, gleich anschließend der Lagerzaun, hier aus Brettern genagelt, mit dem Stacheldraht darüber. Und keine Posten patrouillieren hier, jedenfalls nicht außen, nicht vor diesem Zaun. Ich klettere die Böschung hinauf und spähe durch die Ritze zwischen zwei Brettern: Ein Mann, ein Gefangener tritt ins Blickfeld, nur wenige Meter entfernt.

»Hallo, können Sie mich hören? – Nein, bitte nicht herschauen! Bitte mit dem Rücken zum Zaun stellen, unauffällig!«

Der Mann tut, wie ihm geheißen. Ich frage: »Kennen Sie den Freiherrn von Puttkamer? Jesko von Puttkamer – ist er im Lager?«

Die Reaktion ist verblüffend: »Libussa! Sie müssen Libussa sein, Libussa die Tochter...«

»Woher wissen Sie?«

»Davon hat er immer erzählt: Libussa wird kommen, meine Tochter. Wir haben ihn schon aufgezogen damit.«

»Können Sie ihn rufen?«

»Jetzt ist es schwierig, er arbeitet irgendwo. Aber am Abend, wenn es dunkel wird...«

»Gut. Sagen Sie ihm, daß ich dann wieder hier bin, genau an dieser Stelle.«

Noch einmal sehe ich mir den Zaun an: Die Bretter sind senkrecht aufgestellt und oben und unten an

Querbalken befestigt. Es dürfte nicht schwierig sein, an ein oder zwei Stellen die unteren Nägel zu lösen, so daß man die Bretter für eine Öffnung beiseite schwenken kann, um sie anschließend wieder in die Ausgangslage zu bringen. Man braucht nur ein Stemmeisen.

Zurück in die Stadt; am Hauptbahnhof löse ich zwei Fahrkarten. Meine Wirtin ist freilich entsetzt, als ich sie nach dem Stemmeisen frage; sie leugnet, so etwas überhaupt zu besitzen.

»Aber etwas Werkzeug werden Sie doch haben?«

»Na ja, im Kellerverschlag ...«

Da findet sich dann eine richtige Werkzeugkiste – samt Stemmeisen. Das arme Fräulein Küchenmeister: Welchen Ängsten muß ich sie aussetzen! Mir allerdings klopft das Herz auch heftig, als ich am Abend zum verabredeten Ort schleiche, mit dem Einbrecherwerkzeug im Ärmel. Aber fast alles läuft ab wie geplant. Vater Jesko steht schon da, mit dem Rücken zum Zaun. Ich rufe ihn an: »Vater!«

»Libussa!«

Hastig erläutere ich meinen Plan: Morgen früh in der Dämmerung treffen wir uns, durch die geöffnete Lücke wird er hinausschlüpfen. Und dann zur Bahn und fort in den Westen ...

Mit allem habe ich gerechnet, nur nicht mit Einwänden: »Nein, Libussa, das geht nicht!«

»Um Himmels willen, warum nicht?«

»Weil – ich bringe dich in Gefahr. Es geht nicht gut, es kann gar nicht gutgehen. Mutti braucht dich, das Kind braucht dich – und du im Gefängnis ...«

»Ach was, es geht, ganz bestimmt. Und jetzt habe ich das angefangen, jetzt will ich's auch zu Ende bringen.«

Es nützt nichts: Vaters Bedenken sind wie Steine, wie Felsbrocken, die ich nicht aus dem Weg wälzen kann. Das Hin und Her unseres Flüsterns dauert schon länger, als es sollte; wir drehen uns fruchtlos im Kreis. Schließlich verfalle ich auf einen Tonwechsel:

»Bitte, Vater, du mußt mir helfen, sonst weiß ich nicht weiter. Ich habe kein Geld mehr, keine Unterkunft, gar nichts, nur diese Fahrkarten. Bitte, Vater, was soll aus mir werden?«

Und das wenigstens wirkt. Unversehens in die Rolle des Beschützers, des Retters gedrängt, bleibt ihm als Ausweg nur die Zustimmung.

»Bloß, Libussa, eines noch: Andere werden mitkommen wollen.«

»Nein, um Himmels willen! Die Massenflucht entdeckt man sofort, dann gibt es Großalarm, die Bahnhöfe werden gesperrt, und dann geht es wirklich schief.«

»Also doch ...«

»Nein, du darfst nur den anderen nichts verraten.«

»Es sind meine Kameraden.«

»Dann sag ihnen, daß sie gefälligst Kameraden sein sollen: Wir brauchen vierundzwanzig Stunden Vorsprung! Übermorgen können sie folgen und machen, was sie wollen.«

Dabei bleibt es, damit ist es endlich getan. Vater entfernt sich, und ich setze das Stemmeisen an; ganz leicht lösen sich die Bretter, wie vorgesehen lassen sie sich zur Seite und wieder zurück bewegen. Am nächsten Morgen kriecht Vater Jesko durch die Öffnung; wir marschieren zum Bahnhof, wir besteigen den Zug und fahren davon. Es bleibt noch eine mit Vorsicht durchwanderte Nacht. Als sich abermals die Dämmerung ankündigt, liegt voraus ein kleiner Hügel. Ich sage: »Komm, jetzt steigen wir da hinauf.«

»Nein, nein, da sieht man uns doch.«

»Macht nichts, komm nur.«

Oben angelangt, setzen wir uns ins Gras. Eine Zigarette habe ich noch, eine halbe für jeden. Ich zeige in die Morgenröte: »Sieh nur, Vater, dort ist der Osten. Und dort liegt die Grenze – hinter uns.«

»Mein Gott, Libussa, ist es denn wahr?«

Ja, es ist wahr.

Eine Heimkehr, ein Abschied

Vater Jesko ist gräßlich abgemagert. Der groß und breitschultrig gewachsene Mann wiegt gerade noch hundert Pfund. Erst einmal kommt es also darauf an, ihn wieder zu Kräften zu bringen. Das ist gar nicht so einfach. Unsere Haus- und Gutsherrin überreicht als Begrüßungsgeschenk genau ein Ei; es bleibt ihr einziger Beitrag. Die Rationen für »Normalverbraucher« sinken in diesem hitzegeplagten Sommer auf ihren Tiefststand. Vorerst jedoch erhält Vater sie ohnehin nicht. Weil er weder die Zuzugsgenehmigung noch einen Entlassungsschein vorweisen kann, stellt er im Sinne des Gesetzes eine Unperson dar; es kostet mich Wochen und am Ende eine handfeste Bestechung, um diesen Zustand zu ändern. Nur die Gräfin Reventlow hilft unermüdlich, aber selbst ihre Möglichkeiten bleiben begrenzt. Ich nehme darum meine Wanderungen, die Reisen wieder auf, um vom Schwarzen Markt herbeizuschaffen, was immer sich herbeischaffen läßt. Auch Bekleidung muß organisiert werden. Mit meinen Klagen schnorre ich einiges bei den Freunden zusammen, doch die unerwartete und entscheidende Hilfe bringt schließlich eine Spende, die uns aus Schweden erreicht.

Inzwischen wirkt die Gefangenschaft als tiefe Erschöpfung nach. Vater Jesko schläft sehr lange, und tagsüber wandert er an den nahen und menschenleeren Ostseestrand, um im Sand vergraben weiter zu ruhen. Sonst bleibt er für lange Zeit völlig passiv, so daß sogar Mutter einmal seufzt: »Nicht einmal die Tür kann er sich selbst aufmachen.« Aber man muß es verstehen; zwei lange und bittere Jahre hindurch haben andere die Tür vor ihm aufgeschlossen und hinter ihm verriegelt.

Nur sehr langsam tritt ein Wandel ein. Aber er bereitet sich vor, er hat leise begonnen, fast unmerkbar zuerst. Und dann, als sich dieser Sommer seinem Ende schon zuneigt, werden wir bei den Reventlows zum Abendessen geladen. Vater Jesko sieht unerwartet elegant aus; ein gutes Dutzend Pfunde hat er nun doch schon zugelegt, und allmählich wächst er in seinen Schwedenanzug hinein. Die Strandsonne hat ein übriges getan und das anfangs bleiche Gesicht wieder gebräunt. Ein vorzügliches Essen wird aufgetragen: Rehrücken mit Preiselbeeren. Kerzen schimmern, Wein wird gereicht, der Kaffee folgt, die Herren versorgen sich mit Zigarren. Alte Zeiten scheinen auferstanden – und mit ihnen Vater Jesko. Er führt ein lebhaftes Gespräch, er entzückt die Damen mit seinem Charme und den Grafen mit Erinnerungen.

»Ja, damals, August vierzehn, unser Vormarsch durch Belgien... Lieber Reventlow, unser Oberst war ja recht schwerhörig. Bei den ersten Einschlägen rief ich ihm zu: ›Herr Oberst, Granaten!‹ – ›Wie bitte, Fasanen?‹ – ›Nein, Granaten!‹ – ›Tatsächlich, Japaner?‹ Und Sekunden später...«

Die Feuertaufe! Da war die Luft so von überströmender Männlichkeit geladen, daß man hätte weinen mögen, ohne zu wissen, warum... Da reißt Begeisterung die Männlichkeit so über sich hinaus, daß das Blut kochend gegen die Adern springt und glühend das Herz durchschäumt. Das ist ein Rausch über allen Räuschen, Entfesselung, die alle Bande sprengt. Es ist eine Raserei ohne Rücksicht und Gren-

zen, nur den Gewalten der Natur vergleichbar. Da ist der Mensch wie der brausende Sturm, das tosende Meer und der brüllende Donner. Dann ist er verschmolzen ins All, er rast den dunklen Toren des Todes zu wie ein Geschoß dem Ziel. Und schlagen die Wellen purpurn über ihm zusammen, so fehlt ihm längst das Bewußtsein des Überganges. Es ist, als gleite eine Woge ins flutende Meer zurück.

Das Altherrengespräch über Jugendabenteuer, das immerwährende Nachspiel, dieses »Weißt du noch?«-Gerede: Mich ödet es an. Doch als wir unter dem Sternenhimmel nach Hause wandern, bin ich beinahe glücklich: Vater Jesko hat es geschafft, er ist aufgewacht, er findet den Weg, der ihn zu sich selbst zurückführt.

Aber das Glück dauert nicht. Vielmehr: Es zerbricht genau in dem Augenblick, in dem es sich ankündigt. Denn ganz im Wortsinne findet Vater Jesko zurück: zum Herrn Baron und zum Offizier, nach Preußen und nach Pommern; als »Puttkamer-Rumbske« läßt er sich einen Briefstempel fertigen. Die widrige Gegenwart zählt kaum, es sei denn als Wartesaal, als Exil auf Abruf; irgendwann wird sich wunderbar wiederherstellen, was einmal war.

Untergangswelten, Gespensterträume und Spukschlösser: So jedenfalls kommt mir das vor. War das Vergangene unschuldig, hat es gar nichts zu tun mit unserem deutschen Unheil? Und selbst oder erst recht falls es makellos war: Was taugt es noch, außer zur Verhärtung, zum Unglücklichsein, weil in seiner Bespiegelung die Gegenwart ständig und bitter enttäuscht? Fordern neue Verhältnisse nicht neue Einstellungen? Sich erinnern, in Wehmut und in Liebe sogar, das ist eines, aber die Zukunft bewältigen etwas ganz anderes. Kurzum: Es kann nicht ausbleiben, daß zwischen Vater und mir Spannungen entstehen und die Wortwechsel sich häufen.

Noch etwas kommt hinzu, wohl das Entscheidende. Zur Rückkehr gehört die uralte Rollenverteilung: der Herr des Hauses und die Frauen, der Beschützer und die Behüteten, ein fürsorglicher Vater und seine folgsame, brave Tochter. Nur leider: Die bin ich nicht mehr, die Umstände haben es anders gefügt.

Vater Jesko sucht nach Beschäftigung und Einkommen. Entschlossen nimmt er an, was sich zunächst einmal bietet. Er arbeitet beim Straßenbau oder als Holzfäller, und er arbeitet hart. Warum nicht? Freilich bringt das sehr wenig, vom Respekt und von der Selbstachtung abgesehen: Noch nicht einmal eine Zigarette kann man für den Stundenlohn kaufen. Dafür folgen die Ansprüche auf dem Fuße: Ich soll mit meinen Märschen und Reisen nun endlich aufhören, mit dem Vagabundendasein, den Schwarzmarktgeschäften: »Du bleibst jetzt im Haus, du hast doch das Kind.«

»Ach was, das wird von Mutter prima versorgt, wenn ich unterwegs bin.«

»Aber der Schwarzmarkt, die Schiebergeschäfte, das gehört sich nicht!«

»Vater, mit Verlaub: Wovon leben wir denn? Von deinem nichtsnutzigen Geld vielleicht?«

Unrettbar reden wir uns in den Ärger, in die Wut hinein. Vater schlägt auf den Tisch: »Also die Ehrlichkeit ist zum Teufel, und die Ehre hinterher! Als nächstes kommt dann das Klauen, nicht wahr?«

»Das hatten wir bereits. Und wenn's nötig wäre, würde ich's wieder tun – mit Mutter, gegen dich!«

»Libussa!«

»Nein, hör einmal zu: Für wen zum Teufel habe ich mit dem Marschieren und Vagabundieren eigentlich angefangen?«

Vater läuft rot an, er holt tief Luft, er brüllt: »Denk bloß nicht, daß ich dir ewig dankbar sein muß, weil du mir das Leben gerettet hast!«

»Keine Spur!« Ich brülle zurück: »Mit Brief und mit Siegel: Ich werd's auch nie, nie wieder tun!« Schon bin ich aus dem Zimmer und knalle die Tür zu, daß das Haus erzittert.

Natürlich ist nicht gemeint, weder hüben noch drüben, was die Wut plötzlich aufschleudert. Es geht nicht um den Dank und ums Wiedertun. Es geht um uns selbst. Was ich in den düsteren Jahren, die hinter mir liegen, gelernt und gefunden habe als Selbstbewußtsein und als Selbständigkeit: Weiß Gott, das war teuer erkauft, das werde ich nicht wieder wegwerfen, um gar keinen Preis.

Mein Entschluß steht fest: Gleich morgen bin ich

einmal mehr auf der Straße. Ich werde nach Kiel fahren. Da gibt es die Engländer, und ich spreche Englisch. Eine Stellung als Sekretärin, Dolmetscherin, als Haushälterin, Kindermädchen oder was sonst: Irgend etwas wird sich schon finden.

Anmerkungen und Literatur

Die Zahlenangaben jeweils am Anfang der Anmerkungen beziehen sich auf die Textseiten.

16: Der Anfang des Wehrmachtberichts vom 15. Juni 1944. Abgedruckt in: Die Wehrmachtberichte 1939–1945, Band 3: 1. Januar 1944 bis 9. Mai 1945, München 1985 (dtv reprint), S. 127.

32ff.: Der Wehrmachtbericht vom 7. Oktober 1944, a.a.O., S. 278f.

48: Aus dem Wehrmachtbericht vom 18. Dezember 1944, a.a.O., S. 370f. – Dieser Wehrmachtbericht meldet im übrigen Abwehrkämpfe in Italien und in Ungarn. Den Kriegsalltag in der Heimat kennzeichnet der Schlußteil:

»Nordamerikanische Terrorflieger warfen am Tag Bomben auf Orte in Oberschlesien und Südostdeutschland. In der Nacht führten die Briten unter abermaliger Verletzung schweizerischen Hoheitsgebietes einen Terrorangriff gegen die Innenstadt von München. Es entstanden erhebliche Schäden in Wohngebieten, an vielen Kulturbauten und anderen öffentlichen Gebäuden, darunter mehreren Krankenhäusern. Andere Verbände warfen eine große Zahl von Bomben auf Ulm. Auch der rheinisch-westfälische Raum war das Ziel weiterer feindlicher Luftangriffe. Luftverteidigungskräfte schossen 36 angloamerikanische Flugzeuge, darunter 24 viermotorige Bomber, ab.«

52f.: Aus dem Wehrmachtbericht vom 13. Januar 1945, a.a.O., S. 399f.

65: Aus dem Wehrmachtbericht vom 2. März 1945, a.a.O., S. 467f. – Am folgenden Tag sagt der Wehrmachtbericht: »In Ostpommern verhinderten unsere Truppen in erbittertem Abwehrkampf die Erweiterung der feindlichen Einbruchsschneise.« Tatsächlich aber erreichten sowjetische Vorausabteilungen an diesem Tag im Gebiet des Jamunder und Buckower Sees die Ostseeküste und riegelten damit das östliche Hinterpommern endgültig ab.

82f.: Brief eines deutschen Offiziers vom 31. Oktober 1939 aus dem östlichen Polen, zitiert nach: Hans-Adolf Jacobsen, Der Zweite Weltkrieg, Grundzüge der Politik und Strategie in Dokumenten, Frankfurt a. M. 1965, S. 43.

84: ›Die Potsdamer Wachtparade bei Leuthen‹, von F. v. Koeppen. Der vollständige Text des Gedichts lautet:

»Wohl ward die Schar, die kleine,
Verspottet und verlacht,
Die sich zu messen meine
Mit Östreichs Kriegesmacht.

Doch Friedrich ließ sie prahlen
Mit Worten keck und dreist,
Er rechnet nicht mit Zahlen,
Er rechnet mit dem Geist.

Als ging durch alle Glieder
Der Front ein eisern Niet,
Tritt sie vernichtend nieder
In Staub, was nicht entflieht.

Der Schrecken fegt die Bahnen,
Wo sie im Heerschritt naht,
Der Sieg rauscht durch die Fahnen
Der stürmenden Wachtparad'.«

Abgedruckt in: Der alte Fritz in 50 Bildern für Jung und Alt, von Carl Röchling und Richard Knötel, Berlin 1895, Reprint München und Zürich 1986, S. 26. – Das populäre Buch entstand auf persönliche Anregung Kaiser Wilhelms II.

94f.: Aus der Ergebnismeldung UdSSR Nr. 10 des Chefs der Sicherheitspolizei und des SD vom 7. Oktober 1941, zitiert nach: Hans-Adolf Jacobsen, Der Zweite Weltkrieg, a.a.O., S. 184f.

116f.: Wladyslaw Bartoszewski, Herbst der Hoffnungen, Freiburg/Basel/Wien 1983, S. 86.

136: Der zweite Teil des letzten Wehrmachtberichts vom 9. Mai 1945, a.a.O., S. 569f. Der erste Teil hat folgenden Wortlaut:

»In Ostpreußen haben deutsche Divisionen noch gestern die Weichselmündung und den Westteil der Frischen Nehrung bis zuletzt tapfer verteidigt, wobei sich die 7. Infanterie-Division besonders auszeichnete. Dem Oberbefehlshaber, General der Panzertruppe von Saucken, wurden als Anerkennung für die vorbildliche Haltung seiner Soldaten die Brillanten zum Eichenlaub mit Schwertern zum Ritterkreuz des Eisernen Kreuzes verliehen.

Als vorgeschobenes Bollwerk fesselten unsere Armeen in Kurland unter dem bewährten Oberbefehl des Generaloberst Hilpert monatelang überlegene sowjetische Schützen- und Panzerverbände und erwarben sich in sechs großen Schlachten unvergänglichen Ruhm. Sie haben jede vorzeitige Übergabe abgelehnt. In voller Ordnung wurden mit den nach Westen noch ausfliegenden Flugzeugen nur Versehrte und Väter zahlreicher Kinder abtransportiert. Die Stäbe und Offiziere blieben bei ihren Truppen. Um Mitternacht wurde von deutscher Seite, den unterzeichneten Bedingungen entsprechend, der Kampf und jede Bewegung eingestellt.

Die Verteidiger von Breslau, die über zwei Monate lang den

Angriffen der Sowjets standhielten, erlagen in letzter Stunde nach heldenhaftem Kampf der feindlichen Übermacht.

Auch an der Südost- und Ostfront von Fiume über Brünn bis an die Elbe bei Dresden haben alle höheren Kommandostellen den Befehl zur Einstellung des Kampfes erhalten. Eine tschechische Aufstandsbewegung in fast ganz Böhmen und Mähren kann die Durchführung der Kapitulationsbedingungen und die Nachrichtenverbindungen in diesem Raum gefährden. Meldungen über die Lage bei den Heeresgruppen Löhr, Rendulic und Schörner liegen beim Oberkommando der Wehrmacht zur Stunde nicht vor.

Fern der Heimat haben die Verteidiger der Atlantikstützpunkte, unsere Truppen in Norwegen und die Besatzungen der Ägäischen Inseln in Gehorsam und Disziplin die Waffenehre des deutschen Soldaten gewahrt.«

153f.: Hans Frank, der »Generalgouverneur« im besetzten Polen, am 26. März 1941, zitiert nach: Das Diensttagebuch des deutschen Generalgouverneurs in Polen 1939–1945, herausgegeben von Werner Präg und Wolfgang Jacobmeyer; Veröffentlichungen des Instituts für Zeitgeschichte, Quellen und Darstellungen zur Zeitgeschichte Band 20, Stuttgart 1975, S. 338f.

158: »Sonderbefehl« des Oberbefehlshabers der 4. Armee, Generalfeldmarschall v. Kluge, »zur Aufrechterhaltung der Manneszucht« vom 10. September 1941, zitiert nach: Helmut Krausnick, Hans-Heinrich Wilhelm, Die Truppe des Weltanschauungskrieges – Die Einsatzgruppen der Sicherheitspolizei und des SD 1938–1942, Stuttgart 1981, S. 230. – Dieser Befehl war mit der Weisung versehen, ihn nach Bekanntgabe zu vernichten.

168f.: Wladyslaw Bartoszewski, Herbst der Hoffnungen, a. a. O., S. 115.

171: Generalgouverneur Hans Frank, Diensttagebuch vom 30. Mai 1940, a.a.O., S. 212. – Im Diensttagebuch findet man immer wieder Äußerungen mit ähnlicher Tendenz, so etwa bei einem Vergleich mit dem »Protektorat« Böhmen und Mähren: »Einen plastischen Unterschied kann ich Ihnen sagen. In Prag waren z.B. große rote Plakate angeschlagen, auf denen zu lesen war, daß heute sieben Tschechen erschossen worden sind. Da sagte ich mir: Wenn ich für je sieben erschossene Polen ein Plakat aushängen lassen wollte, dann würden die Wälder Polens nicht ausreichen, das Papier herzustellen für solche Plakate. – Ja, wir mußten hart zugreifen.« (Diensttagebuch vom 6. Februar 1940, a.a.O., S. 104.)

230: Aus dem Gedicht ›Germania an ihre Kinder‹; das Gedicht stammt von Heinrich von Kleist.

252ff.: Aus einer Rede des Reichsführers der SS Heinrich Himmler vom 4. Oktober 1943 vor SS-Führern in Posen. Siehe ›Der Prozeß gegen die Hauptkriegsverbrecher vor dem Internationalen Militärgerichtshof, Sitzungsprotokolle und Beweisurkunden‹, Nürnberg 1947–1949, Bd. XXIX, S. 122f. und S. 145. Abgedruckt u. a. bei: J. C. Fest, Das Gesicht des Dritten Reiches – Profile einer totalitären Herrschaft, München 1963, S. 161f.

276f.: Erich Kästner, Die große Suche nach dem Alibi, abgedruckt in: Kästner für Erwachsene, herausgegeben von R. W. Leonhardt, Frankfurt a. M. 1966, S. 466f.

340f.: Ernst Jünger, Der Kampf als inneres Erlebnis, Berlin 1922, S. 12 u. 53.

Hinweise zur Literatur

Neben den in den Anmerkungen bereits genannten Quellen liefern einen Überblick über die deutsche Gewaltherrschaft in der Sowjetunion und in Polen:

Alexander Dallin, Deutsche Herrschaft in Rußland 1941–1945 – Eine Studie über Besatzungspolitik, Düsseldorf 1958.

Martin Broszat, Nationalsozialistische Polenpolitik 1939–1945, Stuttgart 1961; überarbeitete Ausgabe Frankfurt a. M. und Hamburg 1965.

Zur Flucht und Vertreibung gibt es die mehrbändige ›Dokumentation der Vertreibung der Deutschen aus Ost-Mitteleuropa‹ des Bundesministeriums für Vertriebene, Flüchtlinge und Kriegsgeschädigte. Eine Zusammenfassung dieser Dokumentation bei: Gerhard Ziemer, Deutscher Exodus – Vertreibung und Eingliederung von 15 Millionen Ostdeutschen, Stuttgart 1973.

Eine anschauliche Darstellung mit Bilddokumenten: Frank Grube/Gerhard Richter, Flucht und Vertreibung – Deutschland zwischen 1944 und 1947, Hamburg 1980.

Ein Augenzeugenbericht aus der russischen Perspektive: Lew Kopelew, Aufbewahren für alle Zeit!, Hamburg 1976.
Speziell zu Pommern: Erich Murawski, Die Eroberung Pommerns durch die Rote Armee, Boppard am Rhein 1969.
Mit dem Schwerpunkt auf den Berichten von Augenzeugen: Letzte Tage in Pommern – Tagebücher, Erinnerungen und Dokumente der Vertreibung, herausgegeben von Klaus Granzow, München und Wien 1984.